Études d'impact et politiques publiques au Maroc

Histoire et Perspectives méditerranéennes
Collection dirigée par Jean-Paul Chagnollaud

Dans le cadre de cette collection, créée en 1985, les Éditions L'Harmattan se proposent de publier un ensemble de travaux concernant le monde méditerranéen des origines à nos jours.

Déjà parus

Sofiane BOUHDIBA, *De Carthage à Lampedusa, La migration en Tunisie,* 2020.
Mohand AÏT AHMED, *La Grande Kabylie, Arabisation coloniale et histoire fragmentaire,* 2019.
Mehenni AKBAL, *Archives algériennes de la France coloniale, Réflexion sur la valeur de l'administration communale,* 2019.
Tahar KHALFOUNE (dir.), *Mélanges en l'honneur de l'historien Gilbert Meynier,* 2019.
Sofiane BOUHDIBA, *Jeunes de Tunisie*, 2019.
Chérifa SIDER, *Traumatisme psychologique et suicide en Algérie*, 2018.
Hassan BANHAKEIA, *La littérature de voyage en Afrique du Nord*, 2018.
Gibson NCUBE, *La sexualité queer au Maghreb à travers la littérature*, 2018.
Jacques BINOCHE, *L'Algérie et sa représentation parlementaire, 1848-1962*, 2018.
Saâdia AGOURAY, *Mobilités spatiales à Casablanca. Caractéristiques, mécanismes et impacts*, 2018.
Sofiane BOUHDIBA, *Six millions de femmes*, 2018.
Hosni KITOUNI, *Le désordre colonial, L'Algérie à l'épreuve de la colonisation de peuplement,* 2018.
Houria ALAMI MCHICHI, *Un autre regard sur les migrations, Expériences du Maroc*, 2018.
Antoinette CHAUVENET avec Faïza CHERFI et Marie-Claire MICHAUD, *La promotion des droits humains en Algérie*, 2017.
Catherine GUILLAUMOND, *Cuisine et diététique dans l'occident arabe médiéval. D'après un traité anonyme du XIIIe siècle, Étude et traduction française,* 2017.
Driss ABBASSI, *La Tunisie depuis l'indépendance, Politique, histoire, identité,* 2017.

Sous la direction de
Mohamed HARAKAT

Études d'impact et politiques publiques au Maroc

L'Harmattan

Du même auteur, aux éditions L'Harmattan

Les finances publiques et les impératifs de la performance, 2011.

Les paradoxes de la gouvernance de l'État dans les pays arabes, 2015.

La gouvernance des finances publiques en Afrique 2019.

La nouvelle diplomatie économique en Afrique, 2020.

Actes de la journée d'étude organisée par l'Équipe de Recherche doctorale « Gouvernance de l'Afrique et du Moyen-Orient /GAMO », Université Mohammed V de Rabat, la *Revue Marocaine d'Audit et de Développement* (*REMA*) et le Centre international des études stratégiques et de gouvernance globale (Global Governance Center), en partenariat avec la Fondation allemande Hanns Seidel, le 26 octobre 2018 à Rabat.

5-7, rue de l'École-Polytechnique, 75005 Paris

http://www.editions-harmattan.fr

ISBN : 978-2-343-20660-8
EAN : 9782343206608

Sommaire

Avant-propos

Vers l'institutionnalisation des études d'impact au Maroc : l'émergence de l'approche comme norme de gouvernance des politiques publiques

Mohamed Harakat *

Résumé

Cet article consiste à démontrer l'intérêt, les vertus, les dimensions et les enjeux de l'institutionnalisation des études d'impact au Maroc dans le processus de la consolidation des capacités des acteurs en la matière. L'accent est mis plus particulièrement sur les mécanismes techniques et les impératifs démocratiques. La vulgarisation de cette nouvelle approche d'étude et de son émergence dans le paysage législatif et institutionnel constitue, en fait, un outil tangible de bonne pratique de gouvernance des politiques publiques tant à l'échelon mondial, que national, sectoriel ou local. Le positionnement épistémologique du concept d'impact et son caractère flou, ambigu et protéiforme est également évoqué dans cette étude.

Mots-clés : études d'impact, institutionnalisation, évaluation des politiques publiques, gouvernance, culture.

Abstract

This article consist to demonstrate the interest, virtues, dimensions and challenges of the institutionalization of the impact studies in Morocco in the process of building the actors's capacity in the matters. The emphasis is particularly focused on the technical mechanisms and democratic imperatives. The popularization of this new approach and its emergence in the legislative and institutional landscape constitutes a tangible tool for good practice in the governance of public policies both globally, nationally sectoral and local. The epistemological positioning of the impact concept and its vague, ambiguous and protean character is also mentioned in this study.

Keywords: *impact studies, institutionalization, evaluation of public policies, governance, culture.*

(*) Professeur d'économie politique et de gouvernance, Université Mohammed V de Rabat, directeur de la structure doctorale « Gouvernance de l'Afrique et du Moyen-Orient », directeur de la *REMA*.

Introduction

Les vertus des études d'impact ou d'évaluation d'impact des politiques publiques sont multiples et complexes. Elles permettent de remplir divereses missions techniques, pédagogiques, politiques, économiques. C'est dans ses dimensions démocratiques qu'elle puise son poids, sa force et sa détermination résidant notamment dans l'accompagnement aussi bien des décideurs que des citoyens par des études d'évaluation des politiques publiques.

Toute étude d'impact tente essentiellement de répondre à une série de questions problématiques :

- En quoi consiste l'étude d'impact ? Quelles sont ses fondements, ses outils, ses approches et ses bonnes pratiques ?
- Quelle étude d'impact dans l'ère des réseaux sociaux et des géants des TIC (GAFAM) ?
- Comment un citoyen qui n'a pas bénéficié d'un programme, d'un projet ou d'une action publique particulière aurait-il été en l'absence de ce programme, de ce projet ou de cette action ? Comment ceux qui n'ont pas bénéficié d'une politique publique auraient-ils été s'ils avaient été exposés à cette politique ?
- Quel est l'impact d'une politique publique particulière (éducation, recherche scientifique, santé, emploi, industrie, infrastructure, transport-logistique, législation, justice, système de sanction, culture, environnement, etc.) dans le vécu de la population et de son épanouissement économique, social et civilisationnel et universel ?
- Quels sont les rapports entre études d'impact et gouvernance stratégique des politiques publiques ? En quoi consiste une politique publique «intelligente» et quel rôle peut jouer la connaissance de son élaboration et dans son développement démocratique ?
- Quelles sont les contraintes et les perspectives d'un réveil institutionnel pour une nouvelle génération d'études d'impact ?

Positionnement épistémologique du concept d'étude d'impact

L'étude d'impact, en dépit de son caractère épistémologique critique et riche en leçons démocratique, technique, humain et de gestion publique, demeure un concept flou, ambiguë et protéiforme. En fait, ce concept est désormais intégré timidement dans le débat public. Sa mise en place se manifeste par un intérêt tant pour l'efficacité fonctionnelle du droit (qualité du système législatif et réglementaire) que des politiques publiques. En effet, les études d'impact en tant que norme et outil de bonne pratique de gouvernance tendent à se généraliser aussi bien dans les pays développés (Union Européenne, OCDE) que dans ceux en développement. Le concept d'études d'impact n'a pas de définition claire ni consensuelle.

Mais il est employé d'une manière spécifique. L'OCDE définit l'étude d'impact « en faisant référence à une méthode consistant à examiner systématiquement et de maniéré constante les impacts potentiels sélectionnés découlant de l'action gouvernementale et à communiquer les informations aux décideurs ».

Dans le but d'assurer une réglementation de résultat en vue d'améliorer les mécanismes de gouvernance et de promouvoir la cohérence des politiques publiques grâce à l'intégration et au perfectionnement des systèmes d'étude d'impact, l'OCDE propose des recommandations en offrant un cadre méthodologique consistant à « disposer de bons mécanismes de gouvernance pour gérer la complexité des politiques et aider les pouvoirs publics à promouvoir une culture administrative offrant les outils nécessaires pour évaluer les conséquences des mesures envisagées et favoriser la réalisation d'objectifs économiques, environnementaux et sociaux répondant aux intérêts des citoyens ». cf. « l'analyse d'impact de la réglementation : un outil au service de la cohérence des politiques » OCDE, 2009, p. 10.

Au Maroc, il semble que l'étude d'impact n'est pas encore suffisamment institutionnalisée. Elle ne fait pas partie des dispositions de la constitution ou de la loi organique des lois de finances (LOF). L'article 48 de la LOF dispose que « Le projet de loi de finances de l'année est déposé sur le bureau de la Chambre des représentants, au plus tard le 20 octobre de l'année budgétaire en cours. Il est accompagné de 14 rapports et documents notamment la note de présentation de la loi de finances comportant des données concernant les investissements du budget général ainsi que les impacts financiers et économiques des dispositions fiscales et douanières proposées.

L'article 70 de la constitution stipule « le Parlement exerce le pouvoir législatif.Il vote les lois, contrôle l'action du gouvernement et évalue les politiques publiques ». De surcroît de l'article 154 précise que les services publics « sont soumis aux normes de qualité, de transparence, de reddition des comptes et de la responsabilité, et sont régis par les principes et valeurs démocratiques consacrés par la constitution ».

En outre, la loi n° 12-03 relative aux études d'impact sur l'environnement définit l'étude d'impact en la matière par « l'étude préalable permettant d'évaluer les effets directs ou indirects pouvant atteindre l'environnement à court, moyen et long terme suite à la réalisation de projets économiques et de développement et à la mise en place des infrastructures de base et de déterminer des mesures pour supprimer, atténuer ou compenser les impacts négatifs et d'améliorer les effets positifs du projet sur l'environnement ». Les projets soumis à l'étude d'impact sur l'environnement, selon cette loi, sont :

- Etablissements insalubres, incommodes ou dangereux classés en première catégorie.
- Projets d'infrastructures (construction de routes ; voies ferrées; aéroports; aménagement de zones urbaines et industrielles; ports de commerce et ports de plaisance ; barrages ; complexes touristiques ; installations de stockage ou d'élimination de déchets ; stations

d'épuration des eaux usées; émissaires d'évacuation marin; transport de matières dangereuses ou toxiques.

- Projets industriels (industrie extractive, industrie de l'énergie; industrie chimique; traitement des métaux; industrie des produits alimentaires; industrie de textile.
- Agriculture (projets d'aquaculture et de pisciculture).

De surcroît afin de perfectionner et d'améliorer la qualité du produit législatif, le décret n° 2.17.585 relatif à l'étude d'impact du 23 novembre 2017(*B.O.* n° 6628 du 7 décembre 2017, p. 1327) fixe les modalités d'établissement de l'étude d'impact devant accompagner certains projets de lois tendant à édicter une législation nouvelle ou à refondre une législation existante ainsi que les données que doit contenir, avant ou après son élaboration, par arrêté du Chef du gouvernement. Ce texte réglementaire peut être également inscrit dans le cadre des méthodes d'évaluation des politiques publiques en matière de la production normative des textes législatifs. Selon ce décret, l'étude d'impact doit être réalisée dans un délai n'excédant pas deux mois. Elle doit comporter les données ci-après:

- la définition détaillée des objectifs escomptés du projet de loi;
- le recensement et l'analyse des textes juridiques en vigueur afférents à l'objet du projet, les observations que ces textes pourraient soulever;
- les conventions internationales afférentes à l'objet du texte, que le Maroc a ratifiées ou auxquelles il a adhéré, en spécifiant les principes et les règles prévues par ces conventions qui doivent être prises en considération par les besoins d'harmonisation ;
- l'évaluation, selon le cas, des conséquences économiques, sociales, environnementales, institutionnelles et administratives prévisionnelles des dispositions législatives dans le projet réalisé ou à réaliser, en indiquant les sources de financement et en évaluant les incidences prévisionnelles qu'il induit sur les finances publiques;
- les consultations obligatoires et facultatives menées ou à mener dans le cadre du processus d'élaboration du projet et le contenu des avis, des propositions et des recommandations reçues;
- les mesures devant être prises pour assurer l'exécution du projet après son adoption et les effets et les répercussions induits par lesdites mesures;
- le calendrier d'application dans le temps, les autorités et les organismes et toute autre entité concernés par le projet de texte.

Objectifs de l'ouvrage

Cet ouvrage collectif comportant les actes de la journée d'étude organisée, à Rabat, le 26 octobre 2019 et à laquelle ont participé à un ensemble d'experts et des chercheurs académiques provenant d'horizons divers consiste à:

- débattre les approches, les expériences étrangères, les méthodes et les développements actuels des études d'impact à l'échelon mondial et régional (opérés dans le cadre du

financement multilatéral) et leurs pratiques et limites notamment au Maroc (et dans certaines mesures en Afrique) ; en termes de coûts et avantages ;
- examiner l'état des études d'impact au Maroc en vue d'évaluer leur adaptation aux impératifs des bonnes pratiques de gouvernance et d'évaluation des politiques publiques (PPP, IDE, société civile) ;
- évaluer les adaptations nécessaires à introduire en initiant une lecture critique des pratiques d'étude d'impact et la place du citoyen dans l'évaluation des politiques publiques à la lumière des modèles et expériences étrangers en la matière ;
- appréhender les nouvelles transformations et mutations opérées au sein du système législatif et réglementaire (indicateurs de performance, coûts, avantages, sécurité juridique, fragilité) ;
- développer des recherches permettant la connaissance des institutions, des mécanismes et des enjeux des études d'impact ;
- répondre à de multiples objectifs pédagogiques, scientifiques et démocratiques permettant le développement de bonnes pratiques de gouvernance et d'une culture d'études d'impact, à travers la découverte du concept et de son contexte.

Dans cette perspective, l'argumentaire insistera sur trois paradigmes et problématiques intimement liés :
- les études d'impact en tant que phénomène de l'émergence d'une culture de l'évaluation des politiques publiques ;
- les études d'impact dans le système législatif et réglementaire (Parlement, Gouvernement, instance de contrôle et d'évaluation, juridictions financières, etc.) ;
- les limites et les conditions d'institutionnalisation des études d'impact à la lumière de l'adhésion du Maroc à la CEDEAO.

Cet ouvrage comporte les études de recherche suivantes :

- Les prêts de la BIRD et de la BAD au secteur de l'éducation (1965-2007) : un essai d'évaluation (Abdelkader Berrada).
- Le système des études impact sur l'environnement au Maroc : lacunes et dysfonctionnements – impact sur le développement durable du littoral (Naima Hamoumi).
- De la gouvernance des partenariats public-privé au Maroc et leurs impacts sur le développement des investissements dans l'espace OHADA (Mohamed Harakat).
- Impact des IDE sur la croissance économique en Afrique : le niveau d'industrialisation est-il important ? (Serigne Bassirou Lo).
- La participation civile à l'évaluation de l'action publique au Maroc : le cas de la Confédération générale des entreprises du Maroc (CGEM) (Amine Mahdoud).
- Démocratie et réseaux sociaux (Paul Kananura).

- L'apport des études d'impact socioéconomiques à l'amélioration des conditions de vie des citoyens : le cas d'Al Omrane (Imane Nachoui).
- La place du citoyen dans les institutions de l'évaluation des politiques publiques (Boutayeb Es-sehab).
- Casablanca, ville pensée ou pansée !? (Mostfa Nachoui).
- La théorie de l'acte civile et de l'acte e commerce à l'aune du droit fiscal (Elyâagoubi Zaki).
- Electric energy value chain in Morocco (Zineb Mokadmi & Bouchra Rahmouni).

Les prêts de la BIRD et de la BAD au secteur de l'éducation (1965-2007) : un essai d'évaluation

Abdelkader Berrada*

« *Si vous n'amenez pas de faits, vous n'êtes qu'une personne de plus qui amène son opinion.* »
Anonyme (FMI, II, *Comment faut-il évaluer la position budgétaire*, p. 16).

Résumé

Cette étude tente d'évaluer l'impact des prêts de la BIRD et de la BAD sur la performance du secteur de l'éducation au Maroc, durant la période allant de 1965 à 2007. A travers cette analyse approfondie, l'auteur constate que le bilan est accablant tant sur le plan financier que physique et social. Les facteurs explicatifs du constat sont multiples et complexes. Ils résident plus particulièrement dans les défaillances institutionnelles et administratives marquant l'exécution des différents projets de financement réalisés par les deux bailleurs de fonds (instabilité du personnel, problèmes de coordination,déficit de suivi et d'évaluation, crise budgétaire, fraude fiscale, ratios de financement restreint, etc.).

Mots-clés : Évaluation, développement économique et social, État responsable, égalité des chances, financement multilatéral, Banque internationale pour la reconstruction et le développement, Banque africaine de développement, UNESCO, politique de financement.

Abstract

This study attempts to evaluate the impact of IBRD and ADB loans on the performance of the education sector in Morocco during the period from 1965 to 2007. Through this in-depth analysis, the author finds that the balance sheet is overwhelming both financially, physically and socially. The explanatory factors of the observation are multiple and complex. They reside particularly in the institutional and administrative failures making the execution of the different financing projects carried out by the two donors (staff instability, coordination problems ,monitoring and evaluation deficit, budget crisis, tax evasion, ratios limited funding, etc.).

Keywords: *Assessment, Economic and Social Development, Responsible State, Equal Opportunities, Multilateral Finance, International Bank for Reconstruction and Development, African Development Bank, UNESCO, Financing Policy.*

(*) Professeur émérite de politique économique et de finances publiques, Université Mohammed V de Rabat.

Introduction

L'éducation est le nerf de la guerre. Elle joue un rôle central dans le développement économique et social. On s'accorde toutefois à reconnaître que cette fonction n'est convenablement remplie que dans les pays où l'Etat se comporte en acteur responsable, c'est-à-dire se montre soucieux de l'intérêt général, à commencer par une « réelle égalité des chances » qui suppose de doter équitablement chaque individu de biens primaires au point de départ (J. Rawls). Tel ne semble pas être le cas au Maroc, sauf à prendre la partie pour le tout. Subordonner, en l'absence d'une vision d'ensemble cohérente et de long terme ainsi que de réelles capacités institutionnelles et administratives, l'accès à l'éducation d'un nombre élevé d'enfants ruraux au financement multilateral, revient à compromettre l'avenir d'une grande partie de la jeunesse en général et des filles en particulier, ou plus exactement à saper les bases du développement. En dépit de son importance apparente (montants prévisionnels) et de ses effets néfastes qui se font encore sentir, le financement multilatéral de l'éducation a été pratiquement ignoré par les chercheurs/technocrates marocains (1) ou grossièrement appréhendé par les experts de l'Unesco (2). Les interventions conjointes ou parallèles de la Banque mondiale (BIRD) et/ou de la Banque Africaine de développement (BAD) dans ce secteur vital illustrent, preuves chiffrées et factuelles à l'appui, le parfait contre-exemple d'une politique de financement du développement. Le bilan dressé sur cette question paraît accablant (I). Dès lors, la nécessité s'impose d'en examiner les principaux facteurs explicatifs (II). A la différence de la BIRD et de la BAD qui produisent des rapports d'évaluation et d'achèvement des actions menées au Maroc, le mutisme observé par l'Etat sur ces deux plans indique qu'il ne prend pas la responsabilité au sérieux.

I. Un bilan accablant

L'examen attentif d'une masse de documents de première main patiemment recueillis durant de nombreuses années permet de dresser un bilan foncièrement négatif des prêts-projets de la BIRD (3) et de la BAD au secteur de l'éducation (4). Le volet financier et plus encore le volet physique et social forment les deux principales facettes de cette approche éclairante.

Bilan financier

Les prêts-projets de la BM et de la BAD à l'éducation subissent les effets négatifs d'annulations et de retards répétés dans l'exécution et les décaissements. Cela se traduit par un coût de financement particulièrement élevé.

Intervention tardive et taux relativement élevé d'annulation de crédits

L'intervention trop tardive de la Banque Mondiale (BM) dans le secteur de l'éducation mérite d'être soulignée d'entrée de jeu. Mis à part deux lignes de crédits sans intérêts d'un montant de 19,5 millions $ (M$) consenties par l'AID en octobre 1965 (11 M$) et août 1971 (8,5 M$), la Banque Internationale de Reconstruction et de Développement (BIRD) n'a commencé à financer ce secteur vital qu'à partir de 1976, soit deux décennies après la fin du Protectorat (1912-1956) et quinze ans après le démarrage de ses activités au Maroc (1962, prêt n° 0329-0, d'un montant de 15 M$ accordé à la BNDE et garanti par l'Etat).

Cette stratégie d'exclusion du secteur de l'éducation du périmètre de financement de la BIRD s'est également manifestée entre 1998 et 2004. Hormis un prêt dérisoire de 4,1 M$ consacré à la lutte contre l'analphabétisme des adultes (un fléau largement répandu dans les zones rurales notamment), la Banque mondiale s'est évertuée à repousser à 2005 tout en réduisant leur montant global à 80 M$ (programme d'appui à la réforme du secteur éducatif marocain) deux lignes de crédits programmées en faveur de l'éducation en 2002 (50M$) et en 2004 (40 M$).

Les contributions de la BM au financement du secteur de l'éducation se caractérisent en second lieu par leur faiblesse persistante. Durant la période 1962-2002, les crédits ouverts/approuvés (loan originally committed and approved) à ce titre sont au nombre de dix dont trois affectés à la formation professionnelle (72,4 M$). Leur montant s'élève à 692,4 M$, ce qui représente à peine 8% de l'ensemble des prêts de la BIRD au Maroc (8.733,470 M$). La modicité des interventions de la Banque mondiale en faveur de ce secteur s'avère encore plus nette lorsqu'on raisonne en termes de réalisations plutôt que d'approbations. Les crédits effectifs n'atteignent que 532,4 M$, soit 76,9% des crédits ouverts. Les annulations se chiffrent donc à 160 M$ en valeur absolue et à 23,1% en valeur relative. Comparées au total des suppressions de crédits de la Banque mondiale (1.212,673 M$), elles y figurent à hauteur de 13,2%, soit un niveau largement supérieur à la part des prêts destinés à l'éducation (8%).

La répartition spatiale des financements de la BIRD montre, par ailleurs, à quel point les crédits alloués au secteur de l'éducation en milieu rural sont modiques. Sur la période étudiée qui couvre trois décennies, on ne dénombre que six prêts d'un montant de 507 M$ affectés partiellement ou intégralement à l'enseignement dans les campagnes marocaines, soit 5,8% seulement de l'ensemble des crédits de la BIRD accordés au royaume.

Les prêts de la première catégorie totalisent 225 M$ (1976,1982 et 1986) et ceux de la deuxième catégorie 282 M$ (1980, 1991 et 1996). Dans les deux cas, toutefois, il ne s'agit que de crédits approuvés. Les crédits réalisés ne dépassent pas quant à eux 376,8 M$. On en déduit donc que les annulations s'élèvent à 130,2 M$. Ainsi, dans la mesure où les suppressions représentent 25,7% des crédits ouverts (507 M$), la part des réalisations n'est plus que de 74,3%, ce qui correspond à trois dollars sur quatre. Le taux d'amputation de ce type de crédits (25,7%, c'est-à-dire un dollar sur quatre) apparaît d'autant plus élevé qu'il équivaut presque au double (185%) de celui des prêts de la BIRD considérés dans leur globalité (1.212,673/8.733,470 M$, soit 13,9%). Et encore, il ne s'agit là que d'une moyenne. Le taux d'annulation plafonne à 30,2% s'agissant d'un prêt destiné partiellement au secteur de l'éducation en milieu rural (Fifth Education, n° 2149). D'un montant de 50 M$ à l'origine (30/08/1983), il fut réduit à 38 M$ en novembre 1984 (-12 M$), 35,5 M$ en septembre 1989 (-2,5 M$) et 34,9 M$ en janvier 1990 (-0,6 M$). Les suppressions de crédit ont de ce fait porté sur 15,1 M$. C'est d'autant plus préoccupant que le projet correspondant « *aimed at increasing access to basic education in disadvantaged rural areas through the construction and equipment of 40 primary schools* ».

Dans le cas du crédit le plus important destiné intégralement au système éducatif en milieu rural (51,4% du total), le taux d'amputation a même atteint 62,4% (90,5/145,0 M$). En clair, moins de quatre dollars sur dix furent effectivement mobilisés (37,6%). Entre mars 1996 et novembre 1998, « ... the program was cut following five loans reductions: three = 70 M$; one = 20 M$; one = 0,472.460.47 M$ ». Un tel raté est lourd de conséquences, surtout que le prêt en question devait financer le premier projet de construction et d'équipement d'un nombre appréciable de collèges ruraux (208), ce qui aurait permis d'améliorer le taux de rétention des élèves à la fin du cycle primaire et de réduire ainsi le taux d'abandon précoce des études secondaires (Rural Basic Education Development n° 3295: 3.7, 3.8).

Comparées à celles de la Banque mondiale, les interventions de la Banque Africaine de Développement (BAD) dans le secteur de l'éducation s'avèrent toutefois nettement plus défavorables. Un faisceau d'indices en apporte la preuve.

Le premier prêt de la BAD au Maroc remonte à 1970 et a concerné le secteur de l'énergie électrique (20 mars-ONE). Cette Banque a par contre attendu 16 ans avant de se décider à élargir son périmètre de financement à l'éducation (11 décembre 1985). Bien plus, depuis décembre 2000 jusqu'à la fin 2007, on n'a recensé aucun nouveau prêt de la BAD pour ce secteur.

Durant près de quatre décennies (1970-2007), on ne compte à l'actif de cette banque (y compris FAD) en faveur de l'éducation que sept lignes de crédit d'un montant global de 266,048 millions d'unités de compte (décembre 1985-novembre 2000) dont deux réservées à la formation professionnelle (55,394 MUC). Elles ne représentent que 6,3% du total des crédits, tous secteurs confondus, définitivement approuvées par la BAD (4,224 MMUC). Cette proportion descend même à 4,4% en faisant abstraction des prêts annulés (168,653/3.620,873 MUC). Les crédits ayant profité au système éducatif à proprement parler se situent à des niveaux encore plus bas, soit respectivement 5 % (210,654/4.224,833 MUC) et 3,8% (138,156/3.620,873 MUC). L'écart observé entre ces deux grandeurs témoigne de l'ampleur disproportionnée des annulations de prêts alloués à l'enseignement public. Rapportées au volume global des crédits supprimés par la BAD à fin 2007, celles-ci représentent l'équivalent de 12% (72,498/603,960 MUC). Cette part grimpe à 34,4% des crédits approuvés (210,654 MUC), voire 43,7% en y incluant les montants non décaissés (19,609 MUC, soit 9,3%).

Les prêts affectés exclusivement à l'enseignement public en milieu rural connaissent des taux d'amputation encore plus accentués. Le taux moyen atteint 48,1% (72,498/150,597 MUC), c'est-à-dire presque une unité de compte sur deux. Il cache néanmoins d'importantes différences. Il plafonne à 72,9% pour ce qui est du prêt d'appui au second cycle de l'enseignement fondamental en milieu rural (collèges) cofinancé par la BIRD, la BAD et l'Etat chérifien (26,983/37,0 MUC pour ce qui est de la part de la BAD). Il frôle même les 80% s'agissant du prêt Education V (lycées) cofinancé par la BAD et le gouvernement marocain (31,93/40,130 MUC). Quand on apprend par ailleurs que les deux lignes de crédit étaient destinées à la construction et l'équipement d'établissements d'enseignement secondaire et d'internats, qui n'existent qu'en nombre limité dans les campagnes et empêchent ainsi de nombreux élèves diplômés du primaire de poursuivre leurs études secondaires, on mesure l'impact négatif des annulations de prêts sur la jeunesse rurale dont l'avenir s'en trouve ainsi gravement compromis. Tout porte cependant à croire que l'Etat, au même titre que la Banque mondiale et la Banque africaine de développement, n'est pas étranger à ce résultat.

Faiblesse des fonds de contrepartie

L'Etat est partie prenante des projets de la Banque mondiale et de la Banque africaine de développement dans le secteur de l'éducation. Il participe directement au financement des projets dans des proportions plus ou moins importantes. Il préfinance également des parts de crédits étrangers libellées en dirhams. Cependant, dans un cas comme dans l'autre, les contributions effectives de l'Etat se situent très en deçà des prévisions.

Des données relatives à quatre prêts projets de la BIRD et un prêt projet de la BAD confirment ces tendances. La part de l'Etat dans le financement des coûts prévisionnels des projets du premier groupe s'élève respectivement à 47,1% (prêt n° 2149: 3.3), 43,2% (prêt n° 4024: 3.9, 3.10), 25,5% (prêt n° 3026: 3.5,3.6)) et 20% (prêt n° 3295 : 3.7,3.8). Cependant, les réalisations ne suivent pas et c'est la raison pour laquelle les pouvoirs publics se montrent réticents à divulguer les statistiques y afférentes. Ainsi, concernant le cinquième prêt de la BIRD à l'éducation (n° 2149), sa part n'est plus de 47,1% mais de 31,6% seulement et le montant réalisé ne dépasse pas 16,1 M$ sur un total prévu de 44,5 M$, ce qui équivaut à un taux de suppression de 63,8% (28,4 M$). Pour ce qui est du prêt Education V de la BAD (4.4, 4.10), la contribution réelle de l'Etat descend à 2,45 MUC au lieu de 8,36 MUC, ce qui correspond à un montant annulé de 5,91 MUC (70,7%). En termes relatifs par contre elle grimpe de 17,2% à 23% en raison d'un fort taux de suppression de la ligne de crédit de la BAD (79,5%).

La faiblesse des participations de l'Etat au financement des projets d'éducation s'explique d'abord par des contraintes budgétaires durables. Celles-ci se rattachent, en 1983-1992, aux conditionnalités du programme d'ajustement structurel, conçu de A à Z par le FMI et la BIRD, et, à partir de 1993, à la fin du cycle de rééchelonnement des emprunts publics extérieurs éligibles à cette opération. En même temps, les chevauchements entre différents projets, souvent lancés en retard et achevés hors délais, ont eu pour effet d'accroître la pression sur les ressources publiques sans que l'Etat soit en mesure d'y faire face. Mis à part ces deux facteurs, l'explication d'une telle carence majeure est principalement d'ordre politique. La Banque mondiale n'a pas manqué de préciser, dans son rapport d'évaluation du programme des priorités sociales du 9 mai 1996 (prêt n° 4024), que « pendant longtemps, les dépenses allouées à la promotion du capital humain n'ont pas été considérées comme un investissement susceptible de déboucher sur une croissance économique plus forte et plus durable. Par conséquent, les préoccupations sociales n'étaient guère prioritaires » et la recherche de solutions à ces préoccupations « ne semblait pas » non plus « être soutenue par un véritable engagement politique » (p. 6). La Banque mondiale nous apprend par ailleurs, dans son Country Assistance Review, daté du 29 janvier 1997 et qui couvre la période 1983-1995, qu'en dépit d'une tendance à la baisse, « defense spending is still about 4 percent of GDP, above the average for comparable countries » et de ce fait « remains a reason for concern, given the competing demands of the social sectors (5) ».

Les crédits approuvés par la BIRD et la BAD non seulement font l'objet d'annulations souvent désordonnées et plus ou moins substantielles, mais également les opérations qu'ils servent à financer sont rarement exécutées et réglées à temps. Les dépassements des délais de réalisation et de déblocage, qui ne sont pas sans retombées négatives, durent toutefois plus longtemps pour la BAD comparativement à la Banque mondiale.

Banque mondiale

Comme il ressort clairement d'un rapport d'évaluation de la BIRD daté du 25 février 1976, « the first Moroccan project (Credit-79-MOR) was completed in June 1975, nearly 5 years behind the original implementation schedule. The second project (Credit-266-MOR) is nearly two years behind its original implementation schedule » (Annex 3, p. 1). En réaction à ces retards répétés, l'International Development Agency a même laissé planer la menace d'une suspension des prêts accordés au Maroc (3.1). « In June 1972, the government was informed that unless steps were taken to carry out IDA's required measures and recommendations, suspension of the two credits was envisaged » (Annex 3, p. 1).

Malgré cela, les retards de réalisation, ajoutés à la lenteur et la faiblesse de décaissement des prêts accordés depuis 1976 par la Banque mondiale, n'ont pas cessé pour autant. Ainsi, le troisième prêt à l'éducation qui devait s'étaler sur la période 1976-1980 n'a réellement pris fin qu'en 1984, soit quatre années plus tard.

La date de clôture du cinquième prêt a connu elle aussi un retard d'un an (31 mars 1989 au lieu de 31 mars 1988) et le dernier décaissement un retard de plus de deux ans (26 janvier 1991 au lieu du 30 septembre 1988).

	1982	1983	1984	1985	1986	1987	1988	1989	1990
Appraisal	0,7	4,7	21,5	34,3	46,9	50,0	—	—	—
Actual	—	2,5	8,7	8,7	17,2	25,0	29,1	34,5	34,9

Identification: 1978; preparation: 1979; appraisal mission: May 1980; loan negotiations: March 1982; board approval: May 1982; loan effectiveness: 26 April 1983; loan closing: 31 March 1989 instead of 31 March 1988; loan disbursement completion; 26 January 1991 instead of 30 Sept 1988.

Le prêt n°2664 (3.4) consenti dans le cadre du programme de réforme du secteur de l'éducation de 1985 a lui aussi duré plus longtemps que prévu. Il a été clôturé avec une année de retard (fin décembre 1989 au lieu de fin décembre 1988) et le dernier déblocage s'est effectué hors délais (le 28 mars 1990 au lieu du 30 juin 1989).

	1986	1987	1988	1989	1990
Appraisal estimate	69,0	136,0	150,0	—	—
Actual	28,4	87,2	112,7	135,0	150,0
% (A/AE)	41,2	64,1	75,1	90,0	100,0

Identification: 1984; preparation: 1985; appraisal mission: May 1985; loan negotiations: January 1986, board approval: March 1986; loan effectiveness: 9 September 1986, loan closing: 31 December 1989 (instead 31 December 1988); loan disbursement completion: 28 March 1990 (instead of 30 June 1989). Original: 14 March 1989- 30 June 1989.

La clôture du prêt n° 3026 (rural basic education development) n'est intervenue qu'un an après la date prévue (1997/1996) simplement parce que le démarrage a pris du retard (1991/1990). A part ce décalage, la durée de réalisation du projet est restée la même.

	1989	1990	1991	1992	1993	1994	1995	1996	1997
AE	0,0	8,0	19,00	42,00	57,00	70,00	81,00	83,00	---
A	0,0	0,0	23,06	25,58	40,36	52,66	55,09	65,65	72,5

Identification: 15/2/88; preparation: 28/3/88; appraisal: 6/6/89; signing: 21/7/89; effectiveness: 1/11/89; project completion: 31/12/96; loan closing: 30/4/97; final disbursement: 17/3/97.

Le prêt n° 3295 destiné au financement de collèges en milieu rural a été clôturé avec une année de retard en tenant compte d'un lancement différé (1993/1992).

	1992	1993	1994	1995	1996	1997	1998	1999
AE	8	30	55	85	115	145	---	---
A	0,0	2,5	8,8	24,8	40,6	44,8	49,1	54,5

Pour ce qui enfin du prêt n°4024, « la cadence d'exécution du projet » correspondant, particulièrement lors de la phase de son démarrage, a connu d'importants retards. Ayant été signé en 1996, les réalisations des opérations retenues dans le cadre de ce projet n'ont débuté de manière effective qu'en 1997/1998 » (p. 5).

Banque Africaine de Développement

Comparativement à la BIRD, la BAD met beaucoup plus de temps à décaisser et à clôturer les prêts accordés au secteur de l'éducation sans pour autant atteindre les objectifs fixés au départ. L'exécution des projets financés dans le cadre de cinq prêts du groupe de la BAD approuvés entre 1986 et 2000 (27 et 30 novembre respectivement) s'est étalée en moyenne sur 7,6 ans au lieu de 3,9 ans comme prévus à l'origine, ce qui correspond à une durée presque deux fois supérieure (3,7 ans). Cette moyenne cache cependant d'importantes différences. Au moins deux remarques s'imposent à cet égard :

– Les retards observés sont moins accusés s'agissant des projets financés conjointement avec la Banque mondiale. Toutefois, en l'absence d'actions concertées entre ces deux institutions, la BAD éprouve plus de mal à réduire les dépassements de délais par rapport au calendrier prévisionnel. Ceux-ci oscillent généralement entre 3 et 4 ans contre 1 à 2 ans pour ce qui est de la BIRD. S'agissant notamment du premier projet financé en collaboration avec la Banque mondiale et le gouvernement marocain pour un montant prévisionnel de 60 M d'unités de comptes (MUA) et effectif de 60,057 MUA, sa durée ne devait pas dépasser initialement 42 mois (janvier 1986-juin 1989). Son entrée en vigueur a toutefois pris onze mois de retard (28 décembre 1987) après sa signature et son achèvement 28 mois par rapport au calendrier arrêté au départ (19 novembre 1992 au lieu de juin 1989). Le premier déboursement a également fait l'objet d'une extension de six mois (30 juin 1988 au lieu du 31 décembre 1987) et le dernier déboursement de deux extensions d'une année chacune (31 décembre 1991 et 1992 au lieu du 31 décembre 1990), soit plus de deux ans de retard.

– La réalisation des projets auxquels participe le groupe de la BAD en tant qu'unique bailleur de fonds étranger dure en revanche beaucoup plus longtemps que prévu. C'est d'abord le cas du prêt projet d'intensification de la formation professionnelle qui s'est étalé sur 144 mois (12 ans) au lieu de 36 (3 ans). Celui-ci n'a pris fin qu'au 31/12/1998, accumulant ainsi un retard de 9 ans. C'est aussi le cas du prêt projet Education V (lycées). En se basant sur le calendrier initial, la durée de réalisation ne devrait pas dépasser cinq ans à compter de janvier 1994 et jusqu'à fin 1998. Dans les faits, ce délai n'a pas été respecté, loin s'en faut. La clôture du prêt n'a été actée qu'en décembre 2005, soit avec 7 ans de retard. La mise en œuvre de ce prêt projet ne date que du 22 octobre 1996, c'est-à-dire 19 mois après sa signature (13/03/1995) et trois ans après son approbation (24/11/1993). Le calendrier prévisionnel et réel des différentes activités du projet laisse également apparaître des retards importants compris entre 57 (livraisons et installations d'équipements immobiliers) et 24 mois (réalisation des études et assistance technique). De même, à l'expiration de la date initiale de clôture du prêt-projet Education V (décembre 1998), les décaissements ont donné lieu à cinq prorogations dont la première pour une période de trois ans et les quatre autres pour une période d'un an chacune. Il importe toutefois de noter que ces reports de délai « n'ont pas permis l'exécution de l'ensemble des activités initialement prévues à la dernière date révisée de clôture fixée au 31/12/2005 ».

Projet Education V : calendrier prévisionnel et réel des décaissements annuels sur les prêts

	Décaissement prévisionnel		Décaissement réel*	
	BAD	FAD	BAD	FAD
1994	7,46	3,0		0,00
1995	12,08	4,81	0,00	0,00
1996	7,86	1,84	0,00	0,00
1997	1,49	0,25	0,00	0,00
1998	1,11	0,23	0,70	0,19
1999	0,00	0,00	0,00	0,00
2000	0,00	0,00	1,50	0,31
2001	0,00	0,00	1,19	0,37
2002	0,00	0,00	0,34	0,85
2003	0,00	0,00	0,27	0,55
2004	0,00	0,00	0,08	0,06
2005	0,00	0,00	0,42	1,01
Total	**30,00**	**10,13**	**4,51**	**3,69***

Source : Annexe 2 : * le total est de 3,34 au lieu de 3,69 qui est indiqué à plusieurs reprises, d'où une différence de 0,35. Je tenais à signaler cette erreur qui ne m'incombe pas mais qui de toute façon laisse la tendance inchangée.

Quelques conclusions préliminaires

A ce stade de l'analyse, il apparaît clairement que les projets d'infrastructure scolaire cofinancés par la BIRD, la BAD et l'Etat marocain ne sont jamais achevés à temps et les fonds réellement mobilisés débloqués dans les délais.

Le retard pris dans la réalisation des projets étudiés, qui s'étale souvent sur plusieurs années, est imputé par les deux institutions financières à l'attribution des marchés publics à un nombre limité d'entreprises. Cependant, force est de reconnaître qu'en raison de pratiques corruptives largement tolérées (5 à 10% des commandes publiques de travaux et d'équipements), les fonctionnaires chargés des commandes publiques font preuve de laxisme en matière de contrôle de la fiabilité des informations relatives aux capacités techniques et financières des sociétés adjudicatrices. Résultat, l'impact négatif de ces dérives se fait sentir aussi bien sur les finances de l'Etat que sur les jeunes d'âge scolaire (7-12 ans, 12 ans et plus).

La BIRD s'est montrée suffisamment explicite à propos du cinquième prêt à l'éducation: « primary school construction and equipment ran into significant delays, averaging more than 28 months in relation to the contractual timetable. 20 of 37 primary schools were finish on schedule (September 1985), the other 17 were delivered with delays of 12 to 24 months (during 1986 and 1987) » (p. iii). Cette Institution Financière Internationale fait ensuite remarquer qu'un tel retard s'explique par les difficultés associées à l'attribution des marchés publics à un nombre réduit d'entreprises privées. Comme elle le précise, « awarding construction contracts for primary schools to a limited number of compagnies, each overseeing several sites (one of them having had the responsibility of building 15 of 40 schools, p. 18), made it impossible for agreed schedule to be honored, due to the supply delays or difficulty of having trained technical staff on several sites at the same time » (p. 2). « In the future », conclut la Banque mondiale, « it would be preferable not to award too many construction contracts to a single firm » (p. 16, iii). Toutefois, cette recommandation n'a pas été suivie d'effets même si en principe aucun marché ne peut être conclu sans son accord (february 22, 1991, 3.3).

Deux prêts projets à l'éducation cofinancés, à des degrés divers, par la BIRD (n° 2664: 160 M$, n°3026: 83 M$) et la BAD (60 MUA, 40 M$) présentent eux aussi des défauts similaires. Afin de répondre à des besoins urgents et à moindre coût, ces deux organismes financiers ont opté pour des établissements scolaires construits en préfabriqué, c'est-à-dire pour la solution de facilité. Ils se sont faits à l'idée que « the prefabricated structures used for primary education offered the dual advantage of being about half the price of masonry and being built in about 3 months (as opposed 18 months for masonry) » (n° 2064, p. 5,12). Cependant, la réalité est tout autre. « Despite plans to use prefabricated materials to ensure speedy construction, delays in execution have been as much 10 months. These slippages in the implementation schedule are essentially attributable to the monopoly of two firms on this type of construction and to the cumbersome red tape involved in procurement. » A cela s'ajoute le fait que leur coût est presque équivalent à celui des constructions en dur, et ce en dépit de la mauvaise qualité des matériaux préfabriqués livrés par les deux groupes privés adjudicataires des marchés cofinancés par la BIRD et la BAD. Il y a tout lieu de penser qu'autant de défaillances, rarement sanctionnées, ne sont guère étrangères à la corruption, par les groupes Omar Laraqui (SNCE) et Haj Miloud Chaâbi (Ynna) de responsables administratifs et/ou politiques, une « industrie » qui est à l'origine de fortunes colossales au Maroc (6).

Comme on pouvait s'y attendre, les dépassements des délais observés ne sont pas restés sans conséquences. La Banque mondiale a fini par admettre que « the delays had repercussions from both financial and pedagogical standpoints. From the financial standpoint, this meant substantial increases in construction costs representing for the most part between 20 and 30% of the total cost of the project. From the pedagogical standpoint, the opportunity cost meant considerable difficulties in satisfying school demand and overburdening of existing classrooms ».

L'éclairage de la BAD permet de confirmer sinon de compléter, sous d'autres angles, celui de la BIRD. De l'aveu de cette Banque continentale, ces sources d'inefficience « constituent un coût d'opportunité dans la mesure où elles retardent le bénéfice de l'éducation pour la population » cible, voire privent de nombreux jeunes ruraux de l'éducation. « Elles génèrent aussi un coût financier étant donné que le pays paie des commissions d'engagement ».

Quant au déblocage tardif des prêts et des fonds de contrepartie, un phénomène durable qui influence, lui aussi, négativement l'efficacité et le coût des projets d'investissement public, il s'explique selon la BIRD par plusieurs raisons à la fois organisationnelles et structurelles. « Morocco's tight fiscal situation and the consequence scarcity of countrepart funds throughout the past decade is, of course, one explanation for the slow disbursement of investments projects. At the same time, the concentration of the decision-making process in the Ministry of Finance together with sectoral investment programming that insufficiently accounts for budget constraints hindered the project implementation process and the efficiency of investment spending. It has tended to slow down decision-taking and thwarted the Bank's intention to influence the allocation of resources. There has been inadequate budgeting of countrepart funds for Bank projects. Cumbersome financial procedures translate into slow processing of payments by the Treasury » (3.6, p. 38).

Coût élevé des prêts multilatéraux

On s'accorde généralement à reconnaître que meilleures sont les conditions d'emprunt et moins la charge de la dette sera lourde pour un montant de crédit donné. Il se trouve toutefois que les prêts multilatéraux à l'éducation ont un coût financier et économique élevé. Ce n'est d'ailleurs pas par hasard que le volume global des intérêts et commissions acquittés sur l'encours de chaque crédit multilatéral figure parmi les informations gardées secrètes aussi bien par l'Etat marocain que par les organismes financiers internationaux. Les surcoûts liés à cette catégorie de prêts résultent de l'effet conjugué de trois facteurs, à savoir: les taux d'intérêt nominaux, les commissions d'ouverture et d'engagement et les risques de change.

Les taux d'intérêt nominaux des prêts à l'éducation, qu'ils soient fixes ou variables, s'avèrent excessifs pour diverses raisons.

D'abord, parce qu'ils sont non pas négociés, comme on a tendance à le faire croire, mais imposés à l'emprunteur qui se limite à apposer sa signature sur les contrats préparés à l'avance par les bailleurs de fonds. Les taux d'intérêt fixes appliqués aux trois premières lignes de crédit de la Banque mondiale à l'éducation, entrées en vigueur en 1976, 1979 et

1983, atteignent respectivement 8,5%, 7% et 11,6%. Les quatre lignes de crédit suivantes, mises en œuvre entre 1986 et 1996, ont en revanche été consenties à des taux d'intérêt variables. Au mois de décembre 2002, ces derniers oscillaient selon la nomenclature des prêts de la BIRD entre 6,29% (S), 6,03-5,59% (O) et 1,16% (A). Pour ce qui est des cinq prêts de la BAD entrés en vigueur entre 1988 et 2001, les deux premiers (1988,1990) ont été octroyés à des taux d'intérêt fixes (8,30%, 7,40%) et les trois autres (1994, 1998, 2001) à des taux d'intérêt variables. En général, les crédits multilatéraux comparés à la dette publique extérieure du Maroc reviennent plus chers dans des proportions comprises entre deux et trois points de pourcentage, ce qui fait peser de lourdes charges sur les finances de l'Etat en raison de la place de choix qu'ils y occupent.

Ensuite, parce que les taux des prêts à l'éducation sont fixés paradoxalement à des niveaux équivalents à ceux des activités économiques. Qu'ils servent à financer la construction et l'équipement d'établissements scolaires, d'hôpitaux, d'hôtels de haut standing, de grands barrages, d'entreprises minières et industrielles ou d'éléphants blancs, les emprunts contractés par l'Etat auprès de la BIRD et de la BAD supportent, selon les périodes, des taux d'intérêt identiques qu'ils soient fixes ou variables.

Enfin, parce que, contrairement à ce que l'on pourrait croire, la durée des crédits à l'éducation est fréquemment plus longue. Celle-ci atteint 20 ans en général, y compris un délai de grâce de 5 ans. Dans le cas d'espèce, une période aussi longue n'aurait constitué un avantage en termes de coût de financement que moyennant des taux d'intérêt sensiblement inférieurs à ceux appliqués aux secteurs économiques, c'est-à-dire préférentiels. Coupler des durées longues à des taux d'intérêt réduits concernant les financements extérieurs des dépenses publiques d'éducation se justifie d'autant plus que ces dernières forment l'une des principales composantes des « coûts de l'homme » (7) en même temps qu'un levier important de redistribution positive des revenus et d'amélioration de la productivité. La BIRD et la BAD n'ont toutefois jamais reconnu la nécessité d'une politique d'argent bon marché ou à prix coûtant en faveur des investissements publics dans l'éducation. Ceux-ci sont par contre lourdement pénalisés.

Aux charges d'intérêt viennent s'ajouter les commissions d'ouverture et d'engagement. La commission d'ouverture n'est pratiquement pas mentionnée dans les rapports aussi bien d'évaluation que d'achèvement de la BIRD et de la BAD. Pourtant, elle équivaut à 1% du volume de chaque prêt accordé et vient souvent en déduction du prêt au moment de son entrée en vigueur Le montant de la commission rapporté au crédit effectif, c'est-à-dire compte non tenu des annulations, atteint en fait des proportions nettement plus prononcées. La commission d'ouverture ainsi recalculée plafonne à 2,7% s'agissant de la BIRD et à des niveaux plus élevés s'agissant de la BAD (4,8%, 3,7% & 3,1%). Qui plus est, ce trend haussier gagne en force sous l'effet de la commission d'engagement. Celle-ci commence à courir soixante jours après la signature de l'accord de prêt. Elle est prélevée, une fois ce dernier entré en application, sur le montant non déboursé. Son taux se différencie d'un groupe de banque à l'autre. Il oscille entre 0,75% (BIRD) et 1% l'an (BAD) et porte sur le montant non décaissé du prêt. Les retards répétés dans le déblocage des fonds empruntés, aggravés par des opérations de suppression de portions de crédit, se soldent fréquemment par des coûts exorbitants pour l'Etat.

Les variations du taux de change du dirham, quand elles sont négatives, contribuent pour leur part à alourdir la charge de remboursement de certains prêts extérieurs à l'éducation. C'est particulièrement le cas de trois lignes de crédit de la Banque mondiale réalisées à hauteur de 272,4 M$ sur un montant prévisionnel de 313 M$ (n° 1681, 2149, 2664). En consultant un document classé confidentiel, les pertes de change observées quelques mois avant la sortie du PAS (31 mai 1992) s'élèvent à 26,78 M$, soit un taux moyen de 9,8% variant dans une fourchette comprise entre 7,9% et 12,8%. La somme globale à rembourser n'est donc plus de 272,4 M$ mais de 299,18 M$, ce qui représente un fardeau supplémentaire pour les finances publiques et la balance des paiements. Et encore, il ne s'agit là que de données incomplètes dans la mesure où, en plus de la BIRD, l'Etat marocain et la BAD observent le black-out total sur ce genre d'informations. Tout compte fait, s'agissant des prêts multilatéraux à l'éducation, il n'est pas exclu de voir l'ensemble des charges (intérêts + commissions + pertes de change) dépasser parfois le montant total de l'encours de la dette. Ceci est d'autant plus inquiétant que les réalisations physiques et sociales qui en ont découlé sont restées bien en deçà des objectifs.

Bilan physique et humain

A partir du moment où les prêts de la BIRD et de la BAD à l'éducation, ajoutés aux contributions de l'Etat, font souvent l'objet d'annulations dans des proportions différentes, il est rare que les résultats soient satisfaisants. Les réalisations quantitatives et surtout qualitatives s'écartent de manière significative des objectifs initialement prévus. Concrètement, cela revient à sacrifier l'avenir de plusieurs centaines de milliers de jeunes ruraux, à les priver « d'une vie spécifiquement humaine » (F. Perroux).

Dimension quantitative

La BIRD et la BAD sont parties du constat selon lequel l'implantation d'établissements scolaires en milieu rural conditionne l'amélioration du taux de scolarisation. Elles ont toutefois réduit dans un premier temps leur périmètre d'action au cycle primaire. L'élargissement de leur rayon d'activité au cycle secondaire ne date que de 1992-1993. Une première opération cofinancée par ces deux institutions financières a concerné exclusivement les collèges. La BAD a par la suite participé au financement de deux opérations de construction et d'équipement de lycées mais pas pour longtemps. La Banque mondiale a, par contre, marqué sa préférence, comme au départ, pour le cycle d'enseignement primaire.

Les écoles primaires

Sur ce plan, la Banque mondiale s'est faite l'écho de la thèse officielle: « it was commonly assumed among government circles that low enrollments resulted from insufficient infrastructures and that additional investment resources to basic education would generate growth in enrollments rates ». Partant de ce constat, « the government main objective of the 1985 reform of the education system », préparée « en étroite collaboration » avec la Banque mondiale, « was to improve basic education enrollment figures in rural areas, particularly among girls ». « By reducing the distance between home and school, the government expected to increase demand of education. »

La BAD abonde dans le même sens : « une attention particulière a été accordée au milieu rural caractérisé par la faiblesse des infrastructures et par la baisse des effectifs surtout pour les filles, des taux excessifs de déperdition et de redoublement et un déclin qualitatif de l'enseignement. Dans la mesure où le manque d'infrastructures constituait un obstacle à l'offre d'éducation, les interventions de la Banque ont été orientées prioritairement vers l'expansion des établissements d'enseignement de base en milieu rural » (23 novembre 2005, OPEV, p. 9).

Cela étant, qu'en est-il des résultats ?

Tel qu'il ressort d'une multitude de rapports « à diffusion restreinte » de la BIRD et de la BAD, « the number of primary and upper basic schools built was substantially lower than planned ». Effectivement, à une exception près (BIRD, prêt BAJ/EDU, n° 4024, 3.10), les réalisations sont restées, plus ou moins largement, en deçà des prévisions. Il s'est trouvé néanmoins un auteur pour penser le contraire. Faute d'avoir pris le temps de bien s'informer, ce qui lui aurait permis de ne pas confondre prévisions et réalisations, A. Belarbi affirme sans la moindre hésitation que « si l'ajustement a affecté les effectifs scolarisés, il n'a pas eu d'effets négatifs sur les constructions scolaires, le nombre de salles et le recrutement des enseignants, comme il n'a pas amputé le budget alloué à l'éducation nationale » (1.3, p. 5, 9). A quoi cela tient-il ? s'interroge-t-elle. « La réponse à cette interrogation revient, d'une part, à l'impact négatif du PAS sur les populations pauvres et, d'autre part, au renflouement du budget de l'éducation nationale par les subventions et l'aide extérieure, notamment la Banque mondiale » (p. 9). Ce raisonnement tient difficilement à partir du moment où A. Belarbi mentionne deux pages plus loin qu'« il serait prématuré de faire l'évaluation complète de ces deux projets (projet d'appui au premier cycle de l'enseignement fondamental et projet de développement du second cycle) car le premier ne s'est achevé que vers fin 1995 et le second s'achèvera en 1997 » (p. 12). Un bilan presque exhaustif des prêts de la Banque mondiale et de la BAD à l'éducation montre à quel point le rapport cité ci-dessus est sujet à caution.

Le cinquième prêt projet à l'éducation « aimed at increasing access to basic education in disadvantaged rural areas through the construction and equipment of 40 primary schools each capable of accommodating 200 pupils, including five classrooms, an infirmary and multipurpose room » (p. 2). Au total, 37 écoles furent construites dont 20 seulement achevées dans les délais (Eebruary 22, 1991, 3.3, p. iii).

Concernant le prêt projet n°2664 (3.4), d'un montant inégalé (160 M$), il a été certes débloqué dans son intégralité mais n'a débouché que sur des résultats mitigés. Le taux de réalisation n'a pas dépassé 42,6% pour ce qui est des écoles primaires (3.809/8.934 salles de classe), 43,7% pour ce qui est des cantines scolaires (470/1.075 unités), 16,3% pour ce qui est des « upper basic classrooms » (1.123/6.871 salles de classe) et 56,6% pour ce qui est des « housing facilities » (1.827/3.227 unités). L'explication avancée par la Banque mondiale pour justifier ces réalisations modestes se résume ainsi : « the scaled down program reflects the implementation and supervision difficulties that a large scale construction program in remote rural areas entails, as well as the decision of the Ministry of Education to slow down construction in light of lower than anticipated primary enrollments" and "to maximize utilization of existing infrastructures ».

A la différence de la BIRD, la BAD n'est même pas parvenue à avoir une idée précise du nombre de salles de classe construites et équipées et ce en dépit d'un léger dépassement des décaissements du crédit octroyé dans le cadre de l'ERP (60,057.427.68/60,00 MUA). Comme elle l'indique, « no updated and precise information was obtained by the mission on the construction executed under Education Reform Program (ERP). No service of the minister of education has a comprehensive list of these constructions. The lack of precise information on the construction is due to the fact that the management of the constructions was in the hands of several bodies including provincial representatives. Hence, it was not possible to know the actual number of classrooms, schools, canteens, quarters, etc. built under the ERP, especially since between 1984/1985 and 1992/1993 » (p. 9, 3.2.11). Il s'agit pourtant d'un projet cofinancé. « ADB and IBRD have, it is true, disbursed the totality of their loans. But the disbursement rate was not in conformity with that established at the time of appraisal and the list of goods and services was not complied with ». Bien plus, « the disbursements were often based on documents dated prior to the program period » (p. 3).

Le projet d'éducation primaire en milieu rural cofinancé, lui aussi, par la BIRD et la BAD n'a pas atteint, malgré quelques progrès, des résultats conformes aux objectifs fixés. Le taux de non réalisation observé dans le cas du prêt projet de la BIRD (n° 3026, 23 mai 1997) s'est situé à 38,9% s'agissant des salles de classe (6.841/11.200), à 35,8% s'agissant des logements de fonction (1.861/2.900) et à 36,2% s'agissant des cafétérias scolaires (893/1.400) (p. 26, 28) (Rural primary education project, 3.5, annex II, p. 58).

On comprend dès lors pourquoi les besoins non-satisfaits en matière d'éducation restent importants. Dans les années 80, on comptait encore 6.555 petits villages (dont 22% de douars avec moins de 1.000 habitants) complètement privés d'écoles primaires. Concrètement, cela représente 55, 5% du total (11.605 villages), c'est-à-dire plus d'un douar sur deux. Bien plus, sur les 5.050 villages qui font partie de la carte scolaire, une école sur cinq (990, soit 19,6%) ne se compose que d'une seule salle de classe, ce qui compromet les chances, des filles surtout, de poursuite d'études jusqu'à la fin du cycle primaire (14 February 1989, Annexe 4, tableau 4, p. 43). Une décennie plus tard, les douars sans écoles dans 13 provinces défavorisées étaient encore au nombre de 1.499. 70,9% (1.063) des villages dépourvus d'écoles se concentrent dans cinq provinces du royaume, à savoir: Taroudant (296), Chefchaouen (228), Azilal (227), Chichaoua (167) et Tiznit (145). En 2000-2001, on estimait les besoins du système d'éducation primaire en salles de classe en milieu rural à 7.980 pour une population d'âge scolaire de 871.866 (7-12 ans, 36 élèves par classe). Ce déficit que l'Etat se devait de combler représente l'équivalent de presque la moitié (49,1%) des salles de classe « utilisées ou fermées mais en bon état » en 1994-1995 (16.240) (annexe 4, tableau 5, p. 44).

Les collèges et lycées

Plus que les écoles primaires, le manque (collèges), voire l'absence (lycées) d'établissements d'enseignement secondaire en milieu rural a constitué pendant plusieurs décennies une barrière d'accès à l'éducation post-primaire et, partant, un motif d'abandon scolaire précoce pour un grand nombre d'enfants en général et de filles en particulier (12 ans et plus).

In rural areas, "the closet upper basic schools is at least 30 miles away (and over 100 miles away for many)", "the absence of post-primary education in most rural regions may have worked as a disincentive for parents to even consider primary education for their children" and "the whole education system is seen as a loaded lottery", il s'agit là d'autant d'observations factuelles qui n'ont pas échappé à la Banque mondiale. Il est important de savoir en effet qu'en 1989-1990 le Maroc, un pays d'au moins 25 Millions d'habitants, ne comptait que 340 lycées et 682 collèges publics inégalement répartis. Tous les lycées étaient situés en ville. Pour ce qui est des collèges, les établissements implantés en milieu rural ne dépassaient pas 100, soit 14,7% du total. Les élèves inscrits dans les collèges ruraux (6e-9e année ; 7e-9e année à partir de 1990-1991) ne représentaient que 7,4% de l'ensemble des collégiens du royaume (77,1/1.042,1 en milliers). La faiblesse des effectifs scolarisés à ce stade s'explique dans une mesure non négligeable par un abandon forcé des études. Il est hors de doute qu'un nombre aussi réduit de collèges ruraux empêche chaque année des dizaines de milliers d'élèves, diplômés du primaire et issus de milieux populaires, de poursuivre leurs études. Au début de l'année scolaire 1989-1990, 80.000 élèves ruraux remplissaient les conditions d'admission au collège. Toutefois, sur ce total, plus du quart, ce qui équivaut à un effectif supérieur à 20.000 élèves, dont une majorité de filles, se sont vus refuser l'accès à l'enseignement collégial. Cela se comprend: les enfants discriminés sont pour la plupart d'origine modeste, résidant dans les zones dépourvues de collèges et mis dans l'impossibilité d'entamer les études post-primaires. L'information vaut la peine d'être connue: le monde rural où vit pourtant la moitié de la population du pays ne reçoit que 10% des investissements publics consacrés aux collèges. Il faut savoir aussi que l'emplacement des établissements du premier cycle du secondaire obéit essentiellement à des considérations politiques et clientélistes. Sans compter les avantages matériels indus liés aux commandes publiques, des visées politiques sous-tendent fréquemment des initiatives bureaucratiques de ce genre.

Pour toutes ces raisons, la BIRD a jugé utile d'étendre son rayon d'action au deuxième cycle de l'enseignement fondamental en milieu rural « où le taux de scolarisation est le plus bas notamment pour les filles (enseignement collégial: 7°-9° année)» (n° 2664, 28 janvier 1991, 3.4, p. 11). L'implantation de collèges dans les zones rurales devrait, d'après la BIRD, permettre : « 1. to increase the capacity of upper basic education in order to accommodate the growing number of students completing the six grade as a result of expanded access to lower basic education; 2. to motivate parents to enroll their children in primary school with the knowledge that children will henceforth have the opportunity to continue their studies through the ninth grade » (n° 3295, 3.8, p. 1-2). L'objectif fixé à l'origine est cependant loin d'avoir été atteint. En termes de résultats obtenus, ce prêt projet est le pire de tous. La Banque mondiale s'était engagée à financer la construction et l'équipement de 208 collèges (contre 42 pour la BAD) comprenant chacun 12 salles de classes d'une capacité de 360 élèves. Les réalisations n'ont toutefois porté en tout et pour tout que sur 78 établissements, soit nettement moins que la moitié (37,5%). "As a result, the expected increase in enrollment has not occurred. Instead of 63.200 student rural school enrollment, project impact has been much smaller". Le nombre de places disponibles dans les nouveaux collèges n'est que de 26.000, soit 41, 1% comparativement aux prévisions, c'est-à-dire 41 élèves sur 100. Par conséquent, rien qu'en 1996/1997, 37.200 élèves ruraux ayant passé avec succès l'examen de fin d'études primaires (59 sur 100) voient leur projet d'avenir tombé à l'eau et leur chance de pouvoir participer activement au développement du pays s'éloigner, voire réduite à néant.

La BAD a, certes, créé, elle aussi, des opportunités de scolarisation pour des milliers d'enfants ruraux mais laissé en même temps sur le carreau des milliers d'autres élèves âgés de 12 ans et plus. Ses prêts projets destinés à l'enseignement secondaire en milieu rural n'ont pas concerné uniquement les collèges, comme c'est le cas de la BIRD, mais aussi les lycées. Effectivement, « les interventions de la Banque ont d'abord été orientés vers l'augmentation de la capacité d'accueil des collèges ruraux, puis par la suite, vers celles des lycées. Ainsi les élèves terminant le cycle de l'enseignement fondamental, avaient plus d'opportunités de poursuivre les études secondaires ». Les collèges situés en milieu rural n'ont toutefois bénéficié que d'une seule ligne de crédit financée conjointement, mais dans des proportions très inégales, par la Banque mondiale (145 M$) et la BAD (45 M$). Cette dernière a plutôt préféré mettre par la suite l'accent sur la construction et l'équipement de lycées. Comme cela a déjà été signalé, en 1989/1990, c'est-à-dire plus de trois décennies après l'indépendance du Maroc (1956), les habitants de la campagne étaient toujours privés d'établissements d'enseignement postcollégial. Le premier projet, de taille modeste, visait la mise sur pied de 26 lycées (Edu V). Le second projet en revanche était beaucoup plus ambitieux. « The project concerns the second cycle of basic education. Access to the SCSCE is still limited. The deficit in access to the second cycle concerns primarily the rural areas, particularly rural girls, and the rural areas are precisely the priorities of the project ». « Interest in the second cycle of basic education stems from the fact that the existence of junior secondary schools stimulates demand for the first cycle, particularly in the rural areas and among the rural girls. Indeed, one of the key reasons why parents educate their children is the guarantee that they would finish at least one cycle of basic education". "The main beneficiaries of the project will be the 13.000 rural children, particularly girls, who wish to continue to the second cycle but would currently be unable to do so owing the lack of junior secondary schools close enough to their home. »

Considérés dans leur ensemble, les projets de la BAD en faveur de l'enseignement secondaire en zones rurales n'ont pas pu atteindre leurs objectifs. Les réalisations n'ont pas dépassé 35 collèges au lieu de 42 (83,3%) et 21 lycées au lieu de 26 (80,8%) s'agissant des deux premiers projets. « Dans les deux cas, une partie des activités a été abandonnée à cause des retards dans les délais d'exécution. A cela s'ajoute le caractère coûteux des infrastructures surtout en milieu rural où certains lycées ne sont utilisés qu'à 50% de leur capacité d'accueil » (OPEV, 23 novembre 2005, p. 10), et ce à défaut d'avoir été dotés d'équipements appropriés et/ou construits dans des zones bien aménagées, des facteurs qui ont été passés sous silence par la BAD. L'offre de places associée au prêt projet Education V s'est révélée de surcroît inférieure aux prévisions, soit 18.900 au lieu de 23.000 élèves (82,2%). Un retard d'exécution de 7 ans (12 ans au lieu de 5 ans) et un déficit de capacités d'accueil de 4.100 élèves à l'arrivée permettent ainsi de prendre la mesure des barrières d'ordre institutionnel qui se dressent devant les jeunes ruraux et hypothèquent sérieusement leur avenir. Cette tendance lourde ne s'est pas démentie depuis lors, bien au contraire. Le second projet de construction et d'équipement de lycées (y compris les internats) s'est terminé en queue de poisson. Il a, d'entrée de jeu, fait l'objet d'une coupe claire. Le projet initial, d'un montant global de 80, 16 MUA, dont 72, 14 M devaient être financés par la BAD (90%) et 8,02 M (10%) par l'Etat, n'a pas tardé à subir une amputation de 25% (60,6 MUA). La part de la BAD a dès lors été ramenée à 54, 54 MUA (90%) et celle de l'Etat à 6, 06 M (10%). "The amendments made to the project report with regard to the budgetary constraints facing the MEN are as follow: 1) reduction of the number of boarding schools from 80 to 30, 2) withdrawal of the INRDP and cancellation of the study... The project amended contains only two components instead of three as initially indicated". Cependant, en dépit de cette cure d'amaigrissement, les résultats n'ont pas suivi (QBESP, 4.7, May 2000).

Le fait pour un grand nombre de jeunes filles rurales notamment de ne pas pouvoir poursuivre leurs études secondaires conduit tout droit à leur déclassement social et économique. La réflexion suivante d'E. Thring, headmaster, qui remonte déjà à la seconde moitié du XIXe siècle (1864) résume bien le fond du problème : « it is not possible that a class which is compelled to leave off training at ten years of age can oust, by superior intelligence, a class which is able to spend four years more in acquiring skill » (cité par A.B. Atkinson, 1977, *The Economics of Inequality*, Oxford University Press, p. 74).

Dimension qualitative

Non seulement les objectifs quantitatifs sont, à une exception près, loin d'avoir été atteints, mais qui plus est les objectifs qualitatifs ont été relégués au second rang, voire sacrifiés à de nombreuses reprises. « Quality of services component was less successful than the physical achievements component. » En plus de la mauvaise qualité de l'infrastructure mise en place, d'autres aspects non moins essentiels méritent d'être connus; à savoir: un grand nombre de jeunes filles rurales (7-12 ans, 12 ans et plus) font constamment les frais d'une dynamique d'exclusion scolaire aux effets destructeurs; la formation dispensée dans les établissements d'enseignement public créée plus de problèmes qu'elle n'en résout en raison, entre autres, d'un déficit de qualification du gros des enseignants affectés en milieu rural.

La mauvaise qualité de l'infrastructure (8)

Cet aspect du problème est totalement absent des écrits aussi bien académiques qu'officiels. Il revêt pourtant une grande importance. Quand en milieu rural un grand nombre de salles de classe ont tout l'air d'une écurie, quand la salle de classe et le logement de l'instituteur se confondent souvent, etc., « cet état de choses aboutit à des résultats lamentables ». La Banque mondiale et la BAD ont, sous le prétexte d'urgence, largement participé à ce phénomène « d'écurisation » des écoles rurales, ce qui nous ramène un siècle et demi en arrière (comparativement à la France). « In response to the urgent need to expand educational facilities to increase the access to schooling for a fast growing population during the beginning of the 1990s, prefabricated materials were used » écrit la Banque mondiale. Et d'ajouter: « qualitatively, however, they present a number of flaws: no roof insulation, resulting in very hot interiors in the spring and fall, cold air currents in the winter months, and little noise reduction between adjacent spaces, insufficient windows areas, resulting in dark rooms (most schools do not have electricity), inadequate reinforcement of the concrete stabs-on-grade, resulting in slabs and walls, which weaken the structures, potentially a health hazard, particularly in earth quake prone regions » (n° 3026, 3.6, p. 5, 17).

En tant que co-financier de trois projets, la BAD s'est rangée à l'avis de la BIRD: « there are numerous imperfections in the quality obtained: poor heat and sound proofing between the classrooms, poor lighting in the classrooms, poorly fixed ceilings, non-isolated roofs, inadequate reinforcement of concrete stabs on the earth platforms, thereby causing cracks in the stabs and the weight of the walls weakens the supporting structures » (ERP, 12 July 1995, 4.5, p. 11,16). La BAD est revenue à la charge une décennie plus tard en précisant que la qualité des écoles construites en préfabriqué, dans le cadre des projets de réforme du système éducatif et d'appui au premier cycle de l'enseignement fondamental, présente « de nombreuses imperfections dont : a) la mauvaise isolation thermique et phonique entre les salles de classe ; b) la mauvaise luminosité ; c) la mauvaise fixation du faux plafond et l'absence d'isolation de toit ». A cela s'ajoute d) « le renforcement insuffisant des dalles de béton sur terre-plein qui entraîne leur fissuration » (23 novembre 2005, p. 13).

Pour se justifier, la Banque mondiale reconnaît que « many of the constructions flaws could have been avoided with adequate supervision. The ESRP was the first operation for which the MOE turned over the execution-phase responsibilities to its regional delegation, poorly staffed in technical expertise to oversee a substantial construction program. In addition, lack of coordination resulted in many schools being equipped late or insufficiently » (n° 3026, 3.6, p. 17). Le fait de n'avoir pas cherché à associer la population concernée à la prise de décision, à recueillir et prendre en compte son avis y est également pour beaucoup. Ce qui est certain, c'est qu'elle avait manifesté dès le début son opposition à des bâtiments préfabriqués-encore utilisés de nos jours malgré une durée de vie limitée-mais n'a pas été entendue.

Un grand nombre d'établissements scolaires en milieu rural manquent également d'électricité, d'eau potable et de toilettes, empêchant ainsi leur bon fonctionnement. Quatre décennies après l'indépendance (1956), « only a small proportional of rural schools had canteens providing a free meals, and even fewer had safe water, sanitation or electricity ». « Selection of rural schools sites did not take into account water supply and electricity, which meant that a great number had to operate without either » (n° 3026, 3.6, p. 16). Pour ce qui est des établissements d'enseignement secondaire, à fin juin 1998, sur un total de 208 établissements prévus, « only 78 colleges had put into service with IBRD financing. In the case of 78 completed colleges, the situation as regards electricity and water connections is as follow: 45 have electricity, 26 are in the process of being connected, 7 have not been connected. 63 have water supply, seven are currently being connected, 8 have not been yet connected ». La faiblesse, voire l'absence de dépenses d'entretien et d'un personnel qualifié ne permettent pas, elles aussi, de faire face aux coupures fréquentes d'eau et d'électricité qui ne sont pas sans effets perturbants. Ce deficit d'infrastructure, considéré sous ses différents aspects, est intimement lié à deux prêts projets d'éléctrification rurale, accordés par la BIRD à 12 ans d'intervalle (avril 1980, octobre 1992) mais qui se sont traduits par de mauvais résultats (9). Le second prêt projet, d'un montant nettement plus élevé que le premier (114 au lieu de 42 M$), a essuyé un échec patent. Il n'a été réalisé qu'à hauteur de 32% (36,5 M$) avec un retard d'un an et demi au démarrage (12 septembre 1991 à 2 février 1993) et de trois ans à l'achèvement (fin 1996 à fin 1999). La contribution de la Banque mondiale au financement de ce projet d'électrification rurale a dès lors été réduite à 30,8% contre 51,8% selon les prévisions. Les décaissements n'ont débuté qu'avec plus de trois ans de retard (1994 au lieu de 1991) et n'ont atteint que 8, 8% quatre ans après l'entrée en vigueur du prêt. Résultat: « whereas the project was designed to increase rural electrification coverage from 25 percent in 1990 to 45 percent by 1997, it only achieved about 28, 5 percent, i.e. an improvement of only 3,5 percent » (p. ii). Il s'agit là d'un recul notable comparativement au premier prêt moins élevé certes mais réalisé à concurrence de 86,4% (36,3/42,0 M$). Celui-ci a permis de porter le taux d'électrification rural de 7% en 1980 à 25% six ans plus tard (1986).

Les infrastructures éducatives en milieu rural sont, par ailleurs, saucissonnées, ce qui contribue à aggraver le taux d'abandon scolaire en le portant à un seuil critique.

« Rural schools are frequently physically fragmented, only 60% offer a complete cycle in one location, the remainder, due largely to sparsity of population, are split as "secteurs scolaires" into schools centers with off-school "satellite" feeder into classes ». Ainsi, sur 1.496 écoles primaires, on compte 626 secteurs scolaires, soit 41,8% (February 25, 1976, Third Education Project, p. 5, annex 3). Deux décennies après, la proportion des écoles satellites (1 ou 2 niveaux d'études seulement) est restée élevée. Résultat : « lorsque l'écolier en milieu rural arrivait en dernière année d'une école satellite, il était généralement obligé de marcher jusqu'à une école mère éloignée desservant plusieurs écoles satellites » (PPS/BAJ, 9 mai 1996, p. 5). Ce sont surtout les filles qui, faute d'être protégées des risques liés aux opérations de déplacement, renoncent, à leur corps défendant, à tenter l'expérience et se voient ainsi contraintes d'abandonner prématurément leurs études et condamnées à exercer des emplois peu décents ou mal rémunérés (10).

Les filles rurales, les laissées-pour-compte des prêts projets multilatéraux

Cette forme de discrimination particulièrement grave n'a jamais donné lieu à une analyse approfondie aussi bien de la Banque mondiale que de la BAD (1995-2005). Il n'empêche que les indications qui ressortent déjà des différents rapports de la BIRD consacrés au financement de l'éducation sont suffisamment éloquentes.

Comme il est précisé dans *The Third education project* (February 25, 1976, p. 6, 11), au milieu des années soixante-dix, « at least half of primary aged children remain completely unschooled. Less than 2 in 10 of those attending school complete 4 years, and the vast pool of youth and adults remain without basic education skills is reflected in the 75% national illiteracy rate. The urban illiteracy rate is 54% compared to 87% rural illiteracy rate. The enrolment in rural areas is only one-third ». « The proportion of girls in primary schools is about 36% of total primary enrolments, only a fractional improvement over the past 7 years from the 1968 percentage of 32,5% ». En milieu rural, « primary enrolment of girls » dénote toutefois de fortes disparités d'une région à l'autre. Il est de l'ordre de 46% dans la province de Casablanca, de 43% dans la province de Rabat et seulement de 9,7% à Ouarzazate (p. 6). Effectivement, « the expansion of educational coverage has not been evenly distributed: primary school enrollment rate in rural areas are less than half those in urban areas, and in sparsely populated south and east this proportion drops to about one-third. Moreover, girls represent about 44% of urban enrollment but only 23% of rural enrollment (initially 28% dropping to 17% in the fifth year). So that rural women are largely by passed by educational system. The differentials in enrollments are partly a result or disparities in educational infrastructure and partly a result of varying demand for educational services » (p. 11).

Plus d'une décennie après, les inégalités de scolarisation selon le sexe demeurent élevées. « Primary education in Morocco is still not available within a reasonable distance (approximately 3 km) to all rural population. Low participation in rural primary schools, especially for girls. In 1987-1988, new entrants in grade 1 accounted for some 34% of rural girls and 69% of rural boys of age 7, compared to 85% and 89% respectively in urban areas ». En 1989/1990, les jeunes rurales ne représentaient que 29% des effectifs du primaire. Force est de reconnaître que "awareness campaigns to promote the direct and indirect benefits of education, particularly for girls, were only started in 1989" (n° 3026, p. 15), sans toutefois parvenir "to monitor the effectiveness of activities designed to increase girls' participation" (11 February 1989, p. 4-5). Résultat : en 1991, encore, les chances pour les filles rurales d'accéder à l'enseignement de base et de poursuivre leurs études jusqu'à la dernière année du primaire sont estimées en moyenne à 20% seulement, soit une élève sur cinq, au moment où pour les garçons cette proportion approche 70%, c'est-à-dire sept élèves sur 10. En raisonnant en termes de taux d'inscription net au primaire des filles rurales, on constate que celui-ci est resté remarquablement bas, ne dépassant guère 26% en 1994 contre 85% pour les garçons urbains.

Afin d'y remédier, le projet EDU-BAJ devait mettre l'accent sur l'accès et, mieux encore, la rétention des élèves du primaire en milieu rural, surtout les filles (routes, dortoirs, etc.). A la différence des projets antérieurs, le PPS/BAJ cible 13 provinces les plus défavorisées et les moins urbanisées du Maroc où vivent 7, 3 M d'habitants, ce qui représente 27% de la population totale. Ces provinces concentrent à la fois les populations les plus pauvres du Royaume et les plus faibles taux de scolarisation des filles en particulier. Au terme de ce prêt projet, « le taux brut de scolarisation des filles au niveau du cycle primaire est passé de 38% en 1995/1996 à 82,5% en 2000/2001, dépassant ainsi les prévisions (72,8%). Par contre, le taux de rétention escompté n'a pas été atteint. De 36% en 1994/1995, il a plafonné à 42% en 2000/2001 alors que la valeur cible était fixée à 65%, soit 23 points de pourcentage en moins ». L'explication de ce grand écart tient en une phrase qui revient comme un leitmotiv, un alibi dans pratiquement tous les rapports d'achèvement de la Banque mondiale (mais aussi de la BAD): «il est raisonnable de dire que l'objectif fixé au démarrage du projet était trop ambitieux ».

Au niveau du secondaire collégial rural, la proportion des filles y est encore nettement plus réduite. « Enrollment at the 78 colleges financed through the IBRD loan and put service by 1997/1998 came to approximately 26.000 students during this school year (au lieu des 63.200 élèves prévus), including 24% girls. The objective of increasing the proportion of girls was not quantified at the time of initial project appraisal. It is nonetheless justifiable to express disappointment over the fact that rural upper basis enrollment figures for girls have progressed so slowly, from "22% in 1989/1990" "to 23% in 1994/1995" and "28% in 1998/1999" » (n° 3295, 3.8, p. iv). Et encore, il s'agit là de chiffres bruts, c'est-à-dire ceux du début (plus élevés) et non de fin (moins élevés) d'année scolaire. La différence étant constituée par les abandons qui ont eu lieu entre-temps. Il faut remonter plus de cinq décennies en arrière pour y découvrir la signification exacte. Le planificateur s'est pour la première et dernière fois exprimé en 1965 sur ce phénomène aux conséquences néfastes. « La rentrée scolaire d'octobre 1964-1965 », nous apprend-t-il, dans un langage simple mais expressif, « a permis à la majorité des enfants âgés de 7 ans révolue d'accéder aux bancs des écoles. Cependant, un assez grand nombre de petits ruraux, s'ils s'inscrivent au mois d'octobre, ont tôt fait de renoncer quelques temps après, pour des raisons multiples, tels l'éloignement des classes, les intempéries, la nécessité d'aider leurs parents, etc. Par ailleurs, il reste le cas des enfants âgés de plus de 7 ans et ceux qui quittent les classes avant d'atteindre l'âge moyen au travail, et qu'il s'agit de récupérer ». Toujours est-il que la croissance démographique aidant, le nombre d'abandons ne cesse d'augmenter. Il est cependant établi qu'en milieu rural plus précisément le taux de déperdition scolaire est nettement plus élevé chez les filles que chez les garçons. Dans ces conditions, mesurer, à l'instar de deux économistes du sérail (12), l'indice de parité filles-garçons en se basant sur le taux brut de scolarisation (taux brut de scolarisation des filles/taux brut de scolarisation des garçons) revient tout simplement à s'écarter de la réalité. "La statistique du banquet d'Autun", soutient A. De Lamartine, "est aussi fausse que ses doctrines".

Ces informations et éléments de preuve, considérés dans leur ensemble, montrent que la BIRD et la BAD n'ont guère réussi à imprimer à leur politique de financement de l'éducation une orientation antidiscriminatoire en faveur des filles rurales. Cela est d'autant plus préoccupant que celles, peu nombreuses, qui parviennent à être scolarisées sont moins souvent d'origine modeste et que, après tout, l'accès à l'école ne garantit pas un enseignement de qualité et donc des perspectives d'avenir.

La qualité de l'enseignement en milieu rural laisse à désirer

En zones rurales, la qualité de l'enseignement se ressent d'abord du système de classes à niveaux multiples. Au milieu de la décennie soixante-dix, « in rural areas multiple grades classes are common. About 16% of all classes are multi-grade, i.e. occupied by more than one grade simultaneously » (1976, p. 2, annex 2). Un peu plus d'une décennie plus tard (1986/1987), « 64.000 students (6,3% of total rural enrolment) were enrolled in approximately 4.000 two grades classes. Since classes are often located in remote satellite schools, appropriate pedagogical supervision is ill adapted or non-existent » (14 February 1989, p. 7-8). De fait, contrairement à la thèse défendue par des experts de la BIRD, les classes multi-niveaux sont sources de nombreux problèmes tant pédagogiques que de gestion. Un rapport d'évaluation de l'UNESCO datant de Mai 1997 permet de conclure qu'au Maroc, et à la différence de ce qui a été souvent observé dans d'autres pays, « les résultats des élèves sont meilleurs dans les écoles complètes que dans les écoles satellites et le recours aux classes multiples pour élargir la panoplie des cours offerts dans les contextes de faibles effectifs n'est pas très efficace » (n° 4024, 24 juin 2004, 3.10, p. 11).

La qualité déficiente du système d'enseignement en milieu rural tient par ailleurs au fait que "expenditures needed to sustain and improve the quality of education were neglected" et que "the development of education in terms of qualitative objectives has been late in getting started" (n° 2664, 3.4). Il est en effet prouvé qu'"availability of affordable materials is guarantor of improved quality". Or, « la plupart des classes manquent du strict minimum d'équipements, essentiellement les pupitres et un tableau noir avec accessoires ». De même, le matériel didactique non seulement ne répond pas aux besoins, mais est de « piètre qualité dans la plupart des écoles ». "Effective learning is hindered by a lack of textbooks and teaching materials. Availability of affordable educational material and textbooks remained sporadic". En outre, « l'absence de matériel spécial ne permet pas d'organiser des travaux pratiques en laboratoire, soit individuels, soit en petits groupes ». A cela s'ajoute un manque « d'outils de base et de personnel qualifié en matière d'entretien des équipements et des bâtiments scolaires » (28 janvier 1991, p. 10, 13).

Pour ce qui est des méthodes pédagogiques, elles « sont centrées sur l'enseignant par opposition à celles qui font appel à la participation active et à l'esprit de découverte des élèves ». Soit, mais même dans ce cas « une enquête récente au sein des écoles rurales a montré que dans les provinces les plus pauvres, seule la moitié des enseignants possédaient les manuels d'instruction requis » et à peine un tiers avaient reçu une bonne formation. L'élaboration des programmes et la préparation des manuels scolaires, une autre activité majeure qui conditionne la qualité de l'enseignement, est, elle aussi, loin d'être exercée convenablement. La division chargée de ces opérations qualitatives ne dispose pas d'un personnel compétent et en nombre suffisant. Il en est de même des services spécialisés dans l'évaluation et la vérification des connaissances. Les conséquences ne se sont pas faites attendre (n° 4024, 24 juin 2004, PPS, 9 mai 1996). « Les résultats du programme national d'évaluation financé par la Banque mondiale suggèrent qu'il y a eu régression dans l'apprentissage des matières de base et une baisse des capacités analytiques et adaptatives des élèves ». Dans le même ordre d'idées, « à partir des résultats obtenus aux épreuves de mathématiques, on a constaté que les enfants des villes réussissent mieux que les enfants du milieu rural, que les taux de réussite globale sont plus élevés chez les premiers que chez les seconds et que le sous-investissement en éducation est plus marqué en milieu rural ». La BAD fait observer pour sa part 1) que le taux de déperdition scolaire demeure encore élevé au sein des couches sociales défavorisées, 2) que le système d'évaluation des performances du système éducatif est jugé peu efficace et, enfin, 3) que le niveau des connaissances acquises par les élèves surtout en milieu rural est faible (BAD, 23 novembre 2005, p. 13). Concurremment avec les arguments déjà invoqués, l'enseignement dans les zones rurales est d'une qualité nettement inférieure en raison aussi du fait que les enseignants bien formés y sont en sous-effectifs alors que dans les zones urbaines ou péri urbaines ils sont en sureffectifs (13).

Un corps enseignant faiblement qualifié et sous-payé

En 1989, c'est-à-dire plus de trois décennies après l'accession du Maroc à l'indépendance, la BIRD mentionnait que "a key constraint to the expansion of rural primary education is the difficulty in attracting and keeping teachers in rural schools because of the lack of housing in surrounding communities" (11 février 1989). Au début de ce millénaire, les effets de ce goulot d'étranglement se font encore sentir. « La dotation en personnel des écoles rurales demeure problématique, en particulier dans les petits villages où il est difficile de trouver à se loger. De longs trajets journaliers pour les enseignants se traduisent par un absentéisme, une moindre efficacité et de fréquents changements de personnel » (n° 4024, p. 5).

La faible efficacité interne du système éducatif en milieu rural (low internal efficiency) s'explique quant à elle par deux facteurs structurels, à savoir "under-qualified teachers" and "the effects of poor multi-grade teaching".

Au milieu de la décennie soixante-dix, "the fully qualified primary teachers distribution is skewed against rural areas, only 20 % are under-qualified in Rabat province compared to 82 % in Ouarzazate". Cette répartition spatiale fortement déséquilibrée des enseignants selon leurs compétences ne semble pas avoir évolué positivement. En 1989 encore, "teacher training institutions do not prepare teachers for multi-grade teaching assignments" (14 February 1989) et en 1997 "selection criteria for student teachers gave no weight to readiness for service in rural areas, and the lack of career or housing incentives for such assignments resulted in excessive teacher turnover" (n° 3026, RPEP, May 23, 1997, p. 15).

Tout comme au primaire, au secondaire "in-service training was provided to teachers in conjunction with overall Ministry of Education activities but was not specifically adapted to rural education insofar as teachers are often young and inexperienced and have just recently graduated from the teacher training institutes. This lack of appropriate training may diminish the quality of instruction in rural areas" (n° 3295, p. iv, 7, 37). La Banque mondiale résume en ces termes le fond du problème : "putting additional resources into the building program cannot compensate for the lack of activities designed to improve the quality of instruction. Even if the project succeed in filling the newly constructed colleges within three years of date when they are put into service, college enrollment does not automatically translate into quality education that will prepare students for their future life as family members, participants in the labor force and citizens. In this project, the failure to develop a teacher training program specific to rural areas and the poor performance of the two technical assistance activities (ICV and NAP) undoubtedly weakened the project impact". Pour remédier à ces défaillances, la BIRD juge impératif que "the components not yet implemented must be launched now: improving teaching quality through improvements in curriculum and teaching materials, delivering in-service teacher training; improving supervision and inspection (14) ; and establishing a national assessment program (essential to the development of better policies and practices). These are critical tasks, agreed to more than ten years ago after careful analysis of relevant information. That they are both worthwhile and urgently needed is only too obvious" (p. V, 13).

A vrai dire, cette série de recommandations n'a été que partiellement suivie d'effets. Sous la pression d'un fort taux de chômage des jeunes diplômés et des risques d'instabilité politique et sociale sous-jacents, les recrutements d'enseignants s'opéraient en grande partie directement, c'est-à-dire sans formations qualifiantes préalables: le "Conseil national de la jeunesse et de l'avenir" (1990-2000), une antenne du ministère de l'intérieur qui ratissait large, faisant office de simple agence de placement.

Une fois établi le bilan globalement négatif des interventions de ces deux organismes financiers multilatéraux dans le secteur de l'éducation, il s'avère nécessaire de se pencher sur les principaux facteurs qui en sont à l'origine.

II. Les principaux facteurs explicatifs

En guise de justification des suppressions de tranches de prêts, des dépassements de délais, de résultats physiques et humains en deçà des prévisions, etc., on invoque souvent tantôt la surestimation des coûts initiaux, tantôt l'évolution positive du cours de change, tantôt le caractère trop ambitieux des objectifs initialement fixés. Cela étant, il faut toutefois se garder de confondre l'effet avec la cause. A y regarder de plus près, le bilan assurément négatif des prêts-projets en faveur de l'éducation en milieu rural s'explique essentiellement par des défaillances institutionnelles persistantes et une gratuité scolaire toute relative, c'est-à-dire à minima. Comme on peut l'imaginer, cela conduit tout droit à un redimensionnement à la baisse, plus ou moins prononcé, des projets. Les composantes qualitatives en particulier jouent à cet effet le rôle de variables d'ajustement. Dans la mesure où on a affaire à des problèmes récurrents, c'est-à-dire qui reviennent sans cesse, la question se pose de savoir à quoi ont servi réellement les nombreux prêts de « réforme de l'administration publique » accordés par la BIRD, la BAD et la BEI?

Défaillances institutionnelles persistantes

Dans un rapport consacré à l'évaluation de ses interventions au Maroc durant plus d'une décennie (1983-1995), ce qui constitue une première, la Banque mondiale ne s'est pas empêchée d'admettre que ses plus mauvais résultats portaient sur le secteur de l'enseignement (5). Celui-ci occupe le dernier rang dans le classement de l'indice de performance sectorielle.

"Outcome ratings are high for practically all sectors except for education". "For education" "where outcomes were generally unsatisfactory", "they are only 22 percent" (p. 9, 15). Une décennie plus tard, cette appréciation n'a pratiquement pas changé (Country Assistance Strategy-2005). Le tableau infra contenant des données et des observations relatives aux différents prêts-projets de la BIRD à l'éducation (1979-1991) met suffisamment en évidence l'échec essuyé par la BIRD dans un domaine d'une importance cruciale pour le développement du Royaume.

Prêts à l'éduction et à la formation professionnelle* accordés par la BIRD au Maroc entre 1979 et 1991

Amount	Outcome	Institutional dev. Impact	Sustainability	Appi	Number
113	Satisfactory (S)	Negligible (N)	Uncertain	6,25	1684-0
50	Unsatisfactory (S)	Negligible	Uncertain (U)	4,0	2149-0
27*	U	Modest (M)	U	4,5	2479-0
150	U	Substantial	Likely	6,0	2664-0
22*	S	M	Likely	7,25	2779-0
83	U	N	U	4,0	3026-0
145	U	N	U	4,0	3295-0

* Les montants indiqués ci-dessus correspondent aux prévisions. Comme il a été précisé auparavant, celles-ci sont à des degrés divers inférieures aux réalisations.

La contre-performance de la BAD dans le secteur de l'éducation est, elle aussi, avérée. Son intervention est jugée dans l'ensemble très peu satisfaisante avec une note de 1,8 et ses différentes activités considérées séparément se révèlent peu satisfaisantes avec des notes comprises entre 2 et 2,7.

Tableau d'évaluation des opérations de la BAD

I. Peu satisfaisante	Note
1. Prêts	2,7
2. Performance de l'emprunteur, des agences d'exécution et des autres intervenants	2,6
3. Hors-prêts	2,0
II. Très peu satisfaisante	
1. Performance de la Banque	1,8

Source: Groupe de la Banque Africaine de développement (23 novembre 2005), « Maroc : revue de l'assistance de la Banque dans le secteur de l'éducation », département de l'évaluation des opérations (OPEV), p. 20-21.

A qui la faute ?

La BM et la BAD, dans une moindre mesure toutefois, évoquent dans leurs différents rapports les défaillances institutionnelles qui se posent en obstacle à la réussite des projets éducatifs qui ont bénéficié de leur soutien, séparément ou ensemble. Pas plus tard qu'en 1991, la BIRD estimait nécessaire de disposer d'un personnel en nombre suffisant et qualifié pour garantir une mise en œuvre réussie des projets/programmes financés seule ou en collaboration avec la BAD, d'une structure de coordination intra et interministérielle, de fonds de contrepartie à hauteur des besoins, etc. (28 janvier 1991). Il se trouve que les structures administratives conçues dans le but de mener à bonne fin ces projets sont rarement créées à temps, dotées de moyens humains et matériels à la mesure des besoins et préservées contre les risques de changements fréquents de personnel. Autant que l'Etat marocain, la Banque mondiale et la BAD ne sont pas étrangers à ces dérives aux conséquences fortement préjudiciables.

C'est la faute de l'Administration Chérifienne

En 1976 déjà, la BIRD décrivait en détail les difficultés organisationnelles et institutionnelles rencontrées lors de l'exécution des deux premières lignes de financement modestes de l'AID et les réponses apportées à ces goulots d'étranglement (3.1). « Major problems in executing the first (79-Mor) and the second (266-Mor) education project are directly attributable to a weak government commitment resulting in persistently poor management by the project implementation unit during the seven years 1965-1973 (PIU)... Until late 1972, the PIU was an integral part of MOE's Division de l'Equipement and the head of division combined this function with the PIU directorship. The twin tasks proved difficult for the appointee who could only devote part of his time to project execution and who had no staff assigned full time to assist him. As a consequence supervision was inadequate, liaison with IDA was poor and IDA field supervision missions encountered great difficulties due to the non-availability of responsible officials. In addition, existing internal government procedures were cumbersome and slow resulting in considerable delays in disbursements". Face à ces manquements, l'AID ne pouvait pas rester sans réagir. « By 1971 the government has been repeatedly informed by letter, cable and field mission of IDA's concern about the weakness of project management, implementation delays and communication difficulties. Finally, the government was informed of IDA's decision that evidence of improved performance would be a condition for an agreed extension of the closing date for the first project and for agreement on an impending second education credit. The government approved the measures suggested by IDA, including the appointment of full-time staff, and on this basis the closing date was extended and a new credit was approved for a second education project in late 1971. Since the project involved the construction of institutions for other ministries (Labour and Agriculture) as well as for Education, an inter-ministerial committee was established to ensure coordination and effective implementation. However, in spite of these agreements the management of the two projects continued weak and deteriorated even further. The Inter-Ministerial Committee was ineffectual and there were delays in recruitment of full time project staff and consultant architects. In June 1972, the government was informed that unless steps were taken to carry out IDA's required measures and recommendations, suspension of the two credits was envisaged. »

La réalisation du cinquième projet d'éducation s'est elle aussi heurtée à des difficultés du même genre. D'après la BIRD, « The project management unit's ability to implement an operation of such scope has been overestimated. The project management unit had already experienced substantial difficulties in implementing the fourth education project and, still under staffed, found it beyond its capacity to monitor procurement and coordinate project execution » (p. IV). Se voulant plus précise, la Banque mondiale indique que « the project management unit did not have sufficient manpower and materials resources to elaborate plane, prepare bidding documents, audit contracts, supervise constructions sites, draw up the equipment lists, organize and coordinate delivery of equipment to the primary schools and maintain an overall accounting system for a project of this size and complexity. The under-staff situation was worsened by the fact that the existing staff, even though assisted by UNESCO, did not prove to have adequate motivation to confront these overly ambitious duties » (p. 5).

Le projet suivant a connu les mêmes problèmes, aggravés cependant par un manque d'engagement de l'Etat et une décentralisation improvisée. « The lack of government commitment to carry out its policies under the ESRL was manifest in the PEP from which the project drew its design » fait observer la Banque mondiale qui précise par ailleurs qu'« implementation also suffered from a rigid administrative structure » (p. 7-8). « Overall, the implementation time table for two components (construction and equipment) was not adhered to due to the following: 1) underestimation of construction costs during project preparation, which failed to take into account delays in payments to contractors; 2) high turnover of project implementation unit staff between 1989 and 1995, 3) transfer of construction to local communities which contributed to delay in submission of supporting document by the communities and funds being blocked by ministry of finance » (p. 30). Il faut savoir aussi que « decentralization of responsibility for the construction program to the communes which was decided upon 1989 was not supported by a clear division of responsibilities between MOE and MOI nor an agreement of budgetary allocations ». Ainsi s'explique l'échec de la décision prise en Mai 1990 de transférer le financement de la construction des écoles primaires aux Collectivités Locales. « The MOE played a passive role in the construction program and lost control over the pace of implementation. The MOE authorities had difficulties in planning new student registration and performing technical control of construction, since neither the exact location nor the level of completion of the new premises were known. In addition disbursement procedures were not revised to reflect decentralization » (p. 5). La BIRD revient plus en détail sur les causes des déboires de ce projet cofinancé par la BAD, à savoir : « 1) preparation was not sufficiently in-depth or detailed with regard to responsibilities, activities and products, 2) aspect of management were not fun-tune during preparation, and no standard bidding document prepared, 3) technical assistance was overestimated, and preparation work of terms of references and standard bidding was not sufficiently detailed, 4) project implementation suffered from preparatory weakness, and lack of an organizational chart outlining the responsibilities and tasks for each involved participant at the central, provincial and local levels, 5) the lack of horizontal and vertical coordination at the central level (within MEN and others departments) as well as the provincial level (Governor, MEN branch office, and others departments) affected smooth project implementation, 6) lack of monitoring and evaluation system which would allow for necessary adjustments during implementation caused delays and ill-founded revisions, 7) lack of involvement by external agencies, where the activities were taking place, and lack of project information during preparation and implementation contributed to insufficient support to the project » (p. 33).

Le dernier projet de construction d'écoles primaires rurales lancé plusieurs années après par la Banque mondiale s'est lui aussi heurté à des obstacles similaires. Les effets sociaux sont d'autant plus graves que les opérations financées dans ce cadre concernent exclusivement les provinces les plus défavorisées du Royaume.

Les difficultés de mise en oeuvre du projet BAJ/EDU durant les premières années, suite à un déficit de capacité institutionnelle du ministère de l'Education nationale, ont nécessité la création d'une unité de gestion. Les prérogatives de cette structure tout comme les moyens humains et matériels mis à sa disposition se sont révélés toutefois limités. Au moment de la conception du projet BAJ/EDU, on n'a guère prêté attention au manque de formation en gestion et en pilotage de projets des cadres au niveau aussi bien central que provincial. Il en est résulté une faible communication sur le projet ainsi qu'un suivi et une évaluation déficients des opérations programmées.

Le BAJ, il est important de le souligner, est un projet systémique en ce sens qu'il englobe pratiquement toutes les variables du système d'enseignement primaire en milieu rural. Cette caractéristique en fait un projet éclaté en plusieurs composantes qui sont exécutées par diverses instances (centrales, provinciales et locales). En conséquence, l'articulation et la coordination des activités du projet s'imposent comme une nécessité. La superstructure politico-administrative est toutefois loin d'avoir réussi à satisfaire à cette exigence. « La coordination du projet fut mise à mal ». Parmi les principales causes, il y a lieu de mentionner tout d'abord: les difficultés associées à la coordination des programmes multisectoriels ; les faiblesses intra et intersectoriels au niveau de l'exécution des actions programmées pour chacun des projets PPS/BAJ ; un manque de coordination entre les directions des différents ministères impliqués; l'influence limitée du secrétariat et des représentants du PPS/BAJ dans les provinces » (p. 11). L'instabilité des équipes en charge du projet fait elle aussi partie intégrante des principaux facteurs explicatifs. « Au cours de la vie du projet BAJ, les nombreuses nominations au niveau central ont été à l'origine d'un taux de rotation élevé parmi les décideurs ; en même temps, il y a eu la restructuration du MEN, en vue de mener à bien le processus de décentralisation et, de manière générale, la réforme du système éducatif. Ainsi, le projet BAJ/EDU est bien souvent passé de main en main, subissant une perte de mémoire institutionnelle... et de capacité de gestion qui » (p. 14) furent préjudiciables à sa bonne marche.

« Par ailleurs, l'éclatement des centres de décision au sein même du MEN tendait à compliquer la circulation de l'information et de la communication. Cet état de fait a créé de grands problèmes de gestion et de recoupement de l'information ». En raison d'un déficit de compétences, l'unité de gestion du projet, en tant que relais de l'information, n'est parvenue ni à collecter suffisamment de données fiables sur le projet BAJ/EDU ni à les traiter correctement. « Les transferts de crédits vers les délégations ont révélé », pour leur part, « de nombreuses lourdeurs administratives » et « entraîné des retards », voire la suppression d'activités qualitatives d'importance. Le mouvement de décentralisation d'un certain nombre de tâches du centre vers les provinces, un trait distinctif du projet BAJ/EDU, a lui aussi tourné court. Les collectivités locales n'ont pas été en mesure d'assurer la construction d'écoles primaires. En l'absence d'un système de contrôle comptable et financier en bonne et due forme, le fait d'avoir confié cette tâche aux gouverneurs de province est à interpréter plutôt comme une fuite en avant.

L'unique projet de construction d'établissements d'enseignement secondaire de premier cycle cofinancé par la BAD dans les années quatre-vingt dix n'a pas lui aussi échappé à des problèmes organisationnels de taille. La BIRD résume ainsi la situation : « the borrower's mediocre performance in the project implementation process can be traced to several factors: 1) Pre-project preparation, for which MOE was responsible, was less than satisfactory; 2) The MOE officials responsible failed to prepare the project in depth given their attempts, from the start, to negotiate the package with all parties involved in the project cycle;

3) Those responsible failed to reflect on the ministry's ability to handle a project of this size. The funded project division, initially given the responsibility for its management, had neither the required skills or experience to administer such a project nor the materiel resources to carry out a project of this size; 4) Project implementation was adversely affected by organizational instability, a result of high turnover among project officials » (p. 53). La Banque mondiale attribue également ce résultat au caractère surdimentionné du projet et centralisé à l'excès des décisions publiques. « The project was overly large. When it was first designed, both the unit cost of the colleges and the MOE's financial and operational capacity were overestimated » (p. 6). « It is unlikely that the MOE could have implemented such large project without major adjustments to his procedures and without intensive management training and other ground work. The MOE is highly centralized and, as a result, has only a limited capacity in procurement and in monitoring worksites throughout the country. This capacity was further weakened early (in the project) with the elimination of the Funded Project Division, initially established to manage this type of project, and a dispersal of its functions among the various MOE directorates. The resulting beak-up of responsibility made project coordination and management more difficult » (p. 8). En fin de compte, « gaps in the original project design, cumbersome administrative procedures, budget constraints and problems with project supervision and contractors hampered implementation » (p. 43, 47 a, b).

La BAD

Le regard de la BAD ne diffère guère, sur plusieurs plans, de celui de la BIRD sans toutefois être aussi détaillé. Des unités de gestion de projets peu opérationnelles, des changements institutionnels trop fréquents, donc improvisés, le tout combiné à un défaut de coordination récurrent, etc. sont pointés du doigt en permanence.

Les déboires du premier projet cofinancé par la Banque mondiale résultent de l'effet combiné d'une série de facteurs, à savoir, "the absence of adequate structure at the beginning of the implementation of the reform prevented its smooth conduct. The borrowed failed to appoint, from the beginning, the officers responsible of the implementation of the program. In addition, the requisite resources were not provide in time. The financial projects division responsible for the management of education projects was not set up until 1989 and its staff at the time lacked the qualifications and experience necessary for the management of such program which recquires both human and logistic resources. Consequently, the performance of the borrower in the implementation of the Education System Reform Program was average. The procedure for the procurement of goods and services were not fully complied with" (p. 26, 3, 14). "The project was completed two years behind schedule". "This delay was due to the following: – changes in the structure of the Executing Agency which made it different from the structure existing at appraisal; – difficulties in the organization, management and monitoring of the program operations owing to lack of experience of the staff of the existing national bodies and really ambitious program which should have been implemented over a longer period which a better linking of the phases" (p. 15).

Loin d'avoir été éliminés, ces goulots d'étranglement ont au contraire survécu et entravé fortement l'exécution de nouveaux projets. Ainsi qu'il ressort d'un rapport de la BAD, "the Bank's project completion report on the project for the development of first cycle basic education and the supervision reports of the project in support of second cycle basic education in the rural areas highlighted a certain number of implementation difficulties: a) heterogeneity of the components and the beneficiary ministries; b) the inadequate experience and the institutional instability of the implementation unit with the resultant considerable turnover of the managers of the unit". "Indeed, most of the past projects generally have several components, sometimes involving three or four ministries. Under these circumstances, the projects had to address difficulties relating to the harmonization of the differents activities" (p. 8). Le projet "Edu V" visant la construction de lycées en milieu rural a plus que les autres beaucoup souffert de vicissitudes institutionnelles. L'exécution de ce projet, jugé lui aussi « trop ambitieux », relève à des degrés divers de trois ministères qui peinent à coordonner leurs activités, ce qui explique son efficacité réduite (éducation, travail, environnement). Le projet "Edu V" piloté par le ministère de l'Education en particulier « a souffert principalement de nombreux changements institutionnels, ce qui n'a pas favorisé une bonne capitalisation de l'expérience acquise lors des opérations précédentes. Ces changements ont touché à la fois les structures et le personnel d'exécution » (p. ii).

Il convient d'abord de relever l'absence d'une structure adéquate pour gérer efficacement la réforme éducative (p. 5, 6). Au départ, le projet devait être supervisé par la division des projets relevant de la direction de la planification de l'éducation. Peu de temps après (fin 1993), cette division fut supprimée et devait être remplacée par une cellule d'exécution du projet "Edu V" Dans les faits, c'est la direction des affaires générales du budget et du patrimoine qui a joué ce rôle sans toutefois en avoir les moyens. Après 2003, suite au regroupement des deux ministères de l'enseignement en un seul, la décision fut prise de mettre sur pied une nouvelle structure destinée à gérer l'ensemble des projets éducatifs financés par les différents bailleurs de fonds étrangers. Force est cependant de constater que cette unité n'était pas encore opérationnelle à l'achèvement différé à maintes reprises du projet (2005 au lieu de 1998).

Le programme des départs volontaires dans la fonction publique, lancé progressivement à partir de 2004, a lui aussi durement affecté la performance de ce projet (p. ii). Cela est d'autant plus vrai que cette opération d'envergure, inspirée, voire imposée par la BIRD, a touché en particulier de nombreux cadres compétents et expérimentés (15). Enfin, il n'est pas sans intérêt de noter que pendant toute sa durée d'exécution, trop longue du reste (12 ans au lieu de 7 ans), le projet "Edu V" ne disposait pas d'un système propre de gestion financière et comptable basé sur les droits constatés. Ceci signifie que les financements extérieurs sont au même titre que le financement local budgétisés dans le cadre de chaque loi de finances et dispatchés entre plusieurs ministères ou supports avec tous les inconvénients attachés à une comptabilité de gestion.

Les manquements de la BIRD et de la BAD

C'est la faute de la BIRD

Pour autant qu'en puisse en juger, la BIRD, contrairement à la BAD, reconnaît rarement être directement responsable de la mauvaise issue des prêts projets dont elle est partie prenante. "The bank's main weakness regarding the education reform program seems to be in its launching of a program that was too ambitious, overly broad in scope and hard to supervise, particularly during its start-up phase given the modest human and physical resources available to the borrower for monitoring and implementation" (n° 3295, 28 mai 1999, p. 24). La BIRD ne semble pas avoir retenu la leçon puisque les erreurs en matière de supervision et les retombées négatives qui s'y rattachent remontent déjà à plusieurs années. Ainsi qu'il ressort d'un rapport antérieur, "many of the constructions flaws could have been avoided with adequate supervision. The ESRP was the first operation for which the MOE turned over the execution-phase responsibilities to its regional delegation, poorly staffed in technical expertise to oversee a substantial construction program. In addition, lack of coordination resulted in many schools being equipped late or insufficiently".

« The absence of a tripartite mid-term review (IBRD, ADB, Government) s'ajoute aux autres déficiences à mettre au passif de la BIRD. Celle-ci n'ignore pourtant pas "the importance of mid- terms reviews ». « Reviews allow the staff to evaluate progress, to put in place corrective actions for identified problems, to reassess the project scope and adjust its design to meet changing objective, and to develop plans for the remaining project period » (PEP, n° 3026, May 23, 1997). Dans le même ordre d'idées, « ancillary issues are important factors to be considered in project design. These issues include factors as a local participation in policy formulation, socio-economic inherent to the cultural environment, regional influences and climatic influence on a country's economy and educational system » (n° 2026, 23 mai 1997, p. iii).

Egalement, à la différence de la BAD, la BIRD n'a fait que brièvement allusion au manque de coordination entre les deux institutions financières. En 1997, au terme d'un projet de construction d'écoles rurales, elle s'est contentée d'indiquer "the lack of coordination with the ADB even though ADB provided parallel financing of 29% of total project cost" (1997, n°3026, p. 32, 6). Deux ans après, à l'achèvement de l'unique projet de construction de collèges en milieu rural, on retrouve la même remarque accompagnée toutefois d'un début d'explication: "lack of coordination between the World Bank and the African Development Bank regarding the project implementation process. Each donor went its own way without at any point seeking to discuss what was needed to ensure better implementation" (n° 3295, May 28 1999, ICR, p. 52).

De tous les problèmes rencontrés par les différents projets d'éducation, celui de l'instabilité du personnel chargé de mener à bien leur réalisation a été évoqué plus d'une fois:

« Frequent change in the Ministry of Education (MEN) and the Bank: both institutions encountered several structural reorganizations and changes in individual responsibility. This resulted in additional delays as new mechanisms had to be designed and new managers had to become familiar with the projects before taking action. This loss of momentum affected level of funds allocated to the projects, as lobbying for the projects was weaker. The transfer of responsibility for civil works from the MEN to the ministry of public works also caused delays in the construction of facilities. »

« Relative passivity in the Bank's contribution: the frequent changes in task management and the conflicting priorities due the simultaneous preparation and implementation of the ERP led to a relative passivity of the Bank. It was slow even silent in commenting studies or on the projects mid-term review. » Plus fondamentalement, "frequent changes in policy makers", à commencer par les ministres de l'éducation nationale, "reduce continuity in decision making and prevent the development of a long term vision".

Il a fallu cependant attendre 2004 pour que le langage de la BIRD devienne un peu plus explicite. « De 1997 à 2003, date de clôture du projet, le PPS/BAJ a connu quatre responsables et un seul membre de l'équipe présent au démarrage a suivi le projet jusqu'à sa clôture ». De surcroît, « la mission résidente à Rabat n'a pas joué un rôle central dans l'exécution du projet » étant donné que « le bureau de la Banque mondiale à Rabat n'a été ouvert qu'en 1999 et n'avait pas de spécialiste en éducation parmi son personnel ». Toujours est-il que « dans le cadre du projet BAJ EDU, du côté de l'emprunteur comme de la Banque, les équipes impliquées dans cette mise en œuvre n'ont pas été stables », « ce qui a empêché une mémoire de vie du projet de se mettre en place ». Cette institution financière internationale admet par ailleurs que « si du côté de la Banque ce phénomène n'a pas eu des conséquences dommageables, du côté de l'emprunteur, la situation a parfois suscité des blocages » et conclut ainsi qu'une « évaluation plus robuste de la capacité institutionnelle aurait peut-être incité la Banque à modifier le cadre de conception et d'exécution afin d'encourager une meilleure coordination entre les différents » intervenants (n° 4024-M0R, 24 juin 2004, p. 18-19). Là réside justement l'une des principales faiblesses des interventions de la BIRD. Le fait de n'avoir pas subordonné l'octroi des lignes de crédit, hormis les deux premières (effet d'apprentissage), à l'existence préalable des capacités institutionnelles requises soulève bien des interrogations. On peut surtout se demander pourquoi le développement des capacités institutionnelles n'a pas été au coeur des nombreux et substantiels prêts accordés au Maroc par le pool bancaire composé de la BIRD, la BAD, et la BEI. W.A. Lewis estime à juste titre que c'est une erreur de « concevoir le développement trop largement en termes d'investissement dans les choses matérielles et trop peu en termes d'investissement dans les personnes (16) ».

Le premier prêt à l'éducation de la BIRD remonte à 1976, mais ce n'est qu'en 2010 qu'elle en est venu à la conclusion que « la réussite d'un programme de réforme dépend non seulement des mesures juridiques adoptées, mais aussi du renforcement des capacités des institutions impliquées dans ladite réforme. L'engagement et la bonne volonté ne suffisent pas, et il est essentiel de veiller à ce que les organismes impliqués disposent des capacités institutionnelles nécessaires pour mettre en œuvre les composantes de la réforme. Dans un pays à revenu intermédiaire comme le Maroc..., le programme du Groupe de la Banque doit se concentrer moins sur le quoi et plus sur le comment. Cela est crucial pour répondre aux principaux défis du processus de réforme, exécution et résultat » (Country Assistance Strategy, 2010, p. 112-113). Concrètement, cela veut dire que la pré évaluation des capacités de l'agence d'exécution s'impose dès le départ. « Avant le début d'un projet, il est essentiel d'effectuer une évaluation des capacités de l'agence d'exécution. Une telle démarche est essentielle afin de mettre en place les dispositions nécessaires en vue de développer et/ou renforcer les capacités institutionnelles. Ce type de pré évaluation devrait être exigé avant même le début d'un projet afin de faire en sorte que lors d'un prochain projet, les capacités soient en place et d'éviter de créer unités de gestion sur unités de gestion » (p. 19). Faute d'avoir fait cas de ces exigences impératives, la Banque mondiale subordonnait donc l'octroi de prêts à des considérations essentiellement politico-idéologiques. La façon de procéder de la BAD s'inscrit globalement dans la même logique.

C'est la faute de la BAD

Il n'a pas fallu beaucoup de temps à la BAD pour poser les bases d'une gestion appropriée des prêts à l'éducation accordés au Maroc. Comme il est précisé à juste titre, « the success of an ERP highly depends on whether it has been well prepared, whether it is feasible (especially the time factor and country's managerial capabilities) and whether economic and socio-cultural factors have been taken into account. The supervision plan and the progress of work for a project should be a part of the appraisal report. The objectives and the performance levels established at the project's start off should be readjusted by the supervision and mi-term review missions » (ERP, p. xii). Cette prise de conscience des conditions à réunir pour garantir la réussite de projets éducatifs n'a toutefois rencontré que peu d'écho. "ADB's performance is not satisfactory", c'est la conclusion, mainte fois répétée, qui découle des différents rapports de cette institution financière. « L'assistance de la Banque a peu contribué au développement institutionnel du pays ». De même, «la Banque n'a pas mené d'études sectorielles pour appuyer ses interventions. Enfin les interventions de la Banque n'ont pas été accompagnées d'une expertise et d'une assistance technique conforme aux attentes des autorités marocaines » (p. IV). « Les performances de la Banque en matière de conception des projets ne sont pas satisfaisantes. La qualité à l'entrée des projets achevés était insatisfaisante car la Banque n'était pas partie prenante aux phases d'identification et de préparation... ». Comme on peut l'imaginer, « l'insuffisante préparation des projets a pour conséquence une évaluation approximative de certaines composantes et une mauvaise estimation des coûts » (p. 9,19). De surcroît, «la Banque n'a pas fourni l'assistance technique requise. Elle s'est contentée » de faire sienne « les choix opérés par le Maroc en matière d'investissement dans l'éducation » (p. 16, iv et 4). Dans le même ordre d'idées, « la Banque n'a pas réalisé d'études sectorielles en amont afin d'avoir une parfaite connaissance des défis de l'éducation. En s'appuyant sur les études de la Banque mondiale pour ses interventions, la BAD a profité des externalités positives associées à la collaboration entre ces deux institutions, mais en même temps, elle n'a pas développé sa propre capacité d'aider le pays à faire les meilleurs choix. La Banque s'engage à financer des programmes sans avoir participé à leur préparation pour mieux en maîtriser la pertinence et les enjeux ». La fermeture de son bureau régional de Rabat pendant toute une décennie (1995-2005), une décision aux conséquences graves, « a entravé la capacité d'intervention de la Banque dans la formulation des politiques, la définition des stratégies de développement du pays et la coordination avec les autres partenaires du développement » (p. 4). Il n'est pas sans intérêt de mentionner à ce propos qu'entre 1995 et 2005 la BAD avait à sa tête Omar Kabbaj, un grand commis de l'Etat.

Sur un autre plan, « le manque de suivi a été un facteur négatif contre une bonne mise en œuvre des opérations ». ADB "did not undertake supervision missions which could have enabled it to correct its weaknesses" (ERP, p. 3). "Lack of systematic supervision was a handicap to the full success of ERP. The situation did not allow corrective measures to be made gradually". "The Bank did not carry out a mid-term evaluation and thus the risks and factors impacting the objectives and a better sustainability were not addressed" (p. 4). Les missions de supervision de la BAD prises dans leur ensemble se caractérisent à la fois par leur irrégularité et leur faible fréquence. "The Bank erred through the inadequacy of its monitoring/supervision and mid-term review missions. Over 5 years of project implementation (ERP), only one supervision mission was undertaken although there is a Regional Office in Rabat. Status reports were not received and the Bank did not request them at the scheduled date" (p. 4).

La BAD admet également avoir fait preuve de panurgisme. "ADB did not participate in the design and preparation of the project" ERP. "Invited to take part in negotiations in Washington D.C. (Government-World Bank), it accepted the conclusion of the World Bank and proceeded to appraise the project in May 1986 without itself analyzing the program" and "the country's institutional capacity" "to determine to what extend it was realistic". "In intervening in the financing of the project at the launching stage, the ADB should have carried out its own study of the project as so as to assess the impact of the program on the education system of Morocco as well as its feasibility... The lack of preparation and planing was even more unjustified since it was the second Bank operation in Morocco's educational sector and a sector loan with the highest amount until this date" (p. 3, 1).

Il n'a pas échappé non plus à la BAD que «la coordination des efforts a un impact positif sur l'harmonisation des approches des bailleurs de fonds et sur l'échange de leurs expériences réciproques, le tout au profit des pays bénéficiaires de leur assistance financière et technique » (p. 37). La coordination des actions permet notamment d'optimiser l'utilisation des ressources, de minimiser la duplication des initiatives et de renforcer les synergies. Mais qu'en est-il réellement ? La plupart des opérations de la BAD dans le secteur de l'éducation ont fait l'objet de cofinancement ou de financement parallèle, notamment de la Banque mondiale. Cependant, il se trouve qu'un défaut de coordination et d'harmonisation des opérations conjointes n'a pas permis de les mener à bien. La BAD, en passant en revue le principal projet d'éducation cofinancé, a déploré, à plusieurs reprises, le manque de coordination avec la BIRD et les conséquences qui s'en sont suivies. Cette Banque continentale nous apprend, tout d'abord, que "lack of coordination with the IBRD, co-financier of ERP, and with the borrower was a serious handicap. The status reports of IBRD, which conducted ten supervisions missions (between 1986 and 1989), were not received by the ADB whereas this would have been an important source of information. The regional Office at Rabat did not insure a minimum follow up despite the fact that the project was in Morocco. Hence, the Bank has no important documentation on the life of this project" (p. 4). La BAD nous apprend ensuite que "ADB and IBRD, which cannot claim to have the best knowledge of the country's realities, imposed conditionalities that the borrower had to accept for financial reasons, instead of combining their competence and experience with those of the country in order to find appropriate and practical solutions » (p. 4). Concrètement, cela signifie que "the IBRD and the ADB did not consult on the implementation of the program. Each financier acted alone without seeking at any time to discuss with the other the resources required for an efficient implementation of the program" (p. 26). Il s'ensuit que the "lack of organization and coordination of activities on the part of co-financiers, together with the very ambitious nature of the program and the short period for its implementation made it impossible to implement the Education Program Reform within the schedule timetable and dates » (p. X). Cette façon d'agir chacun de son côté caractérise aussi les deux autres projets cofinancés. C'est écrit noir sur blanc que "la quasi-absence de coopération entre la BAD et la Banque mondiale durant l'exécution du projet », qui se traduit par un « manque de partage d'expériences », « ne favorise pas la réalisation d'externalités positives profitables à tous » (p. 21).

D'après la BAD, la performance des projets financés considérés dans leur ensemble est jugée peu satisfaisante. « Les cinq projets achevés ont fait l'objet de cofinancement ou de financement parallèle avec la Banque mondiale. Mais les diverses occasions de coopération entre bailleurs de fonds ne se sont pas traduites par une mise en commun des synergies qui aurait permis d'assurer un meilleur succès des interventions. La Banque a souvent été absente lors des phases de préparation. Les mécanismes de coordination entre les deux institutions n'ont pas été clairement définis. Il s'agit notamment de l'harmonisation de la périodicité et du format des rapports de supervision et d'achèvement, de la définition d'indicateurs de performance communs, de la réalisation de missions de supervision conjointes et d'un échange régulier d'informations. Aussi peu d'effets d'apprentissage pouvant profiter aux opérations futures et aux experts des deux institutions sont nés de cette coopération » (p. 19, novembre 2005).Toujours est-il qu'« en dépit de l'existence d'un partenariat entre la BAD et la Banque mondiale dont le protocole d'accord a été signé en mars 2000 et où le Maroc figure sur la liste des pays pilotes pour lesquels les deux institutions ont convenu de collaborer, la coordination des interventions des deux institutions n'est pas très active. Elle se limite aux activités de cofinancement dont le partage d'expériences reste faible ». Il convient noter par ailleurs que le Maroc ne cesse de repousser la création d'un cadre formel de coordination des interventions des bailleurs de fonds étrangers dans les différents secteurs d'activité. Il ne fait pas non plus appel aux mécanismes de coordination classique comme les groupes consultatifs ou les tables rondes sectorielles. Il se contente de mener des négociations bilatérales avec les bailleurs de fonds internationaux. Par conséquent, en l'absence d'une structure de concertation reconnue comme telle, la coordination se limite à des discussions informelles avec les différents partenaires.

In fine, « le processus de coordination de l'aide et de mobilisation de ressources reste très limité pour les raisons qui suivent » : 1) « La valeur ajoutée de la Banque dans le cadre de sa collaboration avec les autres partenaires est relativement faible. Du fait qu'elle contribue peu au dialogue sur les politiques et les travaux analytiques, la Banque n'a pas été souvent associée assez tôt à la préparation des réformes cofinancées » et n'intervient par conséquent qu' « en complément de financement au lieu d'être à l'initiative en matière de mobilisation des ressources ». 2) « Son absence sur le terrain ne lui permet pas de contribuer efficacement aux efforts de coordination avec les autres partenaires ». 3) « Avec les partenaires multilatéraux et bilatéraux, les diverses occasions de coopération ne se sont pas encore suffisamment traduites par une véritable mise en commun des efforts » (p. 17).

L'échec avéré des prêts-projets de la BIRD/BAD à l'éducation s'explique certes par des défaillances institutionnelles mais également par le peu d'empressement de l'Etat à veiller au respect de l'égalité des chances, à prendre en charge la totalité des dépenses associées à la scolarisation des enfants de condition modeste, largement majoritaires en milieu rural.

Le périmètre restreint de la gratuité de l'enseignement public

Si l'on en croit A. Belarbi, auteure d'un rapport préparé pour le compte du PNUD (1.3), « le financement de l'éducation est presque entièrement assuré par l'Etat ». Contrairement à cette affirmation très répandue parmi les universitaires et les technocrates, la gratuité de l'enseignement primaire et secondaire public est, à défaut d'une volonté politique affirmée, toute relative. Elle ne s'applique qu'à certaines composantes de la dépense d'éducation (traitements et salaires du personnel enseignant et administratif, locaux équipés, nombre limité de bourses d'études et cantines). Cela veut dire que les frais liés au transport, aux fournitures scolaires, à l'habillement, au logement, à la nourriture ainsi qu'aux soins de santé restent à des degrés divers à la charge des familles, mais que par manque de moyens un grand nombre de parents vivant à la campagne n'arrivent pas à scolariser leurs enfants ou mieux encore à leur garantir la poursuite des études jusqu'à la fin du cycle primaire et secondaire. C'est un fait attesté depuis longtemps. La population rurale jeune en général et féminine en particulier y paie un lourd tribut. On a là la preuve que les prêts générateurs de revenus de la BIRD et de la BAD n'ont produit que de maigres résultats et que la pauvreté frappe de plein fouet un nombre en constante augmentation de ruraux.

Disparités de pouvoir d'achat et exclusion scolaire

Il ressort clairement de l'enquête sur la consommation des ménages de 1959-1960 que « les taux de scolarisation croissent avec le niveau des dépenses », en sorte que « les familles les plus favorisées économiquement le sont aussi pour la scolarisation de leurs enfants » (p. 51). Comme le fait remarquer P. Lambert (17), le taux de fréquentation scolaire selon les dépenses recouvre de fortes disparités. D'une part, des disparités entre les milieux urbain et rural : celles-ci s'expliquent certes par des écarts de dépenses mais aussi par une répartition inégalitaire des infrastructures scolaires. D'autre part, des disparités en milieu rural nettement plus prononcées : Celles-ci expriment à la fois mais à des degrés divers des différences de niveau des dépenses, une offre publique de biens et services éducatifs largement insuffisante et mal répartie et une forte discrimination selon le sexe. Dans le cas des populations rurales dont les dépenses annuelles par ménage sont inférieures à 360 Dh, le taux de fréquentation scolaire des filles ne dépasse pas 6,4% (64/1.000) contre 31,6% pour les garçons (316/1.000), soit un rapport de 1 à 5. Pour les ruraux dont les dépenses annuelles par ménage excèdent 840 Dh, soit plus de deux fois que dans le cas précédent, le taux de fréquentation scolaire des filles double pratiquement tout en restant cependant faible (12,1%/6,4%) au moment où celui des garçons atteint 50%, ce qui veut dire qu'il a progressé certes mais à un rythme moins rapide (58,2%). L'écart entre les taux de scolarisation des filles et des garçons s'est donc légèrement rétréci en conséquence de l'amélioration du niveau de vie familial mais reste cependant situé à un niveau élevé. Il est compris entre 1 et 4 au lieu de 1 et 5.

Trois décennies après, les résultats de l'enquête sur les niveaux de vie des ménages 1990/91 montrent que le coût élevé des études figure en tête des causes de la déscolarisation (84,6%). C'est dire que l'accès à l'éducation est avant tout une affaire de demande solvable. Plus précisément, le manque de moyens financiers d'un grand nombre de ménages, faute d'être contrebalancé par une politique redistributive de lute contre les inégalités, tient lieu de principal obstacle à la scolarisation des filles en milieu rural (30,3%) et devance ainsi de loin le manque d'écoles sur place (15,3%) ou l'attitude apparemment négative des parents envers l'école (15,7%).

La BIRD, principal bailleur de fonds en faveur de l'éducation en milieu rural, a trop tardé à reconnaître l'importance déterminante de la faiblesse des revenus d'un grand nombre d'agriculteurs en tant que barrière d'accès de leurs enfants, en particulier les filles, à l'école.

En guise d'explication du faible taux de scolarisation des filles en milieu rural, la Banque mondiale indique dans une étude datant de 1976 que "causes are complex and compounded by socio-economic, demographic and cultural factors. Opportunity costs of schooling to poor rural parents are high, additional monetary costs (books and clothing) are heavy burden and cultural and religious traditions militates against the schooling of girls". Ce n'est que bien plus tard, après avoir constaté qu'un grand nombre de salles de classe nouvellement construites en milieu rural demeurent presque vides, que la Banque mondiale a fini par admettre qu'une amélioration du taux de fréquentation scolaire nécessite la prise en charge par l'Etat de certains frais au profit d'enfants de condition modeste. "The ESR, souligne-t-elle, did not adequately assess the extent to which rural population required specific measures to generate effective demand and another services accordingly. Efforts concentrated essentially on building schools closer to rural settlements, with little attention to complementary programs to increase participation". "The fact still remains that nothing can really be achieved unless general education & vocational training are combined into a comprehensive system and some kind of financial assistance is made available to families unable to afford the school expenses of their children" (n° 2664, cf. aussi n° 3249). Peu de temps après, la BIRD s'est montrée beaucoup plus précise en indiquant que "the cost of education is a key consideration in a family's decision to send children to school. The direct cost represents a substantial share of annual household income for most-income rural families (required textbooks, educational materials, additional food and clothing requirements). Texts books and school materials represent a large share of direct costs of education. There are not always available in rural areas and markups through low-volume general purpose retailers are high" (14 February 1989, p. 5). Cette institution financière internationale ajoute dans le même ordre d'idées qu'au Maroc "the direct costs of schooling per child could represent between 5% at primary and 10% at secondary level of annual household cash expenditures for rural families whose total spending is less than US$ 500 per year, which is a majority of all rural households. These costs are a main deterrent for female enrollment. The opportunity cost of education in term of cash income and time spent in school activities is proportionately higher for low-income families. Girls traditionally contribute earlier than boys to income generating and household activities and their labor is identified with the most-immediate needs of the family. As a result, girl's schooling may be perceived as irrelevant and too expensive".

Comme le message politique sous-jacent ne semble pas avoir été entendu, la Banque mondiale revient quelques années après à la charge et rappelle, en passant toutefois sous silence sa responsabilité (1983-1992), qu'il ne suffit pas de construire des écoles pour en garantir la fréquentation (p. 9). C'est surtout « en rapprochant les écoles des collectivités, en attribuant des bourses d'internats et de cantine, en allégeant la charge que représente pour les familles l'achat de manuels scolaires » que « l'on contribue de façon non négligeable à résoudre le problème de la faible scolarisation » (p. 20). Concernant uniquement les manuels scolaires, « à tous les niveaux, ce sont les familles qui supportent le plus souvent leur coût d'acquisition » puisqu'il « existe une distribution gratuite très limitée aux élèves les plus démunis » (janvier 1991). En 1996 encore, ces différents obstacles ne semblent pas avoir trouvé une issue positive. Cela a conduit la BIRD à préciser une fois de plus « que si les facteurs influant sur la demande ne sont pas pris en compte, il est peu vraisemblable que l'assiduité scolaire dans les zones rurales augmentera » (PPS, 9 mai 1996, p. 9). La stratégie de rattrapage de la scolarisation des filles en milieu rural, lancée sans succès dans le cadre du prêt-projet BAJ/EDU, s'articule autour de trois axes prioritaires: 1) rapprocher les écoles plus près des élèves, fournir les intrants scolaires et garantir au plus grand nombre un programme couvrant les six années du primaire ; 2) agir sur les facteurs extra scolaires qui compromettent la demande d'éducation ; 3) inscrire le problème d'amélioration de la scolarisation en milieu rural dans le cadre d'une stratégie plus générale d'élimination de la pauvreté, de l'analphabétisme et d'essor économique et social (II.2.2.2.).

Si l'enseignement primaire n'offre que peu de perspectives en l'absence de mesures d'accompagnement en faveur des enfants fort nombreux d'origine modeste, on conçoit aisément que les choses se compliquent encore davantage au niveau du secondaire. S'agissant plus particulièrement des filles rurales, les inégalités de scolarisation liées au revenu s'amplifient à mesure que l'on passe d'un niveau d'enseignement à un autre, soit du primaire au secondaire, puis du collège au lycée, etc. Comme il est souligné dans un "memorandum and recommandation of the President of World Bank" au sujet du prêt-projet "rural basic education" ("middle schooling: the missing bridge"), en 1989-1990, c'est-à-dire plus de trois décennies après l'indépendance du Maroc, "half the population is rural, yet only 7% of middle school (basic education grades 6 to 9) places are in rural areas. This means that a rural fifth-grader, especially the one girl in eight to get that far, and her family must overcome enormous barriers-logistical, financial, psychological- if she is to capitalize on this early learning and aim to complete the basic cycle, let alone reach for other opportunities contingent on completion. The immediate hurdle involves uprooting the student 30 miles or more, usually without the option of public transport. This is sustainable only for the few who have close relatives or access to supervised public boarding places in the city" (p. 2). En 1989-1990 effectivement, les filles collégiennes ne bénéficiaient que de 19,5% des bourses d'internat. Cette part descend à moins de 10% dans les zones rurales. Elle s'est remise depuis à augmenter sans pour autant atteindre les prévisions qui elles aussi restent largement en deçà des besoins.

Au vu de ce constat, la BIRD et la BAD s'étaient engagées, dans le cadre d'un projet cofinancé (Rural Basic Education Project), à « améliorer l'écosystème éducatif en milieu rural grâce à un certain nombre de mesures complémentaires : construction de collèges avec une cantine par établissement, un internat dans un collège sur huit (soit 30 au total), octroie de bourses à égalité entre garçons et filles (cantine, internat), distribution gratuite ou à bas prix de manuels scolaires, extension du financement aux dépenses à faible visibilité ». Le bilan s'est néanmoins révélé tout au plus médiocre et, comme auparavant, les filles rurales ont été les grandes perdantes des interventions de la BIRD et de la BAD. Le rapport d'achèvement du prêt projet de la Banque mondiale n°3295 (p.5, 23) mentionne explicitement que "the number of boarding scholarships award to students from rural areas has not met expectations. Instead of 9.500 boarding scholarships expected for 1995/96, the figure at project completion in 1997/98 was 6.090 (4.848 in 1996/97)", soit 64, 10%. "Only 15% in 1996/97 and 17,5% in 1997/98 of those scholarships were awarded to girls, far bellow of 40% projected at the time of the initial appraisal. Of the 634 canteen scholarships awarded in rural areas in 1997/98", only "120 (i.e. 18,9%) went to girls)" (p. 5, 23). Il y a aussi fort à parier qu'en l'absence d'une gestion participative une proportion plus ou moins élevée de cette enveloppe financière est détournée à l'avantage d'enfants de notables ruraux; et la Banque mondiale, qui opère au Maroc depuis les années soixante, n'est pas censée ignorer cet état de fait. Elle n'ignore pas non plus que les conditions de vie des internes dans les collèges et lycées publics n'ont cessé de se dégrader depuis déjà le programme d'ajustement structurel (1983-1992). Ainsi, entre 1981 et 1989, la dotation budgétaire par élève boursier a enregistré un déclin de plus du tiers sous l'effet d'une évolution contrastée. D'une part, le nombre de boursiers a progressé de 12%, passant ainsi de 47.200 en 1981 à 52.900 en 1989. D'autre part, le budget affecté aux bourses d'internat entre ces deux dates a par contre diminué de 25% en termes réels (18 janvier 1991, p. 9). Pour ce qui est des dotations budgétaires destinées à financer les repas servis dans les cantines scolaires, ce qui les singularisent c'est d'avoir bénéficié pendant longtemps « d'un soutien très important du Programme Alimentaire Mondial » (1.1, p. 30). Cette catégorie de dépenses sociales s'est toutefois nettement inscrite en baisse depuis les années quatre-vingt. Cela s'explique d'abord par le fait que le PAM « a entamé depuis 1990 un retrait progressif des cantines scolaires » (1.1, p. 30). A cela s'ajoute un défaut de prise en charge par l'Etat de la contribution du PAM (21,8 M$) qui est arrivée à son terme en 1996/97. Mais ce n'est pas tout. Dans la mesure où la décision de cet organisme onusien est motivée par des détournements avérés de fonds d'un montant estimé à 42 M$ – une affaire déballée sur la place publique mais que des auteurs se sont abstenus de signaler (1.1, p. 30 ; 1.3) –, il devient clair que les dotations budgétaires réellement allouées aux cantines scolaires depuis 1983 sont bien moindres que celles qui ressortent des lois de finances aussi bien prévisionnelles que de règlement. Il en va de même du nombre effectif d'élèves bénéficiaires des programmes de cantines scolaires autant que de la fréquence et de la consistance des repas servis. Conclusion : l'abandon scolaire précoce qui touche en particulier les jeunes ruraux a certainement à voir avec le phénomène de malnutrition associé à ces pratiques délictueuses qui ne cessent de prospérer.

Ce phénomène d'exclusion scolaire aux effets dévastateurs a aussi à voir avec la fréquence de maladies non soignées en conséquence d'un système de santé rural grandement déficient, de services d'hygiène scolaire squelettiques et de la faiblesse des revenus de larges couches de la population. Pour la Banque mondiale, "main unresolved school health issues related to poor coverage especially in rural areas due to lack of resources and ineffective coordination (coverage does not exceed 40% of targeted groups), inefficient delivery of health education, correction of visual deficiencies. In 1987/1988, it is estimated that 10% of the students at primary level need visual acuity correction", i.e. "50.000 students needed eyes glasses but large proportion of families could not offer US$ 75-125". Même si au Maroc on ne tient pas une comptabilité d'abandons scolaires pour cause de maladies, quelques statistiques relatives à la décennie quatre-vingt-dix mais non rendues publiques indiquent un taux de déperdition compris entre 8 et 10 % en milieu rural. 8 à 10 élèves sur 100 n'arrivent donc pas à poursuivre leurs études parcequ'ils n'ont pas de quoi se faire soigner.

Sans compter les effets d'une politique redistributive foncièrement régressive (18), la faiblesse du pouvoir d'achat d'un grand nombre de familles rurales s'explique aussi par les maigres résultats des prêts multilatéraux aux petits agriculteurs.

Maigres résultats des prêts multilatéraux à l'agriculture paysanne

Les prêts-projets de la Banque mondiale à l'agriculture paysanne ne datent que de la fin de la décennie soixante-dix. Hormis quelques lignes de crédit accordées à la CNCA (19) dans ce but, ces prêts-projets ont porté essentiellement sur les zones bour (projets de développement rural intégré) (20) et accessoirement sur la petite et moyenne hydraulique et la forêsterie (21). Les interventions similaires de la BAD sont par contre de moindre importance (22).

Les objectifs et la consistance des projets de développement rural intégré (PDRI) sont bien déclinés par la Banque mondiale

"In the late 1960s and throughout the 1970s, Government agriculture policy was strongly biased in favor of large scale irrigated sector. As a result, Moroccan agriculture had a dual structure with the intensive irrigated sector producing high value commodities and export crops on 10% of the land while the rainfed sector accounted for the bulk of basic food supply and supported the majority of the rural population, but showed no long run productivity increases. Income distribution became increasingly unequal as income irrigated areas rose while poverty increased in rainfed areas predominantly in mountain, forest and arid areas. Bank investment in Moroccan agriculture was also concentrated in large scale irrigation and credit until the mid of 1970s. In the only 1980s, the Government recognized the need for the balanced development of the agriculture sector. At the same time, the Bank shifted emphasis to rainfed development and poverty alleviation with the series of four rural development projects" (Loukkos, piii). "These four projects were designed to develop and test options for stimulating growth and increasing production in various environments representative of Morocco's rain-fed areas" (p. 2). "To help increase the living standards of the vast majority of poor farmers in Morocco", "the agricultural reforms recommended by the Bank have sought to... pay more attention to rainfed agriculture and, within irrigated agriculture, to smaller system and... to improve the Government's ability to plan in the sector" (p. 44, 51). Ils s'étendent sur des centaines de milliers d'hectares de terres agricoles bours ou forestières sur lesquelles vivent un nombre relativement important de familles paysannes et se présentent ainsi par ordre chronologique.

"The Fès-Karia-Tissa agriculture project (FY 1978) was the first of a series of four rural development projects, each specifically designed to develop and test options for stimulating growth and increasing production in various environments representative of Morocco's rain-fed areas. FKT was specifically "... conceived to serve as a model for the development of high potential cereal growing areas and encompass a number of innovative approaches to agricultural development, which would be carried out on a trial basis" (p. 1). "The primary objective of the project was to improve the living standards of some 14,000 families who cultivated 256,000 ha or 96% of the arable land in the project area. This was to be achieve principally through increasing agricultural production and farm incomes. Improved living standards would further more be pursued by complementing increased farming incomes by a series of infrastructural investments" (roads, water potable, primary schools, health facilities, etc.) (p. iii).

"The Loukkos project (FY 1980) was specifically designed to address the development issues of the densely populated but poorly endowed and highly eroded mountain regions of the North Morocco" (Middle Loukos: 31,000 ha; Uper Loukos: 15,000 ha, Izarene forest: plantation: 3,500 ha; maintenance: 3,400 ha) (p. iii).

"The Middle Atlas agricultural development project (FY 1982) was the third of four projects appraisal by the Bank during the late seventies and early eighties... This project, an integrated agro-sylvo-pastoral development effort, aimed at: (a) bringing about production increases of meat, milk, fodder, cereals and wood; (b) increasing income and employment among the rural production; and (c) reversing the deterioration of the forest and rangelands in the areas, while restoring the role of tribal fractions in managing collective rangelands". Ce projet s'étend sur de larges superficies ainsi réparties: "(1) implementation of forest management plans (over 124,000 ha); (2) development of fodder resources at the farm level, in the forest (20,800 ha) and on collective rangeland; introduction of range management systems based on fixed stocking rates and on deferred and rotational grazing (51,000 ha); (3) cropping development: rehabilitation of some 2,000 ha of small traditional irrigation perimeters ".

"Oulmès-Rommani (FY 1983) was the last in a serie of four Bank-supported projects for rain-fed area development in different agro-ecological zones of Morocco" that began in 1976. "The project's objectives were to increase agriculture production and productivity in rain-fed area, and to raise farmer incomes by improving social and agricultural services. The project aimed to promote wood production, fodder resources, soil conservation, and contained substantial education and health development component". "The project was to cover an area about 328,000 ha or 41% of the Khemisset province consisting of 41% of agriculture land and 48% of forest land. The bulk of 118,000 people who lived in the project area where to benefit from the project" (p. 2).

Résultats

Tel qu'il découle des différents rapports d'achèvement de la Banque mondiale, le bilan des quatre projets de développement rural intégré est jugé positif. Le projet Loukkos affiche un taux de réalisation de 67,8% (21,7/32 M$). Sa principale composante "agricultural development and erosion control" (111,47/256,85 MDH) enregistre même un taux d'exécution de 117% (130,0/111,47 MDH). La participation financière de l'Etat à ce projet ne s'élève qu'à 52, 1% (7, 3/14, 0 M$), en revanche celle de la BIRD atteint 80% (14,4/18,0 M$). Le taux de contribution de cette dernière par activité financée oscille, à une exception près, entre 75% et 100%, soit à un niveau supérieur à la moyenne (67,8%). La bonne performance de la Banque mondiale se vérifie aussi relativement aux projets Moyen-Atlas-Central (MAC)/Fès-Karia-Tissa (FKT). Le taux d'exécution du prêt destiné à financer le projet MAC atteint 82% (9,0/11,0 M$). Bien plus, il est orienté à la hausse dans la plupart des activités qui en font partie. "Equipment, vehicles and acquisition of selected animals": 85% (2,3/2,7 M$); "spraying program and water supply system and road construction": 96% (2,3/2,4 M$); "project works other than for water supply system and road construction": 119% (3,7/3,1 M$). Les mêmes remarques valent pour le projet FKT. Le taux de réalisation du prêt qui s'y rapporte s'élève à 91% (38,3/ 40,0 M$). Il grimpe même jusqu'à 106% concernant "civil works for the water supply systems" (16,9/16,0 M$), voire 132% concernant "hillside farming and wasteland improvement" (3,3/2,5 M$). L'ensemble de ces résultats étayés par des chiffres conforte l'appréciation portée par la Banque mondiale sur le projet FKT: "in spite of a slow start-up during the first three years and continuous financial difficulties from 1983 onwards, the project was successful in meeting most of the physical targets of the core progress, developing an efficient extension system, improving planning of erosion control interventions, and promoting the participation of local population to these interventions". Le problème c'est que les réalisations sont rapportées aux prévisions revues nettement à la baisse plutôt qu'initiales. Ceci a pour effet de gonfler artificiellement les résultats exprimés en valeur relative, donnant ainsi l'illusion de l'efficacité. Une lecture attentive des tableaux statistiques figurant en annexe permet effectivement de constater que les quatre projets de développement rural intégré ont fait l'objet, mais à des degrés divers, d'un redimensionnement à la baisse. Les restrictions budgétaires consécutives au programme d'ajustement structurel (1983-1992) se sont traduites par une réduction drastique des contributions financières aussi bien de l'Etat que de la Banque mondiale. Le projet Loukkos nous fournit l'exemple type des coupes décidées par la BIRD en 1987. Les prévisions corrigées sont descendues à 18 M$ au lieu de 34 M$ à l'origine pour ce qui est de la participation de l'Etat (-47,1%) et à 14 M$ au lieu de 24,7 M$ pour ce qui est de la participation de la Banque mondiale (-43,3%). S'agissant des projets Fès-Karia-Tissa/ Moyen-Atlas-Central, les crédits révisés de la BIRD n'atteignent respectivement que 40 et 11 M$ contre 65 et 29 M$ au départ, soit un taux de contraction de 38,5% (25 M$) et de 62,1% (18 M$). Les taux de contraction sont de surcroît largement supérieurs concernant bon nombre d'activités financées. Il est d'abord question de trois composantes du prêt-projet Loukkos: "cadaster survey" (-89,3%), "civil work for road" (-62,7%); "consultants and training abroad" (-60,0%). Les dépassements touchent aussi trois activités du prêt-projet Fès-Karia-Tissa: "civil work for the road" (-71,4%); "consulting services and overseas training" (-62,5%); "agricultural inputs" (-56%). Il en est de même de deux programmes du prêt-projet Moyen-Atlas-Central: "spraying program, water supply system and road construction" (-71,4%); "project works other than for water supply system and road construction" (-69%). Ces données aussi nombreuses que variées traduisent l'ampleur de la taille à la serpe dans les budgets des projets de développement rural intégré. Les réalisations comparées aux prévisions plutôt initiales que révisées en apportent la preuve.

Faible taux de réalisation

Cette tendance lourde se vérifie sur le plan aussi bien financier que physique.

Volet financier

Les quatre projets de développement rural integré approuvés entre 1978 et 1982 ont, selon les prévisions, porté sur un montant global de 426 M$ dont le financement se répartit comme suit : Banque mondiale : 158 M$ (37%) ; Budget de l'Etat : 204,3 M$ (47,9%), Caisse nationale de crédit agricole (CNCA) : 40 M$ (9,4%) ; agriculteurs : 24,5 M$ (5,7%). Sur ce total, les réalisations n'ont toutefois pas dépassé 150 M$, c'est-à-dire à peine 35,1%. Ce taux recouvre en outre de fortes disparités. Il plafonne à 45,8% (72,3 M$) pour ce qui est des prêts de la BIRD, se situe à un niveau équivalent pour ce qui est de la contribution publique (35,6%) mais descend à 12,5% s'agissant des financements de la CNCA. Dans le cas de la Banque mondiale en particulier, un seul prêt atteint un taux de réalisation de 55,8% (projet Fès-Karia-Tissa) ; celui-ci n'excède pas par contre 42,3% relativement à deux prêts (Loukkos, Oulmès-Rommani), voire 31% pour le restant (Moyen-Atlas). On en déduit donc que les prêts de la Banque mondiale destinés au financement des projets de développement rural intégré furent annulés à hauteur de 87,7 M$, soit plus de la moitié du total (54,2%). A une exception près (projet Fès-Karia-Tissa : 28,7/65 M$ = 44,2%), le taux de suppression se situe à un niveau encore plus élevé. II atteint respectivement 57,7% et 69,0% en ce qui concerne, d'une part, les projets Loukkos (19,6/34 M$) et Oulmès-Rommani (17,31/30 M$) et, d'autre part, le projet Moyen-Atlas (20/29 M$). En plus de leur ampleur, les annulations de crédits revêtent un caractère répétitif. Le prêt FKT a donné lieu à trois suppressions qui remontent la première au 19 novembre 1984 (15 M$), la seconde au 5 juin 1986 (10 M$) et la dernière au 13 novembre 1990 (3,7 M$). Le prêt Loukkos a lui aussi fait l'objet de trois annulations intervenues successivement en 1984 (10 M$), 1986 (6 M$) et à l'achèvement du projet (3,7 M$). Le prêt Moyen-Atlas-Central a pour sa part été revu à la baisse en novembre 1984 (5 M$), janvier 1987 (8 M$), décembre 1989 (5 M$) et à la clôture (2 M$). Deux annulations ont également afffecté le prêt Oulmès-Rommani, la première en 1987 (14,0 M$) et la seconde en fin de période de déblocage (3,3 M$). Comme on peut l'imaginer, ces annulations de crédits à intervalles irréguliers n'ont pas manqué de perturber sérieusement la réalisation des projets de développement rural intégré.

Volet physique

Considérées dans leur ensemble (Banque mondiale, Etat, etc.), les réalisations physiques se situent en deçà des prévisions initiales. Les écarts entre ces deux grandeurs sont toutefois plus prononcés en matière aussi bien d'infrastructure socio-économique que de développement agricole. Le taux d'exécution des infrastructures associées au projet Fès-Karia-Tissa (FKT) n'a pas dépassé 36% en moyenne, voire 30,4% pour les routes et 26,8% pour les centres de santé ruraux. Le taux de réalisation des infrastructures sociales liées aux projets Oulmès-Rommani & Loukkos a même chuté respectivement à 10 & 8%. Les activités agricoles ont enregistré quant à elles des résultats moins mauvais en général. Ceux-ci restent cependant sans commune mesure avec les prévisions. Le bilan des projets Moyen-Atlas-Central & Oulmès-Rommani en particulier ne pouvait pas être pire. Pour ce qui est du projet MAC, les activités "agriculture development", "small scale irrigation", "forestry" and "livestock" n'ont pas dépassé des taux de réalisation respectifs de 4,9/3, 2/33, 2/49,5%. Le projet OR se singularise lui aussi par le bas niveau des taux d'exécution de plusieurs composantes importantes: "cadastral survey" (6%), "irrigation infrastructure" (10%), "research" (11%), "rural road" (23%), "livestock production and range management" (26%) and "studies, training, technical assistance" (35%).

On ne prenant en compte que les prêts de la Banque mondiale classés par type d'opérations, les taux d'exécution se sont plutôt inscrits en légère hausse. Malgré cela, leurs niveaux sont restés faibles dans la plupart des activités ayant bénéficié de plus de crédits. Le projet Fès-Karia-Tissa comporte trois opérations du genre: "civil works for the road" (25,8%); "consulting services and overseas training" (30%); "agricultural inputs" (36,8%). Le projet Loukkos connaît les mêmes faiblesses: "cadastral survey" (10,7%); "civil works for roads" (29,3%); "consultants and training abroad" (30%). Le projet Moyen-Atlas-Central, lui aussi, ne diffère guère sous cet angle des précédents: "consultants and specialists' services and training abroad" (16,7%); "spraying program, water supply system* and road construction*" (27,4%); project works other than* (37%).

Retards dans la réalisation des projets et le décaissement des prêts

La réalisation/décaissement des prêts projets de développement rural intégré se singularise aussi par des retards plus ou moins longs. Cela se traduit, concurremment avec d'autres facteurs (taux d'intérêt élevés et commissions), par un coût pénalisant des crédits de la Banque mondiale pour le budget de l'Etat. Le prêt-projet Fès-Kariat-Tissa a été approuvé le 27 juin 1978. Il est entré en vigueur au mois de février 1979 (au lieu de décembre 1978) et devait être clôturé à fin juin 1986. Dans les faits, sa réalisation a duré non pas 6 ans mais 11 ans (juin 1990), accusant ainsi un retard de 5 ans suite à trois extensions. Quant au prêt-projet Loukkos, son approbation date du mois de mai 1980 et sa mise en oeuvre du mois de septembre 1981 (au lieu de mars 1981). Sa clôture est intervenue avec 18 mois de retard (fin décembre 1988 et non pas fin juin 1987). Son achèvement a été différé jusqu'au mois de juin 1989 et le dernier décaissement au 27 juillet de la même année. Le prêt-projet Moyen-Atlas, troisième du genre, a été approuvé le 7 janvier 1982. Il est entré en application en novembre 1982 au lieu de septembre de la même année et devait durer 5 ans et non pas 7 ans et demi dans les faits (juin 1988 et non pas décembre 1990). Son achèvement a nécessité encore plus de temps (avril 1991 au lieu de juin 1987). Enfin, le prêt-projet Oulmès-Rommani n'a pas lui aussi été achevé dans les délais. Il a enregistré trois ans de retard puisqu'il n'a pris fin que le 31 décembre 1992 au lieu du 31 décembre 1989 (30 juin 1991, 30 juin 1992). Son approbation remonte au 14 décembre 1982 et sa mise en oeuvre au 5 mars 1984 après trois prolongations (au lieu du 22 août 1983, 22 novembre 1983, 22 février 1984).

Il s'agit là d'autant de dérapages qui ont fortement contrarié la réussite des projets de développement rural intégré. L'examen des principales causes qui en sont à l'origine revêt dès lors une grande importance. Mais déjà à ce stade de l'analyse, il devient évident que l'histoire des projets de développement rural intégré romancée par G. Lazarev ne tient pas la route (23).

Facteurs explicatifs

Les facteurs explicatifs de l'échec des PDRI peuvent être regroupés en deux catégories: exogènes (24) et endogènes. En raison de leur caractère délibéré et de leur impact négatif prononcé, les causes endogènes méritent une attention particulière. Les différents prêts-projets, approuvés à une ou deux années d'intervalle, se sont heurtés à des problèmes récurrents que l'Etat (25) et les organismes financiers multilatéraux n'ont guère cherché à prendre à bras-le-corps. Les défaillances institutionnelles viennent en premier aggravés par une crise budgétaire des plus aiguës (1978-1992).

Défaillances institutionnelles

D'un projet à un autre, ce sont pratiquement les mêmes problèmes qui reviennent: "high turnover in management staff, poor project coordination, low use of technical assistance, weak operational monitoring and evaluation system which resulted in low implementation ratios" (p. 4).

Forte instabilité du personnel

Dans son rapport d'achèvement du projet Fès-Kariat-Tissa, la Banque mondiale aboutit à la conclusion que "continuity of capable project management, together with Government support, are crucial factors to project success. Key posts should be filed by competent staff before Bank loans are made effective". La même idée est exprimée, presque de la même manière, dans le rapport d'achèvement du projet Moyen-Atlas Central, le troisième du genre : "management staff stability, competence and dedication are an essential perequisite to project success, key posts should be filled by competent staff before Bank loans are made effective" (p. v). Tout ceci pour dire qu'une condition essentielle à la réussite des projets de développement rural intégré a fait cruellement défaut. Projects management "suffered greatly from the frequent turnover in staff and delays in filling vacancies". It's "probably the most important factor affected the pace of implementation". Dans la région de Khenifra, entre autres, "a good start was followed by the nomination and subsequent transfer of at least three provincial directors and almost all services chiefs. This resulted in insufficient focus on project activities and delay in getting project activities and studies funded and excecuted. A case in point is the study of irrigation rehabilitation in Midelt, where the serial photography and mapping took more than three years to compete and by the end of the project only 7.5 percent of the area to be rehabilitated was fully".

Déficit de coordination

A la forte instabilité du personnel s'ajoute un déficit de coordination inter et intra-ministérielle. Les quatre projets de développement rural intégré illustrent en effet "the difficulty of pursuing too many diverse objectives, particularly in the context of projects which are to serve as a pilot experiment". Les rapports consacrés aux projets Loukkos et Moyen-Atlas-Central mettent clairement en évidence le fait que "the poor coordination and integration of activities between Ministries and between the various Directorates of MARA at the central and the provincial levels is a recurring problem in Morocco". Ce goulet d'étranglement "hampered projects implementation and resulted in a disruptive approach to farmers" (p. 5, VI). La faible implication du ministère de l'Intérieur a, elle aussi, contrarié une bonne exécution des projets de développement rural intégré. Concernant le projet Loukkos, à titre d'exemple, la Banque mondiale n'a pas manqué de relever que "although local population participation was a key aspect of the project, the Ministry of Interior did not play an active role to promote it". This Ministry "whose main objective is avoiding social unrest in rural area, had not been closly involved in either project preparation or implementation, and therefore did not actively contribute to resolving conflicts which delayed project implementation" (p. 11, 14).

Gestion et évaluation déficientes

The "weak technical expertise"/"the insufficient use of technical assistance"also had a negative effect on projects implementation, particularly the range management, extension, and monitoring and evaluation programs" (p. 5, 13). "As a result of these difficulties, the projects were able to implement only parts of their components and therefore did not fully attain their objectives". En effet, tel qu'il découle de l'analyse bilancielle du projet Fès-

Karia-Tissa, "a well-designed and simple-to-use monitoring and evaluation component is essential as a management and, even more so, as an evaluation tool. This is especially the case in a complex project with a number of a pilot features, which needed to be evaluated before being applied elswere. It should be in place before project implementation begin (say by loan effectiveness)" (p.vi). Plusieurs années plus tard, en dressant le bilan du projet Moyen-Atlas-Central, la Banque mondiale a tenu à rappeler que "monitoring and evaluation needs to be designed as an integral part of project activities and should be in place before project implementation begins (say, loan effectiveness). Ces préalables sont toutefois restés des voeux pieux. Ainsi, s'agissant du projet Loukkos, "operational monitoring and evaluation system was weak, as a result the impact of the project on neither agricultural production and incomes nor soil erosion can be fully assessed (p. VI, 9, 10, 14). "Because of the insufficient monitoring, firm data are still lacking and it appears extremely difficult to differentiate between project impact and the overall agricultural growth in the poject area... More information should become available whithing the next two years to assess more accurately the economic rate of return of the project" (p. 12). IL n'en fut rien cependant. Deux conclusions ressortent du rapport d'achèvement du projet Moyen-Atlas-Central. 1) "Due to the lack of monitoring and evaluation data, it is not possible to carry out an internal rate of return calculation for the project", e.i. "the impact of the project on forest, range and agricultural production and on the preservation of natural resources cannot be measured". 2) "Field visits and discussions, conducted by the mission with the staff of the DPAs, indicated that the project had, at best, only a marginal impact on agricultural and forestry production"(p. 9, 12). Même en procédant à une évaluation indicative, le résultat obtenu s'avère nettement en retrait par rapport à celui prévu initialement. "Notwithstanding the near absence of reliable data on Fès-Karia-Tissa project impact, an indicative economic analysis was carried out on the agricultural component. The analysis results in an economic rate of return of 9%. This compares to 21% estimated at the time of appraisal. This result shows that the component was relatively successful, but that return on investment suffered from the longer than anticipated implementation period as a result of local funding difficulties". Quand on apprend par ailleurs que the "costs and benefits of social infrastructure (schools, water supply, health facilities, markets improvements) are excluded from the evaluation of economic rate of return" (p. v) et que les réalisations en la matière s'écartent largement des prévisions, ce taux perd de sa signification.

Les limites propres au financement agricole font elles aussi douter de la réussite des projets de développement rural intégré. La CNCA qui octroie des prêts, financés eux aussi, dans des proportions non-négligeables, pendant plusieurs décennies, par des crédits multilatéraux (BAD mais surtout BIRD), n'a pas été en mesure de répondre aux besoins de financement des petits agriculteurs, encore moins d'évaluer l'impact des différents prêts-projets sur les bénéficiaires en termes d'amélioration réelle de leurs revenus. La révision de la règle de distribution des crédits est basée désormais sur le revenu réel et non pas virtuel des agriculteurs. Ce changement a, certes, permis d'assouplir les conditions d'éligibilité au financement des caisses locales, mais sans pour autant améliorer son efficacité, à défaut d'un manque de personnel compétent, d'une structure organisationnelle appropriée et d'informations fiables sur le nombre des bénéficiaires et l'usage des prêts accordés.

Les rapports d'achèvement du premier (Fès-Karia-Tissa) et du troisième (Moyen-Atlas-Central) projets de développement rural intégré évoquent ces questions qui portent à consequence. Le projet FKT se singularise par une "innovative approach to short-term credit to small-holders. The project abandoned the practice of determining credit levels on the bases of the "fiscal income" and adopted the principle of the reel credit needs and repayment capacity of the individual. Although the system was altered on several occasions, the principle has been adopted in all other projects supported by the Bank" (p. vi). "The innovative agricultural credit which were introduced in the project area resulted in the rapid increase in lending volume from a total short-term portfolio of around Dh 2,2 million to 2,383 farmers in 1979/80 to Dh 22 million to 11,000 farmers in 1982. There is no doubt that this rapid increase in short-term credit contributed substantially to the rapid uptake of the improved package promoted by the extension service. It is also obvious, however, that this sizable increase occurred too rapidly to be handled efficiently by the local banks' existing infrastructure" (p. iv). "Short-term credit was to be limited to 50% of the farmer's potential gross income. When this new criteria were applied, many farmers saw their credit limits increase greatly, while many others could for first time qualify for credit. To cope with the expected rapid increase in credit applications, the SAR forsaw a doubling of the existing credit institution's staff"... It "has found that credit limits were somewhat too generous, especially in the light of the limited institutional capacity of the local banks to supervise loan applications (basic institutional technical weaknesses). The situation was aggravated by the fact that the Agricultural Credit Bank (CNCA) only partially implemented the staff and facilities strengthening measures that were proposed. At the time of PCR preparation, no information has been provided by CNCA on the number of beneficiaries or nature of the investments. CNCA is now undergoing a full reorganization supported by the seventh agricultural credit (n° 3088-MOR) and in the future data should be ready available" (p. 4).

Cependant, même après plusieurs années, en dépit d'un accroissement des crédits distribués, la BIRD ne disposait toujours pas d'informations permettant d'en apprécier l'impact aussi bien sur la production que sur le revenu agricoles. "Farmers in the Middle-Atlas-Central project area had access to credit to finance farm equipment and crop establishment through the regional and local branches of the CNCA. Total credit granted increased from DH 30,8 million in 1983 to DH 54,4 million in 1987 with Khenifra accounting for 54% of the total amount". However, "at the time of project completion report preparation, no information has been made available on the numbers of beneficiaries, the nature of the investments for which the credit was used nor its impact on agriculture production" (p. 9). Furthermore, "the document prepared for the project completion report lacked specific information concerning the credit component. The report showed only global amounts per province, with no details on credit distribution per type of credit (short-medium or long term) or on rate of credit repayments" (p. 12).

Crise budgétaire

La crise des finances publiques, qui s'est déclarée en 1978 et n'a officiellement pris fin qu'en 1992, a fortement affecté les projets de développement rural intégré. Elle a servi de prétexte à un allongement des délais de réalisation et à une réduction de l'enveloppe financière prévisionnelle. "The budgetary difficulties caused successive delays in project activities in a number of ways. First, funds were not available as had been projected in the SAR, this caused project activities not to be undertaken at the foressen scale and caused, in particular, delays for infrastructural works. In such a complex project, this had implications on many key activities like extension whose success depended on the completion of other activities such as the construction of housing and arrival of equipment". "In addition to a general shortage of funds, the situation was exacerbated by the long and slow budgetary procedures to which the project was submitted". "The practice of allocating a certain budget amount but without committing the required funds to the projects every year to cover expenditures, had perhaps a more negative impact on project implementation than the general low funding, as it led in many instances to the abandonment of project works by the contractors". Le projet Fès-Karia-Tissa a grandement pâti de ces difficultés, les trois autres projets aussi.

"The Fès-Karia-Tissa project was completed with five years delay. The main reasons for this long delay were the extremely difficult budgetary situation, which affected the project aspecially from 1984 onwards, and the difficulties that were encountred with the drinking water component". "The latter part of the implementation period of the project coincided with a singularly difficult period for Morocco's economy during which the financial and budgetary situation deteriorated increasingly. This prompted the government to impose exceptional financial restrictions and undertake a range of adjustment policies. The Fès-Karia-Tissa (FKT) project was seriously affected by these restrictions". "In 1987, it was decided to undertake a Special Action Program (SAP) aimed at lessening the effects of the budgetary difficulties and US$ appreciation. The basic features of the SAP were an increase in the Bank disbursement percentages and a general down-scalling of a number of infrastructural investments. The SAP had a beneficial impact on project implementation as it allowed adjust the scope of the project to the budgetary realities". "Yet, due to the slow and cumbersome administrative financial procedures, these measures eased the project's financial difficulties only to a limited extent" (p. 5). "By 1989, substantial improvements had been achieved albeit at the cost of drastic reductions in public investments and operating budgets. These measures essentially affected all Government operations including most of the Bank-supported investment projects. The FKT project was no exception" (p. 2).

La BIRD, en réagissant tardivement à la crise, admet une part de responsabilité dans les difficultés rencontrées par le projet FKT qui s'est soldé par des résultats mitigés. "The

Bank proved responsible and flexible in modifying project design and reducing its scope in the light of implementation experience and the budgetary constraints, by undertaking a Special Action Program and cancelling a total of US$ 28,7 million from the original loan". Neverthless, "the Bank could have reacted somewhat swifter in recognizing the budgetary difficulties by approving the SAP in 1985, when the need was recognized. It would have been more beneficial to the project if at an early date a firm decision had been made to scale the project down to allow adequate funding for the core agricultural and conservation components rather than slowing the entire implementation process " (p. 13). "Also, the Bank should perhaps have insisted more on the timely hiring of consultants".

Le projet Loukkos "was implemented during a period of severe crisis followed by austerity and far-reaching macroeconomic adjustment. After the 1983 budget crisis, Morocco embarked on a stabilization and adjustment program with drastic reductions in public investment which hindered the implementation of investment projects because of continuous underfunding" (p. iv). "The major problem encountred in the course of project implementation was enduring budget restrictions after the 1983 crisis, which resulted in continuous underfunding of the project in spite of the measures taken under the Special Action Program (SAP) and the repeated requests to the MOF for higher level of funding. Due to the budget constraints, project implementation was limited to agricultural activities after 1985. As budget constraints persisted, the February 1987 supervision mission determined that to complete the project, it was necessary to: (i) postpone the closing date by 18 months to December 31, 1989; (ii) restructure the project by curtailing some components (roads, education, and national cadaster); (...); (iv) cancel a further US$ 9,6 million of the loan". "The restructuring was part of an overall effort to help Morocco refocus its investment program on core investments in face of the financial crisis" (p. 6). Cependant, comme dans le cas du projet Fès-Karia-Tissa, "the Bank was slow to recognize the implications of the enduring fiscal crisis. Although project implementation was hampered by lack of investment and operating budget ever since 1983, the project was officially restructured only in May 1987" (p. 13).

Le projet Moyen-Atlas project was "from the first year of implementation (1983), more than any of the above mentioned World Bank financed projects, confronted with severly restrictive budget allocations. During fiscal years 1985 and 1986 the budget crisis reached a peak with schortage of allocated funds and delayed authorization of payments, as a result, project activities were severly reduced. Project implementation took two and a half years longer than anticipated. Bank disbursements (US$9 million) lagged throughout the whole period of implementation and 69 per cent of the original loan amount was cancelled". "In order to compensate for the financing shortages and improve project implementation, agreement was reached in 1987 on a SAP which increased Bank disbursement percentages for the first two categories of the loan (project works, spraying progress, construction of water supply system and roads). Subsequently, the Bank agreed to extend the applicability of the higher disbursement rates of the SAP until the closing date of the loan, to restructure the project by reducing the forestry, livestock, agricultural development and the rural road program to their most essential production components". "Despite approval of the Special Action Program in 1987 and repeated requests by the Bank to the Government to speed up budgetary transfers, this situation persisted throughout the life of the project causing delay in implementation. This situation coupled with the exchange rate diferentials, lowered project costs significantly from DH 443 million expected at appraisal to DH 135 million at project completion". Comme les fois d'avant, cette contreperformance découle d'une intervention tardive de la Banque mondiale. "The Bank proved responsive and flexible in restructuring the project under the SAP in 1987 to permit the execution of a limited program of priority investments. However, the SAP could have been approved earlier in 1985 rather than two years later. Also, although the Bank made continuous attempts to draw the attention of the MARA and the MOF to the need to reverse the funding constraints which were particularly hard for the Middle-Atlas project, it was not successful in this regard. New budgetary and disbursements procedures introduced in 1988/89 came too late to affect this project. Another Bank weakness was that it did not press harder for technical assistance" (p. 10).

Le projet Oulmès-Rommani "was poorly timed. It was aproved in 1982 when Morocco had been experiencing serious financial difficulties for several years. All the earlier rain-fed projects were acutely short of counterpart funds and Oulmès-Rommani suffered from inadequate funding from the outset. Some restructuring of the project took place at loan effectiveness and in 1987 the project was revised under a Special Action Program which reduced project scope, cancelled social development components, and simplified project design". "The difficult economic situation in the country resulted in serious delays in the implementation of the core project components, which really started in 1987 only... Due to the initial delays and persistent financial difficulties, a three-year extension was required for project completion and a total of about US$ 17,3 million had to be cancelled from the loan" (p. ii). "The project was declared effective in March 1984, and this coincided with the country's difficult economic period. Morocco imposed a first budget austerity plan from 1978 to 1980 to respond to financial disequilibria. Agriculture projects, in particular new ones in the non-irrigated sector, were either delayed or cutted back in size. The project suffered from inadequate funding from the outset, thus requiring it restructuring almost immediately after approval. This entailed curtailment and exclusion of components" (p. 2). "Soon after effectiveness in March 1984, the project was reduced in response to the severe budgetary constraints faced by government of Morocco during this period. Most of the non-production components were then cancelled or reduced" (p. ii). "The risk of underfunding which had plagued the three earlier projects had not been taking into account. This was, however, the reason for a major project revision. In 1987, following upon the experience with the three earlier rain-fed projects, the project was included under the Special Action Program (SAP), which (i) revised the project scope by cancelling or reducing the nonagricultural components (education, health, rural water supply, electrification and other infrastructure, etc.). The restructuring led to the cancellation of a total US$14 million from the loan, also prompted by the devaluation of the Dirham which reduced local costs. In spite of the reduced scope, persistent financial difficulties and the consequent rigid control on fund releases continued to reduce the pace of implementation. An additional US$ 3,3 million had to be cancelled between 1991 and loan closing" (p. 5).

Cette fois aussi, la Banque mondiale reconnaît être responsable de manquements aux règles d'une gestion appropriée de projets de développement rural intégré. "The Bank proved responsible and flexible in modifying project design and reducing project scope in the face of mounting budgetary difficulties. However, this was not done in a systematic way. A re-formulation process based on a full review could have avoided to carry along components such as sylvo-pastoral activities which are complex and require thorough studies of beneficiary organization and range management system. The measures taken to improve the financial situation under the project had little effect" (p. 12).

L'impact négatif de la crise des finances publiques sur les PDRI appelle deux remarques terminales:

a. Il ne fait aucun doute que les SAP (Special Action Program) appliqués à partir de 1987 à l'ensemble des projets de développement rural intégré (PDRI) ont conduit, d'une part, à revoir à la baisse les investissements agricoles et, d'autre part, à annuler purement et simplement les investissements sociaux (LK,MA,OR) ou laisser à l'abandon les infrastructures réalisées (FKT). Dans ces conditions, à part l'appellation rien ne prouve qu'il s'agit de PDRI à proprement parler. Il est vrai que l'"integration of social infrastructural components (water, supply schemes, roads, school) with the agriculture development" "make implementation of projects more difficult", but "has a significant impact of improving the well-being of rural population as they increase farmers' motivation (FKT, piii).

b. Le programme d'ajustement structurel (1983-1992) a eu un impact foncièrement négatif sur les projets de développement rural intégré. Ce n'est cependant pas le seul facteur en cause. Les difficultés de financement de la contrepartie en monnaie locale des PDRI rencontrées par l'Etat ont engendré le même effet, quoiqu'à un degré moindre. Celles-ci s'expliquent fondamentalement par des choix étatiques discriminatoires. S'y ajoutent des règles de financement restrictives propres à la BIRD.

Les choix publics sont de deux ordres

Choix d'ordre fiscal en premier lieu

Le phénomène d'évaporation fiscale dont il est question se traduit pour l'Etat par des pertes importantes de recettes. De façon générale, celles-ci résultent de l'absence d'une volonté politique clairement affirmée de lutte contre la fraude fiscale, c'est-à-dire l'enrichissement illicite de corrupteurs (contribuables) et de corrompus (commis de l'Etat) (26). Concernant le secteur agricole en particulier, les moins-values fiscales qui s'y rattachent sont à mettre plutôt sur le compte d'une décision discrétionnaire qui remonte au début des années 80, à savoir la suspension, prorogée à maintes reprises, de l'application de l'impôt agricole. Cette dispense de paiement de l'impôt agricole pendant plusieurs décennies (1984-2013) a joué essentiellement en faveur du grand capital, mais en même temps compromis sérieusement la réussite des PDRI et « contribué à l'appauvrissement et à l'exode rural d'un grand nombre de petits agriculteurs ces vingt dernières années et toutes les conséquences ne sont pas encore connues (27) ».

Choix en matière d'affectation des ressources budgétaires en second lieu

Depuis 1975, le secteur de la défense et de la sécurité est érigé par les pouvoirs publics au rang de "priorité des priorités" (28). De ce fait, il s'est vu réserver un traitement préférentiel en matière d'affectation des ressources budgétaires (courantes, d'emprunts et exceptionnelles), et ce indépendamment de la conjoncture économique et sociale. Durant le programme d'ajustement structurel notamment (1983-1992), l'effet d'éviction consécutif à ce choix politique a fortement joué à l'encontre d'activités socio-économiques de grande importance, donc sappé les fondements du développement du Maroc.

Périmètre et ratios de financement restreints et/ou différenciés

Le financement par la Banque mondiale des « projets de développement » atteint des proportions moins élevées pour les dépenses en monnaie locale que pour les dépenses en devises. Les biens et services achetés localement ne sont couverts par des prêts multilatéraux qu'à concurrence de 70 à 90% en matière d'équipements, de 70 à 80% en matière de travaux et de 70% en matière d'expertise et de formation. Le gap à combler, cela mérite d'être relevé, non seulement met plus de pression sur les finances publiques, mais aussi accroît les coûts de transaction et réduit l'efficacité des opérations financées par la BIRD.

Contrairement aux appréciations généralement positives portées par la Banque mondiale dans les rapports d'évaluation des projets de développement rural intégré, cette institution financière planétaire a fini par reconnaître tardivement l'échec de cette expérience qui n'a fait que rendre plus problématique l'endettement extérieur du Maroc (5). "Three of the four rural development projects", indique la BIRD, "were rated satisfactory, but the results were clearly below expectations and no further projects specially aimed at the bour have been approved since" (p. 84, 7.20). Se voulant plus précise, elle mentionne par ailleurs que "efforts to promote rainfed agriculture, the fundamental source of income of most poor farmers, and small-scale irrigation largely failed and were eventually abandoned" (p. 13, 35-a). Elle conclut pour ne laisser aucune place au doute que "there are important areas where the Bank has been unclear as to how to achieve the objectives. Thus, increasing support for rainfed agriculture (the very poor) has been a long term Bank objectives and focus Bank projects. This support has been ineffective and consequently dwindled: yet the issue remains" (p. 85, 7.24).

En guise de conclusion

"It is difficult to measure the impact of overall Bank country program directly, except to say that, in the Moroccan case, there has been good progress towards several of the objectives and limited progress against some others, particularly in education, rainfed agriculture and rural poverty alleviation. In addition, the large volume of assistance has produced increased indebtedness, with moderate growth" (5). Cet aveu tardif de la Banque mondiale, aussi signficatif soit-il, est encore loin de la réalité. Les prêts multilatéraux à l'éducation constituent autant de ratés dont les effets néfastes sur le développement du royaume se font toujours durement sentir. Une grande partie de la jeunesse rurale en général et féminine en particulier paie encore cher les choix de la BIRD/BAD, mais aussi et surtout l'irresponsablité de l'Etat. Au Maroc, un Etat responsable et soucieux de l'intérêt général tarde en effet à voir le jour. Le droit à l'erreur est permis mais pas indéfiniment et surtout dans un domaine aussi vital qui engage l'avenir du pays. Etant donné que toute participation des citoyens ou de leurs représentants élus aussi bien au choix des projets qu'à leur mise en oeuvre est écartée, la façon de penser et d'agir de l'Etat et des organismes financiers internationaux (BIRD, BAD) est lourde de conséquences, machiavélique. Elle alimente les ressorts d'un capitalisme sauvage. De nombreux technocrates et politiques versés dans les affaires, donc influents, ont tendance à croire qu'une scolarisation massive et réussie de la jeunesse rurale féminine notamment, que des projets de développement rural conçus en faveur de la petite et moyenne paysannerie priveraient la grande agriculture ainsi que certaines branches de l'industrie (textile, agro-alimentaire, BTP) d'une main-d'oeuvre bon marché, donc d'une source importante d'accumulation du capital. C'est qu'ils vivent constamment dans la crainte d'une pénurie de bras qui gênerait le libre jeu des forces du marché et entraînerait une hausse des salaires. Ils font ainsi grand cas de la pensée d'Adam Smith pour qui « le niveau de vie des travailleurs n'entrait pas en ligne de compte dans l'évaluation de la richesse du pays ; les salaires faisaient partie du coût de production, tout comme le fourage destiné au bétail (29) ». Au Maroc, l'idée de comprimer « le coût du travail » au maximum en créant une situation quasi-permanente d'excès de main-d'oeuvre, le phénomène d'exclusion scolaire en milieu rural notamment aidant (30), a la vie dure (cf. note 10). Afin d'engager le pays sur la voie du développement, il n'y a donc pas d'autre choix que de s'atteler à briser ce cercle vicieux, à extirper les racines de cette stratégie d'autodestruction programmée, donc à jeter les bases d'institutions responsables. Justement, il est largement reconnu qu'un Etat responsable s'emploie non seulement à garantir une scolarisation généralisée et de bonne qualité, donc une égalité des chances au départ, mais également à « apporter des emplois dans lesquels les compétences » des personnes instruites « sont recherchées (31) ». En l'absence de « ce genre d'efforts coordonnés », « les Nations qui se concentrent que sur l'offre de personnes instruites finissent par éduquer pour la migration » (p. 391, 410). Une stratégie basée sur l'éducation n'est donc efficace « que si elle est associée à une politique industrielle qui donne aussi du travail aux gens éduqués, comme cela s'est passé en Asie de l'Est. Un point essentiel dans le processus de mondialisation des quinze dernières années est que ce type de politique économique-que les pays riches actuels appliquent souvent depuis des siècles- a été mis hors la loi par la Banque mondiale et le FMI » (p. 256). Au Maroc de surcroît, la tendance est clairement à l'amplification du phénomène d'expatriation, à leurs corps défendant, des meilleures compétences du pays (ingénieurs, médecins, commerciaux, etc.) à la faveur d'une externalisation tous azimuts du processus de la décision publique auprès d'institutions financières internationales (BIRD, FMI) et de multinationales d'audit et de conseil. Comble du paradoxe, les représentants de l'Etat irresponsable s'enorgueillissent de pouvoir bénéficier des/acheter les services d'organisations aussi prestigieuses, y compris les "Rapid Response Studies" préparées et livrées par la Banque mondiale au bout de 6 à 8 semaines à la demande des autorités marocaines...

Références bibliographiques

(1) 1.1. Fondation Abderrahim Bouabid pour les Sciences et la Culture (1996), « Financement des systèmes d'éducation et de formation, débat sur la réforme », actes de la table ronde organisée en collaboration avec le G.E.R.R.H. les 8 et 9 mars 1996, éditions maghrébines, Casablanca, p. 7-9, 61-108.

1.2. Chedati B. (Octobre 2009), *Financement et coût en éducation au Maroc*, Conseil supérieur de l'enseignement, Rabat.

1.3. Belarbi A. (1996), *Rapport sur l'éducation des filles en milieu rural: le cas du Maroc*, PNUD.

(2) Jellade L., Radi M., Guenin S. (2001), *Politiques et programmes nationaux d'éducation face à la coopération internationale : quel rôle pour l'Unesco ?* Unesco, Paris.

(3) 3.1. World Bank (February 25, 1976), « Appraisal of a third Education Project in the kingdom of Morocco (Loan n° 1220T-MOR) », report n° 1059-MOR, restricted distribution (RD).

3.2. World Bank (April 26, 1982), « Report and recommendation of the President of the International Bank of Reconstruction and Development to the executive directors on a proposed loan to the kingdom of Morocco for a fifth education project », report n° P-3293-MOR, RD.

3.3. World Bank (February 22, 1991), Project completion report n°9387, kingdom of Morocco, fifth education project (Loan 2149-MOR), RD.

3.4. World Bank (May 17, 1991), Project completion report n° 9568, Kingdom of Morocco, Education sector reform program (Loan 2664-MOR), RD.

3.5. World Bank (February 14, 1989), Staff appraisal report n° 7434, Kingdom of Morocco, Rural primay education project (Loan 3026-MOR), RD.

3.6. Wold Bank (May 23,1997), Implementation completion report n° 16538, kingdom of Morocco, Rural primary education project (Loan 3026-MOR), RD.

3.7. Banque Mondiale (28 janvier 1991), Rapport d'évaluation n° 8936, Royaume du Maroc, projet de développement du deuxième cycle de l'enseignement fondamental en milieu rural (Loan 3295-MOR), diffusion restreinte (DR).

3.8. World Bank (May 28, 1999), Implementation completion report n° 19364, kingdom of Morocco, rural basic education development project (Loan 3295-MOR), RD.

3.9. Banque Mondiale (9 mai 1996), Rapport d'évaluation n° 15074, royaume du Maroc, programme de priorités sociales (Barnamaj Al Aoulaouiyat Al Ijtimaiya, Loan 4024-MOR), DR.

3.10. Banque Mondiale (24 juin 2004), Rapport de fin d'exécution n° 28397, royaume du Maroc, projet d'éducation de base dans le cadre du programme de prioités sociales (Barnamaj Al Aoulaouiyat Al Ijtimaiya, Loan 4024-MOR).

3.11. World Bank (1994), Kingdom of Morocco: costs, financing and Efficiency of the Education System, report n° 11937-MOR, RD.

3.12. Banque Mondiale (1994), Royaume du Maroc: dépenses publiques. Problématique et perspectives, rapport n°13413-MOR, DR.

(4) 4.1. ADB (1986), Morocco, education reform program.

4.2. ADB (1989), Morocco, project for support to basic education development in rural area.

4.3. ADB (1990), Morocco, project for support to the second level of basic education in the rural area.

4.4. ADB (1993), Morocco, fifth education project.

4.5. ADB (12 July 1995), Morocco, education reform program, project performance evaluation report (PPER), OPEV.

4.6. BAD/FAD (avril 2000), Maroc, rapport de revue du portefeuille du groupe de la Banque.

4.7. ADB (May 2000), Kingdom of Morocco, Apraisal report, Quality basic education support project.

4.8. ADB (August 2005), Evaluation of the Bank's assistance to the education sector, OPEV.

4.9. ADB (2006), Evaluation of the Bank's assistance (1996-2005). – Groupe de la Banque Africaine de développement, Maroc: évaluation de l'assistance de la Banque, département de l'évaluation des operations (OPEV), 16 avril 2006.

4.10. Banque Africaine de développement/Fonds Africain de développement (novembre 2007), Royaume du Maroc, projet Education V, rapport d'achèvement.

4.11. ADB Group (March 2011), Evaluation of policy based operations in the African Development Bank, 1999-2009, country case study: Morocco.

(5) World Bank (January 29, 1997), Kingdom of Morocco : Country Assistance Review, report n° 16326-MOR, World Bank, Operation Evaluation Department, p. 14, 80 (Annex, report from code: committee of development effectiveness). C'est le quatrième rapport du genre après ceux du Ghana (1995), de la Zambie (1996) et de l'Argentine (1996).

(6) Une série d'études bidons effectuées dans le cadre de « education reform program » (BAD) ont servi à détourner des sommes importantes au profit de hauts cadres du ministère de l'Education qui se vautrent dans la concussion. Leur montant global s'élève à 11,758 millions de dirhams ainsi répartis par ordre d'importance décroissante: 2.838.233 Dh (Ahmed Rguioui, July 1990); 1.803.600 Dh (Abdelkader Mazini, July 1989); 1.499.533 Dh (Ahmed Bakkali, June 1991; 1.189.934 Dh (Abdelouahhab Benjelloun*, May 1991; 902.700 Dh (Abdellatif Berdai, March 1989); 859.800 Dh (Abdelhaq Laklalech, July 1990); 774.000 Dh (Taëb Chkili, November 1988); 733.300 Dh

(Mohamed Lahrache, December 1989) ; 648.900 Dh (Abdelouahhab Benjelloun*, February 1989) ; 508.000 Dh (Hassan Mekouar, February 1991).

(7) Perroux F. (1969), *l'Economie du XXe siècle*, PUF, Paris, p. 193, 380.

(8) Brejon de Lavergnée N. (1991), « Equipements collectifs et système scolaire au Maroc », Revue *Tiers-Monde*, n° 125, vol. 32, p. 135-158. Brejon, DLN décrit sans ambages les conditions désastreuses de scolarisation des enfants en milieu rural. Les économistes El Aoufi N. et Hanchane S. (note n° 12) ont préféré ignorer l'existence de cet article pour ne pas déroger à la doctrine du « scientifiquement correct ».

(9) World Bank (March 31, 1998), Implementation completion report, Morocco, second rural electrification project (Loan n°3262).

(10) Elles représentent une main d'oeuvre exploitable et corvéable à merci dans les fermes des « nouveaux colons », le secteur textile, le bas tertiaire (femmes-mulets, bonnes à tout-faire, etc.), etc.

Berrada A. (1986), « La politique de bas salaires au Maroc: une ébauche d'analyse », *Bulletin économique et social du Maroc*, n° 157, Rabat, p. 11-65.

Belouas A. (2 mai 2017), « Ouvrières du textile : un travail éprouvant pour des miettes », hebdomadaire *la Vie économique*, Casablanca.

La Via campesina (20 décembre 2017), « Maroc : des ouvrières agricoles s'organisent contre l'esclavage ».

(11) Ministère du Développement chargé de la Promotion nationale et du Plan, division du plan et des statistiques, *la Situation économique du Maroc en 1965*, Rabat, mai 1966, p. 22.

(12) El Aoufi N., Hanchane S. (2016), *Les Inégalités réelles au Maroc, une introduction, économie critique*, p. 71-72, 143. La publication de ce document a bénéficié d'une généreuse contribution de l'académie du royaume du Maroc.

(13) D'après un rapport de PWC cité par l'Unesco (BIRD, n° 4024), dans les années 90 on comptait au Maroc entre 20 et 30.000 enseignants en surnombre en milieu urbain. Il faut néanmoins savoir que l'essentiel de ce nombre se concentre à Rabat et à Casablanca et qu'il s'agit souvent de conjointes/conjoints/enfants de hauts cadres du public et du privé.

(14) Souvent, les véhicules de l'Etat destinés initialement à faciliter les déplacements des inspecteurs sont mis à la disposition du personnel des délégations régionales d'éducation et des chefs d'établissements scolaires du cycle secondaire (directeurs de collèges, proviseurs).

(15) Berrada A. (mai-juin 2016), Les finances publiques du Maroc : quelques éléments d'analyse, *Revue marocaine des sciences politiques et sociales*, CRESS, Cahiers-Libres, n° 4, p. 13-48.

(16) Lewis W.A. (1971), *La Théorie de la croissance économique*, Payot, Paris, p. 409.

Evans, P. (1992), « The state as problem and solution: predation, embedded autonomy and structural change », *in The politics of economic adjustment*, edited by Haggard S. and Kaufman R.R., Princeton University Press, New Jersey, p. 176-177.

Berrada A. (2016), cf. note n° 15, p. 75-84.

(17) Lambert P. (juillet 1976), « L'incidence de la croissance démographique au Maroc de 1960 à 1971 sur le développement économique », mémoire de DES en sciences économiques, Faculté des Sciences juridiques, économiques et sociales de Rabat.

(18) Berrada A. (novembre 1991), *Etat et capital privé au Maroc (1956-1980)*, tome III, « Le partage des fruits de la croissance », thèse d'Etat ès-sciences économiques, Faculté des Sciences juridiques, économiques et sociales de Rabat.

(19) World Bank (June 30, 1992), Project completion report n° 10808, Morocco, Fès-Karia-Tissa agriculture project loan (Loan 1602-MOR), restricted distribution (RD).

World Bank (December 28, 1990), Project completion report n° 9242, Kingdom of Morocco, Loukkos rural development project (Loan 1848-MOR), RD.

World Bank (June 30, 1992), Project completion report n° 10807, Morocco, Middle Atlas-Central Area-Agriculture development project (Loan 2082-MOR), RD.

World Bank (December 10, 1994), Project completion report n° 13699, Morocco, Oulmes-Rommani agricultural development project (Loan 2217-MOR), RD.

(20) Les lignes de crédit de la BIRD/BAD accordées aux petites et moyennes entreprises agricoles par CNCA interposée portent sur des montants réduits quand elles ne sont pas purement et simplement détournées à l'avantage du grand capital agraire privé et des sociétés publiques (SODEA, SOGETA, etc). Cf., Berrada A. préface de l'ouvrage de Rami M. (2007), *Essai sur le déploiement du capital privé dans le secteur industriel au Maroc des origines à nos jours*, Publibook, Paris, p. 21-23.

(21) Le secteur de la petite et moyenne hydraulique a lui aussi bénéficié de deux prêts de la Banque mondiale (1983, 1988) d'un montant global somme toute modeste de 65 M$ (42+23). Les annulations se sont élevées à 16M$ (25%) dont 11,2 M$ au titre du premier prêt (n° 2253) et 4,8 M$ au titre du second (n° 2954). cf. Berrada A., préface de l'ouvrage de M. Rami, note n° 19, p. 18-19. "The Bank's push to shift resources from Large Scale to Smal scale irrigation. While such investments appear attractive in term of growth and equity (reduction of social and regional income disparities), the first SMS1 project was only partially implemented, and the second one was smaller...There is little evidence that the Bank has persuaded Morocco to change its irrigation investment priorities" (5, p. 47, 4, 18).

La Banque mondiale a également accordé deux prêts à la foresterie, le premier en 1982 (28 M$) et le second en 1990 (49 M$). Le prêt n° 2110 fut annulé à concurrence de 17,675 M$ (64,3%). Le montant supprimé du prêt n° 3156 n'a pas dépassé par contre 5,77 M$ (11,8%). Les résultats du premier prêt-projet en particulier prêtent à discussion.

(22) Exception faite des lignes de crédit accordées à la Caisse nationale de crédit agricole mais qui profitaient surtout aux gros agriculteurs, les interventions de la BAD en faveur de la petite et moyenne paysannerie entre 1974 et 2007 n'ont porté que sur un montant de 70,894 millions d'unités de compte. Sur ce total, 47,734 MUC furent annulés, ce qui équivaut à plus des deux tiers (67,3%). Le taux de suppression atteint même 69,01% (32,941 MUC) s'agissant du projet de développement rural intégré de Settat qui a totalisé à lui seul 41,63 MUC. A noter que le choix des zones d'implantation des projets financés par la BAD (L'Oriental, la Chaouia) n'est pas étranger à des considérations tribales à peine voilées affichées par de grands serviteurs de l'Etat. A noter également-que la BAD a arrêté d'accorder des prêts à l'agriculture entre 1991 et 2007 et qu'entre 1995 et 2005, c'est Omar Kabbaj, un grand commis de l'Etat, qui présidait aux destinées de cette institution financière.

(23) Lazarev G. (2012), *Les Politiques agraires au Maroc, un témoignage engagé*, « Économie critique », p. 97-109, 186-188 (ouvrage entièrement financé sur des fonds publics).

(24) Il s'agit de l'effet, parfois combiné, des variations du taux de change et des mauvaises conditions climatiques.

(25) L'inertie de l'administration marocaine perdure et s'aggrave, et de hauts cadres de l'Etat ont l'air de s'y accommoder (cf. note 28), n'étant pas tenus de rendre des comptes du moment qu'ils sont nommés par dahir ou par décret (accountability). A la question d'un journaliste à propos des faibles taux de réalisation des projets de développement rural intégré, A. Lazrak, alors conseiller économique du Premier ministre une fois à la retraite, répond que « ces fonds inutilisés et ces projets jamais exécutés sont la preuve que les administrations marocaines ne savent pas encore travailler en équipe sur des projets intégrés ». Pourtant, A. Lazrak, en tant qu'ex-directeur du budget puis secrétaire général du ministère des finances, ne cessait de vanter les performances de l'administration marocaine, une administration qui travaille dans le respect des règles de « bonne gouvernance », allant jusqu'à affirmer que les projets de développement rural intégrés examinés avaient connu un franc succès.

Ben Mansour S. (vendredi 15 décembre 2006), « Gouvernance: des millions de dollars de prêts restés inexploités pour le Maroc », *La Vie économique*, hebdomadaire, Casablanca, p. 14-15.

(26) Berrada A. (1985), « De la réforme à la contre réforme fiscale », *in la Réforme fiscale au Maroc*, actes du colloque national organisé par l'AEM et l'AMIF, Rabat, 6-7 mai 1983, les éditions maghrébines, Casablanca, p. 31-70.

Berrada A. (1982), « L'impôt agricole au Maroc: rendement socio-économique et financier », *Revue juridique, politique et économique du Maroc*, n° 11, premier semestre, p. 151-167.

Berrada A. (1990), « L'IGR au Maroc: réflexions préliminaires », *Revue juridique, politique et économique du Maroc*, n° 23, p. 153-169.

Berrada A. (2000), préface de l'ouvrage d'El Akkouchi, A. cité *infra*, p. 3-30.

Berrada A. (2012), « Politique fiscale et déficit persistant de transparence et de performance : le cas du Maroc », *Revue marocaine d'audit et de développement*, n° 33, p. 273-298.

Akesbi N. (1993), *L'Impôt, l'Etat et l'Ajustement*, Actes éditions Rabat.

Akesbi N. (2012), « La réforme fiscale au Maroc : pour une fiscalisation du capital », *Questions d'économie marocaine*.

El Akkouchi A. (2000), *Fiscalité et compétitivité de l'entreprise industrielle au Maroc*, imprimerie Omnia, Rabat.

(27) Ben Brahim A. (7 décembre 2007), « L'exonération fiscale de l'agriculture, manne ou malédiction », *La Vie économique*, hebdomadaire, Casablanca.

(28) Berrada A. (décembre 2013), « Dépenses publiques et exigences du développement durable: cas du Maroc », *Revue marocaine des sciences politiques et sociales*, hors-série, vol. VIII, *Mélanges, hommage à Driss Benali*, p. 101-117.

(29) Robinson J. (1970), *Liberté et nécessité, introduction à l'étude de l'économie et de la société*, Petite bibliothèque Payot, Paris, p. 141-142.

(30) Ce problème gravissime est passé sous silence par le conseil supérieur de l'éducation, le conseil des droits de l'homme ainsi que par les ministères de l'éducation nationale, des droits de l'homme, de la femme, de la jeunesse, de l'emploi et de l'agriculture.

(31) Reinert E.S. (2012), *Comment les pays riches sont devenus riches. Pourquoi les pays pauvres restent pauvres*, Editions du Rocher, Paris.

Le système des études d'impact sur l'environnement au Maroc : lacunes et dysfonctionnements
Impact sur le développement durable du littoral

Naima Hamoumi*

Résumé

Le littoral marocain est un atout majeur qui joue un rôle très important dans le développement socio-économique du Royaume. Mais il constitue également un handicap non négligeable, face aux risques naturels et anthropiques. Par ailleurs, dans le cadre de l'Etude d'Impact sur l'Environnement, instituée par la loi 12-03, le volet étude du milieu physique du site pour l'implantation du projet et de ses impacts sur l'Environnement au niveau du littoral, souffre d'insuffisances à tous les niveaux : démarche, contenu et procédures, qui ne permettent pas de répondre aux objectifs de l'EIE et altèrent son rôle de régulation pour un développement durable. Ce travail est un plaidoyer pour attirer l'attention sur les défis et enjeux considérables du littoral et sur l'intérêt de disposer d'un processus d'EIE pertinent et efficace. Il saisit l'opportunité du projet de loi 49-17 relatif à l'évaluation stratégique environnementale pour proposer un programme d'investigation à instituer dans l'EIE au niveau du littoral, ainsi que des pistes et des recommandations visant le renforcement du rôle régulateur de l'EIE.

Mots-clés : Etude d'Impact sur l'Environnement, Evaluation Stratégique Environnementale, Gestion durable, Littoral, Maroc

Abstract

The Moroccan coastline is a major asset that plays very important role in the socio-economic development of the Kingdom. But it is also a significant handicap facing natural and man-induced risks. In addition, the study of the physical environment of the site for the implementation of the project and its impacts on the environment, that is instituted by the law 12-03 concerning the Environmental Impact Assessment, suffers from shortcomings in all levels: approach, content and procedures, which do not meet the objectives of the EIA and alter its regulatory role for sustainable development. This work is a plea to catch attention on the considerable challenges of the littoral and on the need of having a relevant and effective EIA process. It seizes the opportunity of the law 49-17 project relating to the strategic environmental assessment to propose a program

(*) Groupe de recherche ODYSSEE, Laboratoire Matériaux, Nanotechnologies et Environnement (LMNE), Centre de Recherche Sciences des matériaux, Faculté des Sciences, Université Mohammed V de Rabat

of investigation to be instituted in the EIE for the littoral projects, as well as tracks and recommendations aiming the strengthening of the regulatory role of EIA.

Keywords :*Environmental Impact Assessment, Environmental Strategic Assessment, Sustainable Management, Coastline, Morocco.*

Introduction

L'étude d'impact sur l'environnement (EIE) a pour objectif d'assurer la préservation de l'environnement et des ressources naturelles, tout en permettant la mise en place de projets générateurs de développement socioéconomique. Elle se base sur des études scientifiques et techniques pour d'une part, évaluer les incidences et les risques des projets d'investissement sur l'environnement et d'autre part, proposer les mesures nécessaires à la suppression, l'atténuation ou la compensation des impacts négatifs et l'amélioration des effets positifs. Cette approche proactive et préventive qui se fonde sur le principe de convergence entre les intérêts socioéconomiques et les objectifs environnementaux, a été mise en œuvre tout d'abord au Canada et aux Etats Unis dans les années 70, ensuite elle a été introduite progressivement dans les autres pays.

Le Maroc s'est engagé dès la Conférence de Rio (1992) à appliquer L'EIE à travers d'une part, l'adoption de l'agenda 21 qui souligne l'intérêt des études d'impact pour prévenir la dégradation de l'Environnement et d'autre part, la Déclaration de Rio qui énonce que les gouvernement doivent soumettre à l'évaluation de l'impact environnemental tout projet susceptible de causer des dommages à l'environnement (principe n° 17). Il s'y est engagé également par son adhésion à la Convention sur la diversité biologique (article 14 §a). Enfin, l'EIE est également invoquée bien que de manière indirecte dans la Convention Cadre sur les changements climatiques (article 3) que le Maroc a ratifié le 28/12/1995 (1). Néanmoins, l'EIE n'a été mise en œuvre, qu'à partir de 1994, d'abord par des promoteurs de manière volontaire ou à la demande de bailleurs de fond internationaux et ensuite de manière légale suite à l'adoption en 2003 de la loi 12-03 (2) instituant les études d'impact sur l'Environnement, mais sans les décrets d'application relatifs aux comités nationale et régional (3) jusqu'en 2008.

(1) Dahir n° 1-96-93 du 19 chaabane 1422 portant publication de la Convention-cadre des Nations Unies sur les changements climatiques, faite à New-York le 9 mai 1992. (*B.O.* du 2 mai 2002)

(2) Loi relative aux études d'impact sur l'environnement promulguée par le Dahir n° 1-03-60 du 10 rabii I 1424 (12 mai 2003), *B.O.* n° 5118 du 19 juin 2003, p. 507.

(3) Décret n° 2.04.563 du 5 kaada 1429 (4 novembre 2008), relatif aux attributions et au fonctionnement du comité national et des comités régionaux des ÉIE, et décret n° 2.04.564 du 5 kaada 1429 (4 novembre 2008) fixant les modalités d'organisation et de déroulement de l'enquête publique relative aux projets soumis aux ÉIE, *B.O.* n° 5684 du 20 novembre 2008.

Cependant, l'EIE introduite en tant qu'instrument en faveur du développement durable, n'a pas réussi à jouer pleinement son rôle de régulation pour la préservation du littoral et aujourd'hui, il est question de l'abroger. Le projet d'une nouvelle loi sur l'évaluation environnementale stratégique 49-17 (4), a été adopté en juin 2018 par le Conseil du Gouvernement. Mais ce projet de loi qui est censé remédier aux insuffisances de la loi 12-03 et qui aspire à se conformer aux dispositions de la Constitution 2011, véhicule également des lacunes.

Ce travail est un plaidoyer pour attirer l'attention sur les défis et enjeux considérables des espaces littoraux et marins et sur l'intérêt de disposer d'un processus d'EIE pertinent et efficace. Il a pour objectif de sensibiliser à l'intérêt pour une réelle gestion durable des écosystèmes littoraux qui jouent un rôle important dans le rayonnement et l'économie du Royaume. Pour ce faire, il décrit dans un premier temps le rôle du littoral ainsi que les risques qui le menacent et son état de dégradation. Ensuite, dans un deuxième temps, il présente les dispositions de la loi 12-03 relative à l'EIE et les nouveautés apportées par le projet de la loi 49-17. Dans un troisième temps, il analyse les lacunes et les dysfonctionnements des volets concernant le milieu physique et le milieu biologique dans le processus de l'EIE et identifie les investigations à intégrer dans l'EIE des projets prévus dans le littoral. Enfin, il propose quelques pistes et recommandations pour le renforcement du rôle de régulations de l'EIE.

Le littoral marocain : une ressource inestimable en sursis

Atouts et rôle socio-économique

Le Maroc a une situation géographique privilégiée dans le Nord-Ouest du continent africain qui lui permet d'avoir trois façades sur des domaines marins différents : la mer Méditerranéenne, le Détroit de Gibraltar et l'Océan Atlantique, qui totalisent une longueur de 3 500 km, ainsi qu'une Zone Economique Exclusive (ZEE) de plus de 1 million de Km^2 (5) (ZEE) qui dépasse largement la surface terrestre nationale, évaluée à 710 850 Km^2. Ces espaces littoraux et marins qui constituent une ressource inestimable et contribuent largement au rayonnement et à l'économie du pays, sont appelés à jouer un rôle plus important à l'avenir, comme cela est attesté par les nombreux projets en cours et les défis qui se posent.

Ces espaces constituent un réservoir important pour les ressources vivantes, ils sont parmi les zones les plus poissonneuses à l'échelle mondiale, en particulier ceux de la façade

(4) Site du Secrétariat Général du Gouvernement : http://www.sgg.gov.ma

(5) Ministère des Pêches maritimes et de la Marine marchande, 1990.

atlantique. Le Maroc est classé 13e producteur mondial de poisson (6) et le secteur de la pêche dont la production totale a été évaluée à 171 millions tonnes en 2016, intervient pour 2,3 % du PIB et génère 170 000 emplois directs et 490 000 indirects (7). De plus, la part des échanges commerciaux qui transitent par les voies maritimes, représente 134 997 millions de tonnes, soit 98 % du commerce du Maroc (8). Ces échanges sont appelés à s'accroître dans le futur grâce à l'ouverture de l'économie sur l'Europe et l'Afrique et la mise en œuvre des grandes infrastructures portuaires prévues à Nador, Kenitra, Safi, Jor Lasfar et Dakhla. Par ailleurs, le littoral présente des opportunités importantes pour le développement touristique grâce à la diversité de ses climats qui varient de l'humide au désertique et de ses paysages naturels. En plus de ses 174 plages dont l'étendue varie de quelques dizaines de mètres à plus de 50 km, il possède des côtes rocheuses (côtes pentées, falaises et caps), des baies, des estuaires, des lagunes et des marais. Le secteur du tourisme constitue un secteur économique prioritaire, il est d'une part, le deuxième contributeur au PIB national et d'autre part, un grand pourvoyeur en emplois. En outre, il a enregistré 11,35 millions de touristes non résidents durant l'année 2017 (9).

Enfin, ces espaces présentent un intérêt scientifique et écologique indéniable. Ils comptent de nombreux écosystèmes littoraux classés « Sites d'Intérêt Biologique et Ecologique » (SIBE). Ils recèlent également une grande richesse spécifique attestée par l'existence de 7 825 espèces, dont 7 136 formes animales et 689 formes végétales. (Menioui, 2001) et de provinces de monts carbonatés à coraux d'eau froide (Hamoumi et Terhzaz, en cours de publication) (10). De surcroît, le Détroit de Gibraltar a été déclaré « Zone spéciale de Conservation » en 2012 (11). Il est le couloir de migration de plusieurs espèces de poisson (thon, anguille...), de tortues marines (tortue verte, tortue luth et tortue caouane) et des oiseaux migrateurs qui se déplacent entre l'Europe et l'Afrique.

Risques naturels et anthropiques

Comme tous les milieux littoraux et marins, les environnements des marges marocaines sont par définition très fragiles, leur évolution peut se faire sentir non seulement à l'échelle

---

(6) Rapport de la FAO, 9 juillet 2018.

(7) Royaume du Maroc, *Changement climatique et secteur halieutique : impacts et recommandations*, 2013, Programme d'Appui Analytique à la Stratégie Changement Climatique du Maroc P-ESW 113768, Note de Stratégie n° 3.

(8) Site du ministère de l'Equipement, du Transport, de la Logistique et de l'Eau : http://www.equipement.gov.ma/ports/Chiffes-cles.

(9) Ministère du Tourisme : http://www.tourisme.gov.ma.

(10) N. Hamoumi, L. Terhzaz, « Les coraux d'eau froide des marges océaniques marocaines : une biodiversité gravement menacée par le réchauffement climatique », Symposium international sur *Les Changements climatiques : nouvelles approches, nouvelles technologies, nouvelles opportunités Implication des marocains d'ici et d'ailleurs*, organisé par le Conseil de la Communauté Marocaine à l'Étranger les 11 et 12 novembre 2016 à Marrakech.

(11) Réseau des sites Natura 2000 pour la région biogéographique méditerranéenne.

humaine mais en quelques secondes. En effet, d'une part, ils sont contrôlés par plusieurs facteurs naturels qui sont interdépendants, le changement de l'un peut modifier les autres. D'autre part, il existe une relation très étroite entre les différents écosystèmes qui les constituent de ce fait, l'évolution de l'un peut affecter les autres. Par ailleurs, les activités anthropiques et les catastrophes naturelles constituent autant de paramètres qui peuvent accélérer la dégradation de ces milieux.

Le réchauffement climatique

Le réchauffement climatique qui a été enclenché ces dernières décennies se poursuit de manière accélérée. Le dernier rapport du Groupe Intergouvernemental d'Experts sur l'Evolution du Climat (GIEC) (12) publié le 8 octobre 2018 est encore plus alarmant. Il annonce que les températures ont déjà enregistré une augmentation de 1 °C et il est prévu une autre hausse de 1,5 C entre 2030 et 2052 et de 3 °C d'ici la fin du siècle. Par ailleurs, en plus du réchauffement climatique induit par l'augmentation des gaz à effet de serre, la terre vit également un réchauffement climatique naturel qui a débuté il y a environ 11 700 ans avec la période interglaciaire quaternaire. Il est donc à craindre que les modèles prévisionnels soient en deçà de la réalité et que le réchauffement climatique soit plus important qu'on ne s'y attend. Et ce d'autant plus que l'augmentation de la température des masses d'eaux océaniques qui sera engendrée, pourrait amplifier et accélérer à son tour ce réchauffement. En effet, d'une part, elle risque d'altérer la capacité de l'océan à réguler le climat et d'autre part, elle pourrait entraîner la dissolution et la libération dans l'atmosphère des hydrates de méthane associés aux volcans de boue situés dans les fonds océaniques.

Concernant le cas du Maroc, les projections de la Direction de la Météorologie nationale indiquent une augmentation des températures de 2 °C à 6 °C et une diminution de la pluviométrie de 5 à 50 % d'ici la fin du siècle. Mais le réchauffement climatique est déjà là, comme cela est attesté par: la réduction de la durée des périodes d'enneigement en montagne, les hausses de température et la fréquence et l'intensité des périodes de sécheresse, le réchauffement des eaux côtières et les intrusions salines. L'enquête de la Banque mondiale (13) auprès de 463 pêcheurs a mis en exergue les impacts suivants : la diminution des jours de pêches suite à l'augmentation des tempêtes, un décalage de la période de reproduction, la diminution des stocks et la disparition de certaines espèces, le déplacement des stocks des petits pélagiques vers le Sud, l'apparition périodique des méduses en Méditerranée (Al-Hoceima, Nador et Larache) et la prolifération des algues (observée à M'diq et Casablanca).

(12) http://www.ipcc.ch/report/sr15/.

(13) Royaume du Maroc, *Changement climatique et secteur halieutique : impacts et recommandations*, 2013, Programme d'Appui Analytique à la Stratégie Changement Climatique du Maroc P-ESW 113768, Note de Stratégie n. 3

Les catastrophes naturelles (séismes, tsunamis, volcans de boue, inondations et glissements de terrain)

Le Maroc est le siège d'une sismicité qui est liée dans sa partie Nord à la convergence NNW-SSE de la plaque africaine et de la plaque eurasienne et la proximité de la faille transformante « Açores-Gibraltar » et dans la région d'Agadir, à la faille sud atlasique. Il est également soumis aux risques des tsunamis générés par les séismes qui se produisent en mer (Amine *et al.*, 2018).

Des champs de volcans de boue liés à l'expulsion d'hydrates de gaz sont connus dans la marge atlantique nord marocaine (Pinheiro *et al.*, 2003), dans la marge marocaine méditerranéenne (Comas *et al.*, 2003) et dans la rive sud du Détroit de Gibraltar (Hamoumi, 2006). Une réactivation de ces volcans de boue, en plus d'accentuer le réchauffement climatique, produirait des émissions de méthane, des projections de blocs de toutes tailles, des éruptions de grandes quantités de boue et des glissements de terrains dont la conséquence serait grave aussi bien pour les habitats marins que terrestres. Les risques d'inondation et de glissements de terrain sont très fréquents, en particulier dans les littoraux montagneux, tel que le littoral méditerranéen. Ils sont favorisés par plusieurs facteurs: la texture et la nature lithologique des terrains, la fréquence des failles, des diaclases et des dykes sédimentaires, le régime pluvial, la densité du réseau hydrographique, le régime d'écoulement torrentiel, l'existence de reliefs très pentés, ainsi que l'impact des aménagements et des constructions anarchiques.

Les risques de marée noire

Les espaces littoraux et marins sont très exposés aux risques de plus en plus grands des pollutions par les rejets opérationnels et les marées noires du fait de la densité du trafic et de l'augmentation de la taille et de la moyenne d'âge des navires. En effet, ils sont à la croisée des routes de la navigation internationale et des tankers en provenance de : l'Afrique, l'Europe, l'Amérique et le Moyen-Orient. Le volume total d'hydrocarbures annuel transporté est évalué à 370 millions de tonnes dans le secteur méditerranéen, où transite 20 % du trafic pétrolier mondial (14) et entre 400 à 500 millions de tonnes dans la marge atlantique (15). Le Détroit de Gibraltar où transite à peu près 350 millions de tonnes (pétrole, gaz et produits chimiques) à bord de 600 navires par jour, est l'une des régions les plus exposées.

(14) Greenpeace, 2007.

(15) Kloff S. et Wicks C., 2004.

Les activités anthropiques et leur conséquences

Le littoral marocain a connu une poussée démographique et une urbanisation galopante et anarchique ces dernières décennies. Il concentre les agglomérations urbaines les plus importantes du pays et il a enregistré la création de 45 nouveaux centres urbains, son taux d'urbanisation a ainsi, atteint 60 %. En outre, il abrite 70 % des hôtels et sa fréquentation touristique est de plus en plus importante (54,7 % des nuitées). Il a été également le siège des chantiers de stations balnéaires de grande envergure : Mediterranea Saidia, Mazagan Beach Resort, Mogador Essaouira, Port Lixus et Taghazout Bay et des aménagements du projet Mar Chica (site de la lagune de Nador), de la vallée du Bouregreg et de la corniche de Rabat. De plus, il a connu une diversification et une croissance dans le temps et dans l'espace des activités anthropiques liées à la pêche, l'aquaculture, l'agriculture, l'industrie, le tourisme et la dynamique portuaire. Son infrastructure portuaire qui compte déjà 13 ports de commerce, 12 ports de pêche à vocation régionale, 9 ports de pêche à vocation locale et 6 ports de plaisance, va s'agrandir avec les 5 nouveaux ports prévus d'ici 2030 : Ouest Nador, Kénitra, Dakhla, Safi et Jor Lasfar. Par ailleurs, le littoral abrite 82,6 % de la production industrielle (HCP, 2010) qui est spécialisée dans: le textile, le cuir, les industries chimiques et para chimiques, l'agro-alimentaire, les industries mécaniques, métallurgiques et électriques, ainsi que l'industrie de raffinage. Ces pressions sont à l'origine d'un état de dégradation avancé du littoral dont le coût évalué à 0,27 % du PIB (16), serait largement sous estimée car un certain nombre de facteurs polluants n'ont pas été ont été considérés.

De nombreux secteurs du littoral sont affectés par des déséquilibres sédimentaires qui se traduisent par des phénomènes d'érosion ou d'ensablement, la disparition de certaines plages, un recul régulier du trait de côte, l'ensablement des ports, une progression de la désertification et des infiltrations d'eau marine. Ces déséquilibres sédimentaires ont été documentés dans de nombreuses études dont on ne citera que quelques exemples. (El Moumni *et al.*, 2002 ; Nachite *et al.*, 2004 ; Idrissi et al, 2004 ; EL Abdellaoui et Ozer, 2007 ; Bouabdallah et Larue 2009 ; El Moutchou *et al.*, 2011 ; Hamoumi, 2012 ; El Mrini *et al.*, 2012 ; El Moutchou *et al.*, 2014 ; Boyauzan et Irzi, 2015 ; Louaya et Hamoumi, 2016). Ils sont liés à l'exploitation abusive du sable et aux aménagements touristiques, portuaires et ouvrages de défense (jetées, épi, brise lame) qui ont été construits sans qu'il y ait au préalable une étude des sites et un monitoring (à moyen et/ou à long terme) de la dynamique sédimentaire et la circulation hydrodynamique.

En outre, la qualité des milieux est affectée par une pollution liée à des sources multiples. En plus de la pollution induite par les activités industrielles des pays de la rive nord de la mer Méditerranée et de la pollution d'origine atmosphérique, les espaces littoraux et marins sont soumis à une pollution sous forme de liquide, de gaz et de particules, liée aux :

(16) Banque mondiale, 2014.

activités agricoles et industrielles, au trafic et activités portuaires (construction, industries des pêches, dragages, fuites, épandages accidentels et rejets opérationnels) et aux rejets domestiques. La mer reste le principal réceptacle des eaux usées, de plus, actuellement, il n'existe que 70 stations d'épurations d'eaux usées (STEP) et les réseaux sanitaires sont insuffisants en particulier dans le milieu rural. L'évaluation de la qualité des masses d'eaux, des sédiments et de la faune des écosystèmes littoraux réalisée dans le cadre de travaux universitaires, dont on ne citera que certains, a permis de révéler une pollution métallique et organique (Bouasria *et al.*, 2007 ; El Arrime *et al.*, 2010 ; Kalloul *et al.*, 2012 ; Blinda *et al.*, 2013 ; Daghor *et al.*, 2015 Aguilla *et al.*, 2004 ; Hamoumi *et al.*, 2011 ; Nadir *et al.*, 2015 ; Agnaou *et al.*, 2017) ; ainsi qu'une pollution par les hydrocarbures (Azdi *et al.*, 2006). Par ailleurs, la surveillance de la qualité des eaux de baignade des plages du Royaume pour l'année 2018 (17), a révélé que sur un total de 423 plages, 27,55 sont de moyenne qualité, 1,62 % sont momentanément polluées et 0,46 % sont de mauvaise qualité. De même les résultats obtenus en 2014 dans le cadre du programme de surveillance de l'INRH (18), indiquent une persistance des teneurs élevées en cadmium dans le littoral atlantique entre El Jadida et Dakhla et parmi les 25 zones classées pour la contamination bactériologique, 7 sont restées en statut B et 3 en catégorie C.

La législation relative à l'étude d'impact sur l'environnement, la loi 12-03

La loi 12-03 comporte 20 articles qui fixent : les définitions et le champ d'application, les objectifs et le contenu de l'EIE, les comités (national et régional) des EIE et l'enquête publique, ainsi que la constatation des effractions et le droit d'ester en justice. L'article 1 permet de définir l'Environnement, l'EIE, le pétitionnaire, l'acceptabilité environnementale, le projet, les directives, les termes de référence et les zone sensible. L'EIE y est définie comme : « l'étude préalable permettant d'évaluer les effets directs ou indirects pouvant atteindre l'environnement à court, moyen et long terme suite à la réalisation de projets économiques et de développement et la mise en place des infrastructures de base et de déterminer des mesures pour supprimer, atténuer ou compenser les impacts négatifs et améliorer les effets positifs du projet sur l'environnement ».

Les articles 2, 3 et 4 fixent les projets assujettis à l'EIE dont la liste est donnée dans une annexe. Il s'agit des établissements insalubres, incommodes ou dangereux classés en première catégorie, des projets d'infrastructures, des projets industriels (industrie extractive, industrie de l'énergie, industrie chimique, traitement des métaux, industrie des produits alimentaires, industrie du textile, du cuir, du bois, du papier, du carton et de la poterie, industrie du caoutchouc), des projets d'agriculture et des projets d'aquaculture et de pisciculture.

(17) Rapport national, Secrétariat d'Etat chargé du Développement durable, 2018.

(18) INRH, *Bulletin de surveillance sanitaire des zones de production conchylicole*, 2015.

L'article 5 précise les objectifs de l'EIE qui sont :

- d'évaluer de manière méthodique et préalable, les répercussions éventuelles, les effets directs et indirects, temporaires et permanents du projet sur l'environnement ;
- de supprimer, d'atténuer et de compenser les répercussions négatives du projet ;
- de mettre en valeur et d'améliorer les impacts positifs du projet sur l'environnement ;
- d'informer la population concernée sur les impacts négatifs du projet sur l'environnement.

L'article 6 fixe le contenu de l'EIE, à savoir :

- une description globale de l'état initial du site et de son environnement susceptible d'être affecté par le projet ;
- une description des principales composantes du projet ;
- une présentation du cadre juridique et institutionnel afférent au projet et au site de son implantation ;
- une évaluation des impacts positifs et négatifs du projet ;
- les mesures envisagées par le pétitionnaire pour supprimer, réduire ou compenser les conséquences dommageables du projet sur l'environnement ;
- le programme de surveillance et de suivi du projet et les dispositions en matière de formation, de communication et de gestion ;
- une note de synthèse récapitulant le contenu et les conclusions de l'étude ;
- un résumé simplifié des informations et des principales données contenues dans l'étude, qui est destiné au public.

L'article 7 fixe les modalités de l'obtention de l'autorisation du projet et les articles 8, 9, 10, 11, 12 et 13 sont consacrés aux comités (national et régional) et à l'enquête publique. Enfin, les articles 14, 15, 16, 17, 18 et 19, fixent les modalités de la constatation des infractions, d'application des sanctions et du droit d'ester en justice.

Les manuels de procédure, ainsi que les guides techniques standards et les directives officielles, nécessaires au processus d'examen des EIE, ont été élaborés par le Secrétariat d'Etat chargé de l'Eau et de l'Environnement, Département de l'Environnement (19) (actuellement Secrétariat chargé du Développement).

(19) Référentiel des études d'impact sur l'Environnement

Le projet de loi sur l'évaluation environnementale stratégique (loi 49-17)

La décision d'abroger la loi 12-03, a été prise pour trois raisons. La première étant de pallier aux lacunes et insuffisances mises en évidence par sa mise œuvre, notamment: l'absence de sanctions, la non soumission de nombreux projets polluants à l'EIE et la non-conformité du système de contrôle avec l'évolution de l'institution de la police de l'Environnement. La deuxième raison est la nécessité d'appliquer l'article 8 de la charte nationale de l'Environnement et du développement durable, qui stipule la révision du cadre législatif relatif aux EIE afin d'y intégrer l'évaluation stratégique environnementale. La troisième raison est dictée par le besoin de se conformer aux dispositions de la constitution 2011.

Le projet de loi 49-17 qui a été élaboré par le Secrétariat d'Etat chargé de l'Environnement et du Développement durable et adopté par le Conseil du gouvernement en juin 2018 prévoit un certain nombre de nouveautés :

- l'élargissement à l'évaluation environnementale stratégique aux : politiques, stratégies, et programmes, ainsi qu'aux plans et schémas de développement sectoriels ou régionaux susceptibles d'avoir des incidences sur l'environnement (art. 2) ;
- la révision de la liste des projets subordonnés à l'EIE et la précision des critères qui justifient la réalisation ou non de l'EIE (art. 6 et 7) ;
- la précision de la procédure et des modalités d'examen de l'évaluation environnementale stratégique ainsi que le recours à la consultation publique en la matière (art. 8 et 9) ;
- l'institution d'un audit environnemental pour les activités mises en œuvre sans avoir fait l'objet d'une EIE avant l'entrée en vigueur de la loi-cadre sur la charte de l'environnement et du développement durable (art. 18) ;
- la simplification des conditions de l'évaluation environnementale pour les petits projets ayant des impacts faibles sur l'environnement, selon les nouvelles dispositions, les maîtres d'ouvrages des dits projets peuvent ne présenter qu'une notice simplifiée d'impact sur l'environnement au lieu de les soumettre à l'EIE (art. 13, 14, 15, 16 et 17) ;
- le renforcement des comités par la création de comités sous-régionaux au niveau des préfectures ou des provinces (art. 21 et 22).

Les limites et les dysfonctionnements du processus de l'EIE

Telles qu'elles se déroulent et qu'elles sont élaborées les EIE des projets implantés dans le littoral, sont loin de pouvoir répondre à l'esprit d'une étude d'impact. En plus, des lacunes et insuffisances mises en exergue par l'évaluation effectuée sur cinq études d'impacts par EDIC-EAU Globe en 2007 (20) et l'évaluation réalisée dans le cadre du Projet régional – Gouvernance et développement des connaissances (ReGoKo) (21), l'analyse de quelques EIE a permis de relever les limites de la loi 12-03 et du projets de loi 49-17, ainsi que des dysfonctionnements dans la mise en œuvre de la loi 12-03. En effet, l'EIE n'est la plupart du temps qu'une compilation bibliographique d'autres travaux, ainsi qu'un argumentaire construit sur des hypothèses, des approximations et des comparaisons. Le volet étude du milieu physique pour l'implantation du projet et de ses impacts souffre d'insuffisances à tous les niveaux : démarche, contenu et procédures, qui rendent l'EIE obsolète.

Les insuffisance de la législation et les limites procédurales

L'objectivité de l'EIE est altérée par des procédures discutables telles que :

- la participation du Pétitionnaire à l'élaboration des termes de références ;
- la non indépendance du bureau d'étude dont le choix revient au pétitionnaire ;
- le processus la structuration et la logique du dossier, qui vont dans le sens d'une justification du projet.

Par ailleurs, le problème des ressources humaines et des compétences se pose à tous les niveaux. Les scientifiques universitaires dont l'expertise et le background sont indispensables, ne sont impliqués dans aucun des comités chargés de l'examen des EIE. La plupart des membres de ces comités sont constitués par des représentants des administrations qui ne peuvent évaluer les études que dans le champ de compétences de leur institution. De plus, les bureaux d'études qui se chargent des EIE ne sont pas forcément spécialisés dans les questions de l'Environnement et ne disposent pas toujours de ressources humaines ayant le degré d'expertise nécessaire. Pour les études, ils font rarement appel à des scientifiques reconnus et se contentent souvent d'utiliser des jeunes stagiaires ou des étudiant-e-s de niveau master.

En outre, il n'est demandé qu'une description globale de l'état initial du site susceptible d'être affecté par le projet, notamment ses composantes biologique, physique et humaine » et aucune évaluation de l'impact sur l'environnement n'est menée après la réalisation du projet. Le projet de loi 49-17 ne fait pas mieux, tout comme la loi 12-03, il n'exige pas non plus la réalisation d'une étude scientifique rigoureuse basée sur des données récentes et fiables pour la faisabilité des projets. De même, la possibilité est donnée de présenter

---

(20) EDIC-EAU Globe, *Evaluation du système des études d'impacts sur l'environnement au Maroc*, étude élaborée pour le compte de la GTZ et le ministère de l'Aménagement du Territoire, de l'Eau et de l'Environnement (MATEE), 2007.

(21) Ministère délégué chargé de l'Environnement, « Évaluation des systèmes d'études d'impact sur l'environnement (Maroc) », ANTIBES, le 29 septembre 2015.

des solutions alternatives sans qu'elles soient basées sur un argumentaire scientifique et technique solide. Mais plus grave encore, le projet de loi 49-17 accorde aux petits projets considérés à impacts faibles sur l'environnement la possibilité d'échapper à l'EIE et de ne présenter qu'une notice simplifiée d'impact sur l'environnement. L'obligation de l'EIE est tributaire du seuil financier du projet (>200 Millions de dirhams) et de sa taille, sachant que des petits projets tels que les ouvrages de défense, peuvent entraîner des déséquilibres sédimentaires du littoral graves et irréversibles.

Enfin, le fait d'exiger des mesures compensatoires n'a aucun sens à partir du moment où les propositions de protection ne sont pas toujours efficaces et ne sont pas testées et que l'occupation d'un site devient irréversible et peut entraîner plus de dégâts que prévu. En effet, les écosystèmes littoraux qui sont des milieux très fragiles dont l'évolution peut se faire sentir non seulement à l'échelle humaine mais en quelques secondes, sont interdépendants, l'évolution de l'un peut affecter les autres.

Les limites et insuffisances dans l'étude du site d'implantation et des impacts environnementaux du projet : une démarche approximative et extrapolative

L'EIE n'est la plupart du temps qu'une compilation bibliographique de résultats obtenus par d'autres travaux. Par ailleurs, en plus d'être lacunaire et superficielle, cette compilation bibliographique peut s'appuyer parfois sur des données anciennes et même dépassées. Ainsi, pour pallier au manque de données concernant la circulation hydrodynamique et la météorologie, qui sont primordiales pour la connaissance et la compréhension du fonctionnement des écosystèmes littoraux, les EIE se contentent d'utiliser, soit des données fragmentaires et/ou anciennes, soit des données obtenues dans d'autres sites, alors que ces paramètres varient dans le temps et dans l'espace, parfois même sur quelques mètres en fonction de la morphologie, de l'orientation et l'altitude du littoral. Pour la caractérisation des fonds littoraux, il arrive également que l'EIE se base sur des données sédimentologiques et bathymétriques obtenues dans le cadre de travaux anciens et dépassés, qui ne peuvent en aucun cas refléter les facteurs et les processus actuels car les milieux littoraux sont en constante évolution. Et pour la description de la qualité du milieu, il arrive de se baser sur des résultats de travaux antérieurs, comme c'est le cas de l'EIE de la ville de Znata présentée en 2014, qui utilise les résultats obtenus dans le cadre de la surveillance de la qualité des eaux de Baignade pour la période 2009-2010.

Même l'analyse de l'évaluation des impacts n'est pas basée sur une démarche scientifique et expérimentale. Les effets des travaux sont souvent évalués sur la base de chantiers similaires dans d'autres pays. Or, les impacts dépendent étroitement du milieu physique et de son contexte climatique, géomorphologique, géologique et géodynamique. Dans le cas de l'EIE de Znata, l'analyse des impacts est appréhendée par le croisement de 3 paramètres dont : 1) « la connaissance des composantes environnementales du site », qui sont par ailleurs décrits, pour la plupart, de manière superficielle et 2) les enseignements tirés de projets similaires de réaménagement urbain et de création de ville nouvelle en général. Cette approche est pour le moins inappropriée puisque l'impact d'un projet dépend également de la nature et des caractéristiques du site où il est implanté. De plus, l'évaluation de l'intensité, de l'étendue et de la durée, des impacts, n'est pas non plus basée sur l'expérimentation, ou une quelconque simulation. Ainsi, pour un projet de ville prévue dans le littoral, il n'est pas possible de prédire l'évolution du trait de côte et l'impact des équipements sur l'érosion. Enfin, les risques liés au réchauffement climatique tels que : les événements extrêmes générateurs de pluie abondantes et de tempêtes, les inondations et l'érosion, ne sont pas non plus pris en compte.

La délimitation de la zone d'étude se fait également de manière aléatoire, elle n'est pas établie à l'aide d'un schéma des unités spatiales de gestion, réalisée sur la base d'éléments scientifiques tangibles. A titre d'exemple l'EIE de la ville de Znata (22), adopte une largeur de 500 m par comparaison avec d'autres projets considérés comme similaires. De plus, l'EIE se focalise sur le secteur du projet et n'intègre pas l'arrière pays nourricier (basin versant) et la marge océanique qui constitue le prolongement du littoral. De ce fait, la zone du projet n'est pas placée dans son contexte géologique et géodynamique.

Par ailleurs, quand des investigations sont réalisées dans le cadre du projet, les travaux et la collecte des données ne bénéficient pas souvent des technologies de pointe, qui sont tellement nécessaire pour l'établissement des modèles de dispersion et des cartes de répartition des faciès sédimentaires, ainsi que pour la connaissance de la géomorphologie détaillée des fonds marins. A titre d'exemple, le cas l'EIE de l'extension Tanger Med II (23), dont la carte bathymétrique montre une équidistance des courbes bathymétriques qui est trop grande et qui varie de 10 m à 30 m pour la même zone. Ce type de carte ne permet pas d'ailleurs d'avoir une idée sur la morphologie détaillée des fonds marins, alors que de nos jours, il est possible de réaliser un bloc diagramme 3D qui donne une image précise de la morphologie des fonds.

Pour la réalisation de la carte géologique et l'évaluation des contraintes géotechniques de Znata ville, l'EIE s'est basé sur un nombre de sondages très limité et dont le choix du lieu ne semble pas avoir fait l'objet d'une étude préliminaire. Les caractéristiques de ces sondages ont été ensuite extrapolées à l'ensemble de la zone du projet pour proposer une carte qui d'ailleurs ne peut pas être considérée comme une carte géologique puisqu'elle n'illustre que la lithologie. De plus, les extrapolations effectuées ne reflètent pas du tout la géométrie des corps sédimentaires des calcarénites quaternaires. Enfin, les contraintes

(22) EGIS Aménagement – DGPI, *Etude d'impact sur l'environnement naturel, humain et socio-économique : projet d'aménagement de la ville nouvelle Zenata*, 2014.

(23) CREOCEAN, *Projet d'extension du complexe portuaire (Tanger Med II)*, 2010.

géotechniques calculées ne doivent pas être généralisées à toute la zone du projet car le substratum contient aussi des grès, des quartzites et des schistes du Paléozoïque inférieur.

Enfin, dans certaines EIE, l'analyse des travaux bibliographiques, ne cible pas les informations les plus pertinentes et de ce fait, le contexte géologique est souvent réduit à une simple description sommaire des formations géologiques et leur structuration (dans certains cas) et aucun modèle d'évolution géodynamique n'est donné. D'autre part, la démarche adoptée dans la compilation des données bibliographiques est loin de répondre à l'esprit de la GIZC. Elle ne permet pas d'appréhender le mode de genèse, de fonctionnement et d'évolution naturelle et/ou provoquée des écosystèmes littoraux et elle n'intègre pas les caractéristiques géomorphologiques, géologiques, géotechniques et géodynamiques de l'arrière pays nourricier.

Un contenu biaisé, superficiel et lacunaire

La plupart du temps, les EIE ne se basent pas sur une étude de terrain intégrée portant sur toutes les disciplines nécessaires. Dans la majorité des cas, il manque les études incontournables telles que : la géomorphologie, la géologie, la géophysique et le suivi (« monitoring ») à long terme des paramètres hydrodynamiques et météorologiques.

Même quand un monitoring est fait, il arrive qu'il soit incomplet et donc ne permet pas de faire une modélisation précise. C'est le cas pour l'EIE de Tanger Med II où la campagne d'étude des courants de marée a duré seulement 1 mois. Cette période n'est pas suffisante car la dynamique des courants de marée est contrôlée également par le cycle annuel qui se traduit par des fortes amplitudes des marées durant l'équinoxe et de faible amplitude des marées durant le solstice.

Enfin, l'impact sur la biodiversité n'est jamais précis du fait de la méconnaissance de la diversité biologique et de l'écologie de certaines espèces. l'EIE ne se base que sur des données bibliographiques pour donner les inventaires et le plus souvent, ces données sont anciennes et dépassés.

Une négligence des enjeux environnementaux et des risques naturels et anthropiques

Les EIE censées assurer la préservation de l'environnement et des ressources naturelles, ne jouent pas effectivement leur rôle proactif et préventif. Ainsi, par exemple, dans le cas de l'EIE de Znata, pour faire face au risque d'érosion et de tsunamis et limiter l'invasion des eaux en cas de surcôte, le choix a porté sur la stabilisation de la dune et la réalisation d'aménagements pour assurer au terrain une altimétrie suffisante. Ce genre de technique dépassé qui a montré ses limites dans l'aménagement côtier, aggrave le déséquilibre sédimentaire du littoral. Et il peut arriver que l'EIE donne permette la mise en œuvre d'un projet la dégradation du littoral et de ses écosystèmes. A titre d'exemple, les dragages de sable en mer qui ont été autorisés dans le littoral de Kénitra malgré leur impact négatifs démontré (24) et l'état de dégradation de ce littoral.

Enfin, même quand les dossiers des EIE prévoient un plan portuaire d'urgence pour le risque de pollution accidentelle par des marées noires, il manque la connaissance précise de la nature et la morphologie des fonds marins et des trajectoires de dispersion. Ainsi, dans le cas d'une marée noire, il serait difficile d'avoir un plan d'action pour protéger les zones vulnérables et les niches écologiques et pour mieux luter contre la progression de la pollution.

Impact sur le développement durable du littoral

Les insuffisances et les dysfonctionnements soulevées dans l'analyse des EIE auraient des incidences désastreuses su le littoral qui est déjà dans un état de dégradation avancé. Les déséquilibres sédimentaires que connaît le littoral actuellement sont irréversibles car l'impact des aménagements réalisés est aggravé par la réduction des apports sédimentaires du fait de l'existence de retenues des barrages et de la sécheresse. Sachant que, le littoral sera de plus en plus convoité dans le cadre des programmes de développement en cours ou envisagés, tout aménagement supplémentaire non basé sur une EIE en bonne et due forme, pourrait accélérer les dégradations en cours et en induire d'autres.

Afin donc de respecter l'objectif de l'EIE et pour qu'elle ne soit pas un écran de fumée permettant la mise en plage de projets qui vont à l'encontre du processus de développement durable, il est nécessaire d'exiger pour tout aménagement et quel que soit la taille du projet, une bonne connaissance de l'écosystème. En effet, les environnements littoraux situés à l'interface terre/océan sont des milieux très fragiles dont l'évolution peut se faire sentir non seulement à l'échelle humaine mais en quelques secondes. D'une part, l'évolution de la morphologie du littoral est contrôlée par plusieurs facteurs naturels qui sont interdépendants, le changement de l'un peut modifier les autres. D'autre part, il existe une relation très étroite entre les différents écosystèmes du littoral de ce fait, l'évolution de l'un peut affecter les autres.

La délimitation de la zone d'influence du projet, ainsi que l'identification des impacts du projet doivent faire l'objet d'une étude scientifique et technique intégrée et rigoureuse. Une telle étude doit d'une part, porter sur toutes les composantes des écosystèmes littoraux (masse d'eau, sédiments, ressources vivantes) et tous leurs domaines physiographiques ainsi que leur bassin versant et leur proche plateau continental en surface et subsurface. D'autre part, elle doit faire intervenir des disciplines et des techniques variées afin de disposer d'une base scientifique rigoureuse qui permet d'appréhender à la fois le contexte

(24) A. Benmohammadi, M. Labraimi, *Impacts du dragage des fonds littoraux: dragage d'exploitation en vue de la commercialisation des sables*, 2011,

géologique et géodynamique, les modèles de circulation, la morphodynamique et la dynamique sédimentaire, la qualité du milieu et enfin la dynamique entre les ressources vivantes et leur milieu de vie. Enfin, elle doit être complétée par un suivi (« monitoring ») d'observations et de mesures in situ durant une période de 1 à 2 années des paramètres physiques (météorologiques et hydrologiques).

Conclusion

A l'issue de ce diagnostic, il s'avère que le littoral marocain constitue à la fois un atout et un handicap majeur et que dans le cadre d'un certain nombre d'EIE, la décision d'acceptabilité environnementale se fonde dans le meilleur des cas sur une connaissance scientifique et technique partielle du site d'implantation. Elle ne peut donc pas répondre aux objectifs de l'EIE et jouer son rôle de régulation pour un développement durable.

De nos jours, l'impact des facteurs naturels est devenu une donnée concrète palpable, les effets du changement climatique (surcôtes) et de la tectonique (séisme, tsunamis) sur le littoral ont été vécus. L'impact des facteurs anthropiques a été également observé et évalué, l'enjeu est donc de taille !!! car son menacés : des vies humaines, des ressources vivantes, des sites d'intérêt biologique et écologique, des plages et des zones humides, des sites historiques, des activités agricoles et des bâtis, des infrastructures portuaires, industrielles et touristiques et des réseaux de communication.

Le Maroc pourrait disposer d'un instrument de régulation qui a fait ses preuve dans d'autres pays à condition de saisir l'opportunité du projet de loi 49-17 sur l'évaluation environnementale stratégique et d'y intégrer des dispositions qui imposent pour tout projet d'aménagement ou d'exploitation des ressources vivantes et non vivantes au niveau du littoral, la réalisation d'un programme d'investigation scientifique et technique complet et rigoureux. Ainsi en plus de leur intérêt pour la protection et la préservation de l'environnement et des ressources naturelles, et au-delà de leur nécessité pour l'acceptabilité d'un projet, les résultats et les bases de données scientifiques des études qui seront réalisés dans le cadre des EIE pourront renforcer les connaissances du littoral et servir également d'outils d'aide à la décision dans la gestion durable en général.

Afin que le processus de l'EIE ne devienne donc un moyen de contournement et d'exploration abusive du littoral et de ses ressources vivantes et qu'il puisse constituer un outil efficace et pertinent pour leur gestion durable, il est nécessaire de tenir compte des pistes et recommandations suivantes :

- renforcer le texte de lois et les rendre plus contraignant en ce qui concerne l'étude du site d'implantation et les impacts du projet sur l'environnement;
- élaborer des directives et les manuels de procédure spécifiques au littoral;

- corriger les dysfonctionnements procéduraux ;
- assurer le suivi des EIE ;
- impliquer les scientifiques dans les comités de l'EIE ;
- assurer des formations aux formateurs (ONG) pour qu'ils puissent encadrer la population, en particulier rurale ;
- développer la sensibilisation et l'information à travers les media au changement climatique, à l'éducation environnementale et aux EIE ;
- instaurer dans toutes les formations (primaire secondaire et université) des programmes sur changement climatique et l'éducation environnementale et aux EIE ;
- rendre publique les données scientifiques de EIE pour servir solidarité nationale et environnementale ;
- développer la recherche et la formation à la recherche en sciences et ingénierie de la mer en climatologie ;
- développer la collaboration entre l'université et son environnement socioéconomique ;
- imposer aux promoteurs l'implication des compétences nécessaires dans l'élaboration des EIE et les inciter à avoir une démarche citoyenne en faveur du développement durable qui leur bénéficiera également.

Références biliographiques

Agnaou M., Nadir M., Ait Alla A., Bazzi Lh., El Alami Z., Moukrim A. (2017), « Organochlorine pesticides level evaluation in a Morocco Southernwetland: Massa estuary », *JMES*, Vol. 8, Issue 10, p. 3496-3501. http://www.jmaterenvironsci.com/

Aguilla E. González I., Galán E. Hamoumi N, Labriami M.Y., Bloundi K. (2004), *Distribución de elementos traza en sedimentos de la Laguna de Nador (Marruecos),* Estudio preliminar. Geotemas 6 (1), p. 195-198, ISSN 1567 5172.

Amine M., Ouadif L., Baba Kh., Bahi L. (2018), « Assessment of the tsunami hazard on Moroccan coasts using numerical modeling », MATEC Web of Conferences 149, 02079 https://doi.org/10.1051/matecconf/201814902079

Azdi M., Moukrim A., Burgot T., Budzinski H., Chiffoleau J.F., Kaaya A., Zekhnini A., Narbonne J.F., Guarrigues Ph. (2006), « Hydrocarbon pollution along Moroccan coasts and BPH activity in the mussel Perna perna », *Polycyclic Aromatic Compounds.* https://www.researchgate.net/publication/44215847

Blinda M., Bellaouchou A., Fekhaoui M., Barcha S.E., El Morhit M. (2013), *Evaluation de la contamination métallique des sédiments et des eaux superficielles du littoral Nord-Ouest du Maroc,* Bulletin de l'Institut Scientifique, Rabat, Section Sciences de la Vie, n° 35, p. 43-49.

Bouabdallah M., Larue J.P. (2009), « Evolution du littoral de la baie de Saïdia : dynamique naturelle et impact des aménagements (Maroc Oriental) », revue *Physio-Géo,* vol. 3, p. 113-130.

Bouasria S., Sadki O., Benaabidate L., Boumaggar H., Hamoumi N. (2007), « Geochemistry and speciation of particulate trace metals in Atlantic coastal sediments between Safi and Souira-Qdima (Morocco) », *Earth and Life*, Vol. 2, No. 1, p. 1-25.

Boyauzan A., Irzi Z. (2015), « Effets des aménagements sur les dynamiques morphosédimentaires de l'île barrière de la lagune Nador (Nord-Est du Maroc, région de l'Oriental) », *Revue géographique des pays méditerranéens*, n° 125, p. 85-94.

Comas M.C., Soto J.I., Talukder A.R., TTR-12 Leg 3 (Marsibal-1) Scientific Party (2003), « Discovering active mud volcanoes in the Alboran sea (Western Mediterranean) », *IOC Workshop Report*, No. 187, p. 14-16.

Daghor L., Hssaida T., Hamoumi N., Chakir S., Eneffah B., Fraikch M. (2015), « Réponse des populations phytoplanctoniques (kystes et formes végétatives) face aux changements environnementaux dans les lagunes de Sidi Moussa et Oualidia », DOI:10.5150/cmcm.2015.056, conférence méditerranéenne côtière et maritime, édition 3, FERRARA, Italia, Coastal and Maritime Mediterranean Conference. Disponible en ligne : http://www.paralia.fr.

EL Abdellaoui J.E. et Ozer A. (2007), « Étude diachronique et historique de l'évolution du trait de côte de la baie de Tanger (Maroc)», revue *Télédétection*, vol. 7, n° 1-2-3-4, p. 157-171.

El Arrim A., Raissouni A., Wahbi M., Maatouk M., Tribak A., El Moumni B. (2010), *Distribution métallique dans les eaux et les sédiments du littoral de la baie de Tanger. Rif Nord Occidental Maroc*, Rapp. Comm. int. Mer Médit., 39.

El Moumni B., El Arrim A., Maatouk M., El Hatimi I., Wahbi M., Afailal-Tribak A. (2002), « Érosion de la Baie de Tanger », *in Érosion littorale en Méditerranée : dynamique, diagnostic et remèdes*, CIESM Workshop Series, p. 43-47.

El Moutchou B., Benali H., Mamouni A. (2014), « Evolution diachronique de la ligne du rivage le long des littoraux méditerranéens occidentaux marocains : cas des sites côtiers de Ksar Esghir, Bou Ahmed et Jebha (Maroc), *XIIIe Journées Nationales Génie Côtier : Génie Civil*, Editions Paralia, p. 317-324.

El Moutchou B., El Fadel L., El Hajjaji Kh. (2011), « Evolution morphodynamique et morphosédimentaire du littoral méditerranéen de Oued Laou (Tétouan, Maroc) », Conférence méditerranéenne côtière et maritime, Edition 2, Tanger, Maroc, Coastal and Maritime Mediterranean Conference, p. 157-162. http://www.paralia.fr.

El Mrini A., Anthony E.J., Maanan M., Taaouati M. et Nachite D. (2012), « Beach-dune degradation in a Mediterranean context of strong development pressures, and the missing integrated management perspective », *Ocean & Coastal Management*, 69 299, 306.

Hamoumi N. (2012), « Le complexe lagunaire de Nador (Maroc) : fonctionnement, contrôle naturel et provoqué, scenarii d'évolution future », *Paralia*, vol. 5, p. 5.1-5.14. http:// www.paralia.fr.

Hamoumi N., Hssaida T., Terhzaz L., Hazim M.E. (2011), « Contrôle et évolution des milieux écologiques de la lagune de Nador (Maroc) », Conférence méditerranéenne côtière et maritime, Tanger, Maroc, p. 181-184. URL : http://www.paralia.fr/cmcm/e02-39-hamoumi.pdf

Hamoumi N. (2006), « The mud volcanoes of Gulf of Cadiz Moroccan margin and N-W Rif belt: A key for better understanding complex marine-land geology at a regional scale », in CIESM, *Fluid seepages : mud volcanism in the Mediterranean and adjacent domains,* Bologna, CIESM Workshop Monographs, 29, 19-22 October 2005, p. 79-85.

Idrissi. M, Hourimeche A., Rey V., Chagdali M. (2004), « Impact des installations côtières sur l'évolution du littoral de Mohammedia (Maroc)» , *VIIIe Journées Nationales Génie Civil : Génie Côtier*, Compiègne, 7-9 septembre, p. 789-796.

Kalloul S., Hamid W., Maanan M., Robin M., Sayouty E.H., Zourarah B. (2012), « Source contributions to heavy metal fluxes into the Loukous Estuary (Moroccan Atlantic Coast) », *Journal of Coastal Research*, 28 (1), 174-183.

Louaya A., Hamoumi N. (2016), « Apport de la télédétection dans l'étude de l'évolution morphodynamique du complexe lagunaire de Nador (Maroc) au cours des 40 années passées », *XIVe Journées nationales Génie côtier : Génie civil*, Toulon. Paralia, p. 381-388, http://www.paralia.fr.

Menioui M. (2001), « Biodiversité marine et côtière, dans Stratégie et plan d'action pour la conservation et l'utilisation de la biodiversité », Département de l'Environnement/PNUE, p. 1-21.

Nachite D., El Moutchou B., Anfuso G., Benavente J., Bello E., Macías A. (2004), « Morphologie et évolution récente du littoral entre Fnideq et M'diq (Tétouan, NE du Maroc) », *Geogaceta*, 35, p. 43-46.

Nadir M., Agnaou M., Idardare Z., Chahid A., Bouzid T., Moukrim A. (2015), « Impact study of M'zar submarine emissary (Agadir Bay, Morocco): Trace metals accumulation (Cd, Pb and Hg) and biochemical response of marine Mollusk Donax trunculus (Linnaeus, 1758) ». J. Mater. Environ. Sci. 6 (8), p. 2292-2300.

Pinheiro L.M., Ivanov M.K., Sautkin A., Akhmaninov G., Magalhaes V.H., Volkonskaya A., Monteiro J.H., Somoza L., Gardner J., Hamoumi N., Cunha M.R. (2003), « Corrigendum to "Mud volcanism in the Gulf Of cadiz : results from the TTR-10 cruise" », *Marine Geology*, 195, p. 131-151.

De la gouvernance des partenariats public-privé au Maroc et leurs impacts sur le développement des investissements dans l'espace OHADA

Mohamed Harakat*

Résumé

Cette étude a pour objectif d'analyser le contexte et l'évolution du retour du Maroc dans le giron des organes de l'Union africaine (notamment la demande d'adhésion à la CEDEAO et à l'Organisation pour la coordination du droit des affaires en Afrique (OHADA), en étudiant les possibilités au Maroc de rejoindre ces instances dans le cadre du projet de coopération entre le Maroc et les pays membres de l'organisation, et deuxièmement de faire l'état des lieux des lois et législations régissant la dynamique des partenariats public-privé (PPP) au Maroc et leurs impacts sur le développement des investissements dans l'espace des pays membres de l'OHADA. Enfin, l'étude tente de présenter certaines contraintes et auxquelles se heurte la réalisation des objectifs tracés dans le but de les surmonter en vue de bâtir une gouvernance stratégique du PPP dans le cadre de l'Union africaine.

Mots-clés : Union africaine, impacts des investissements, partenariats public-privé, gouvernance, OHADA, contraintes de développement.

Abstract

This study aims to analyze the context and the development of Morocco's return to the fold of the organs of the African Union (in particular the request for membership of ECOWAS and the Organization for the Coordination of Business Law in Africa) (OHADA), by studying opportunities in Morocco to join these devices, within the framework of the project of cooperation between Morocco and the member countries of the organization, and second, to provide the status of the laws and legislation governing the dynamics of public-private partnerships (PPE) in Morocco and their impact on the development of investments in the space of organized countries to coordinate business law in Africa.

Finally, the study attempts to present some constraints and impediments to achieving the objectives and ways to overcome them in the development of the strategic governance of the public-private partnership in the African Union.

Keywords: *African Union, investment impacts, public-private partnerships, governance, OHADA, development constraints*

(*) Professeur d'économie politique et de gouvernance, Université Mohammed V de Rabat, directeur de la structure doctorale « Gouvernance de l'Afrique et du Moyen-Orient », directeur fondateur de la *REMA*.

Introduction

Les partenariats public-privé (PPP) permettent à l'État et aux collectivités territoriales d'avoir accès à des sources de financement supplémentaires en s'appuyant sur des ressources du secteur privé pour multiplier la contribution des ressources existantes et améliorer la qualité des services publics (1). En l'occurrence, l'État peut tirer parti des compétences spécialisées, des technologies et de l'innovation du secteur privé, ce qui conduit à une grande efficacité et à l'amélioration des services publics rendus à la population.

En effet, les PPP axés sur le développement des infrastructures sont en hausse en Afrique. Ils représentent 10 % des investissements mondiaux, soit 235 milliards de dollars depuis 1990. Selon le rapport 2016 de la CNUCED sur le développement économique en Afrique, durant ces dix dernières années, le PPP a pu mobiliser, face à l'endettement des pays africains 27,5 milliards de dollars pour des investissements. Les ports, la production d'électricité, les énergies renouvelables, l'eau et l'assainissement sont les principaux projets qui ont attiré ces financements (2).

Selon le rapport de la Banque mondiale Doing business dans les États membres de l'OHADA, 2017, celle-ci « se modernise en permanence– pour refléter la dynamique évolutive du climat des affaires et de l'environnement juridique de ses économies membres » et « depuis 2012, l'Acte uniforme relatif au droit des sociétés commerciales et du groupement d'intérêt économique – régissant la création d'entreprises dans les États-membres – a été amendé, entre autres pour intégrer l'informatisation des formalités relatives à la création d'entreprise et ainsi tenir compte de l'adaptation rapide des affaires aux technologies de l'information (3) ».

Ce rapport illustre clairement les défis et les opportunités offertes aux membres de l'OHADA dans la perspective de l'émergence d'un code africain des affaires, à la fois accessible, cohérent et homogène réincarnant le rêve africain d'un grand marché performant, prospère et ouvert au service de l'intégration régionale dans l'esprit gagnant-gagnant.

L'analyse de l'encadrement juridique et de la réglementation régissant les contrats de PPP au Maroc, dans l'espace OHADA, nécessite au préalable, à notre avis, l'exposé de l'état du processus de négociation de l'adhésion du Maroc tant à l'Union africaine qu'à la CEDEAO ainsi que l'appréciation des études d'impact et l'implication d'appartenance à l'organisation panafricaine OHADA, ceci avant d'approcher la dynamique juridique de la gestion déléguée et des PPP, les défis et les opportunités qu'ils offrent aux membres de l'OHADA dans le processus de l'intégration régionale continentale.

---

(1) S. Nakri, *l'Économiste*, n° 4820 du 25 juillet 2016.

(2) La *REMA*, *op. cit.*

(3) *Doing Business dans les États-membres de l'OHADA 2017*, Banque mondiale, p. 1.

Cet article comporte quatre axes de réflexion :

- contexte et processus de l'adhésion du Maroc à l'Union africaine, à la CEDEAO et à l'OHADA ;
- Maroc-OHADA : opportunités et défis ;
- réglementation et dynamique de la gestion déléguée et des PPP au Maroc ;
- contraintes et perspectives de développement de la gouvernance des PPP dans l'espace OHADA.

Contexte et processus de l'adhésion du Maroc à l'Union africaine, à la CEDEAO et à l'OHADA

L'offensive de charme du Maroc sur le continent africain est révélatrice. Certains repères historiques afférents au retour à l'Union africaine (UA) et son adhésion à la CEDEAO ainsi qu'à l'OHADA méritent d'être rappelés.

• En juin 2016, le Maroc a décidé de rejoindre l'UA.

• Le 30 janvier 2017, lors du 28e sommet de cette organisation panafricaine tenu à Addis-Abeba, le Maroc est devenu le 55e membre de l'UA.

• Faute de parvenir à une intégration économique maghrébine, le Maroc se tourne vers son Sud et décide d'intégrer l'organisation sous régionale ouest-africaine.

• Le 24 février 2017, le Maroc a présenté à Ellen Johnson Sirleaf, présidente en exercice de la CEDEAO, sa demande d'adhésion « à part entière » à la communauté ouest-africaine. Ainsi, le Maroc a manifesté officiellement son intention d'adhérer à la CEDEAO, le pilier incontestable sur lequel repose le processus d'intégration continentale tel que prôné par l'UA.

• Le 4 juin 2017, la 51e session ordinaire de la Conférence des chefs d'État et de gouvernement de la CEDEAO qui s'est tenue au Libéria a donné son accord de principe à l'adhésion du Maroc à la CEDEAO en ces termes : « La Conférence donne son accord de principe à l'adhésion du Maroc, eu égard à ses liens forts et multidimensionnels avec les États-membres. Elle a instruit la Commission d'examiner les implications d'une telle adhésion conformément aux dispositions du Traité révisé de la CEDEAO et de lui soumettre les résultats à sa prochaine session. [...] Les fondements juridiques et institutionnels d'un tel accord de principe procèdent en droit international public d'un accord concerté non conventionnel qui prend ses sources dans des relations diplomatiques, institutionnelles et politiques suivies. »

• En octobre 2017, l'analyse méthodologique proposée par la Commission (de la CEDEAO) pour l'examen de cette requête s'appuie sur les fondements et les conséquences juridiques et institutionnelles de l'accord de principe donné à la demande d'adhésion du Maroc à la CEDEAO (traité révisé de la CEDEAO en relation avec la résolution CM/

RES.464XXVI de l'UA) ainsi que sur les impacts d'une telle adhésion sur l'agenda de l'intégration de la région (4).

La CEDEA a été créée en vertu du traité de Lagos signé le 28 mai 1975 par 15 pays de l'Afrique de l'Ouest: Bénin, Burkina, Côte d'Ivoire, Gambie, Ghana, Guinée, Guinée-Bissau, Liberia, Mali, Niger, Nigeria, Sénégal, Sierra Leone, Togo. Le Cap-Vert a rejoint la Communauté en 1976. Mais la Mauritanie a décidé de la quitter en 2000.

L'objectif principal de la CEDEAO consiste à « promouvoir la coopération et l'intégration dans la perspective d'une Union économique de l'Afrique de l'Ouest en vue d'élever le niveau de vie de ses peuples, de maintenir et d'accroître la stabilité économique, de renforcer les relations entre les États-membres et de contribuer au progrès et au développement du continent africain ».

De nombreux programmes sont en cours de conception ou de mise en œuvre pour renforcer l'intégration de cette zone qui représente, en 2013, un PIB de 674,34 milliards de dollars et un marché de 327,33 millions de consommateurs. Or, sur le plan pratique, le positionnement commercial du Maroc dans cette région demeure insuffisant(5), en dépit de la part significative du marché qu'il détient en Guinée (1,77 %), au Mali (1,61 %), au Sénégal (1,46 %) et en Guinée-Bissau (1,40 %), comme cela ressort du graphique ci-après :

Part de marché du Maroc par pays de la CEDEAO (moyenne 2010-2016)

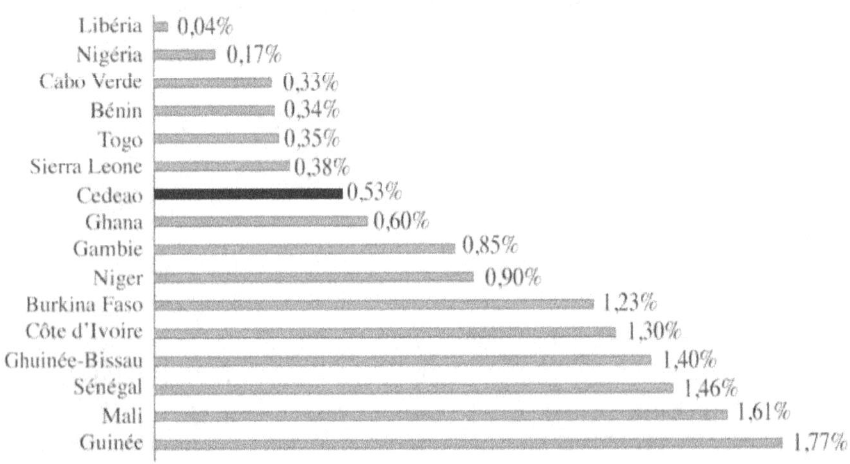

Source : Calculs à partir des données de la CNUCED, Khadija Masmoudi, *op. cit.*

(4) M. Harakat (dir.), « La Nouvelle géopolitique marocaine en Afrique à l'heure de l'adhésion à la CEDEAO », *REMA*, n° 46, 2018.

(5) K. Masmoudi, « Maroc-CEDEAO, des opportunités d'affaires et des complémentarités », *in l'Economiste*, n° 5286 du 4 juin 2018.

En matière de PPP, le Maroc occupe la deuxième position derrière le Nigéria (37 milliards de dollars) ; en troisième position vient l'Afrique du Sud avec 25 milliards de dollars.

Cependant, il faut souligner le paradoxe qui existe au niveau de la répartition sectorielle des PPP en Afrique (6). Dans la majorité des pays du continent, le secteur de l'eau et de l'assainissement, où il y a pourtant un énorme déficit, attire peu d'investissements en PPP (1 % seulement). En revanche, le secteur des télécommunications et de l'électricité arrive en tête avec 68 % des investissements d'infrastructure, suivi par le secteur de l'énergie (21 %) et le secteur des transports (10 %) (7).

Ventilation sectorielle

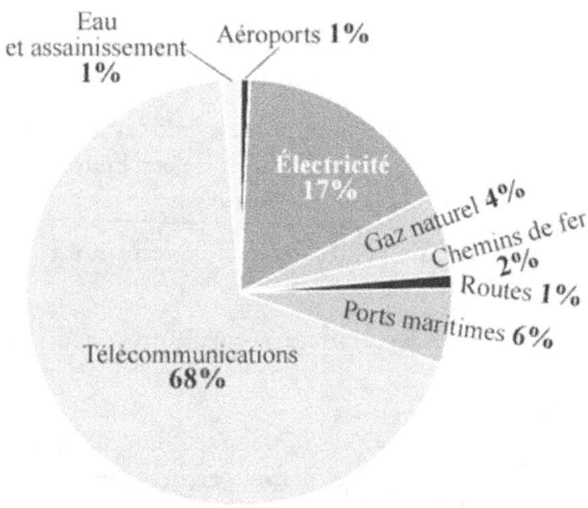

Source: World Bank, 2015b.

Maroc-OHADA: opportunités et défis

Le but d'une adhésion à l'OHADA est d'assurer une convergence et une meilleure harmonisation des structures législatives fiscales et réglementaires du droit des affaires grâce à des mesures adéquates, efficaces et permanentes d'accompagnement et d'adaptation des acteurs socio-économiques (État, entreprises, collectivités territoriales, société civile, etc.) au changement, dans une perspective d'intégration régionale et continentale fondée sur l'étude d'impact, la transparence, l'accomplissement et la performance.

(6) S. Nakri, *l'Économiste, op. cit.*

(7) *Ibidem.*

L'OHADA a été créée par le Traité relatif à l'harmonisation du droit des affaires en Afrique, le 17 octobre 1993, à Port-Louis, et révisé à Québec au Canada, le 17 octobre 2008. Elle est formée de 17 pays (8) qui comptent une population de 272 millions d'habitants et génèrent un PIB estimé à 196 milliards de dollars. Le PIB du Maroc représente plus de 50 % du PIB agrégé de ses membres actuels. L'OHADA constitue aujourd'hui un véritable modèle d'intégration régionale s'inspirant des États des Caraïbes qui envisagent d'adopter un traité OHADAC (9). Fondée dans un contexte de crise économique aiguë et de chute drastique des investissements en Afrique, l'insécurité juridique et judiciaire était alors identifiée comme cause majeure de la défiance des investisseurs (10). Pour y remédier, l'OHADA a reçu pour mission de rationaliser l'environnement juridique des entreprises afin de garantir la sécurité juridique et judiciaire des activités économiques, dans la perspective de stimuler l'investissement et de créer un nouveau pôle de développement en Afrique (11).

Les missions spécifiques de l'OHADA sont les suivantes (12) :

- l'adoption de règles juridiques communes, modernes, simples et adaptées à l'environnement économique international et de ses États-membres et la formation adéquate des personnels juridiques et judiciaires ;
- la promotion d'une justice diligente, indépendante et soutenue par des procédures appropriées ;
- l'encouragement au recours à l'arbitrage et aux autres modes de règlement amiable des différends.

Le Maroc n'est pas encore membre de l'OHADA. Son adhésion à cette organisation panafricaine serait, en effet, susceptible d'être perçue comme un signal fort de son implantation dans les pays d'Afrique subsaharienne francophone. Une telle intégration pourrait se faire aux dépens des pays anglophones et membres de la CEDEAO (Nigeria, Ghana), dont il essaie aussi de se rapprocher et, bien entendu, au détriment des efforts d'intégration à l'Union du Maghreb arabe.

(8) Les pays de l'OHADA sont : le Bénin, le Burkina-Faso, le Cameroun, la Centrafrique, la Côte d'Ivoire, le Gongo, les Comores, le Gabon, la Guinée, la Guinée-Bissau, la Guinée équatoriale, le Mali, le Niger, la République démocratique du Congo, le Sénégal, le Tchad et le Togo.

(9) O. Wybo, Avocat associé, « Emergence Legal », *in* www.jeuneafrique.com

(10) https://fr.wikipedia.org/wiki/Organisation_pour_harmonisation_en_Afrique_du_droit_des_affaires

(11) *Ibidem.*

(12) *Ibidem.*

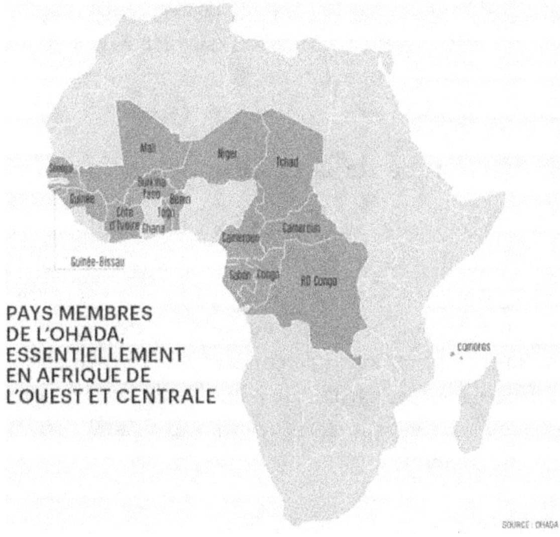

L'article 53 du traité de l'OHADA stipule que l'adhésion est ouverte à tous les membres de l'Union africaine. Or, une telle adhésion nécessite l'harmonisation de leurs structures juridiques, judiciaires économiques, financières et fiscales législatives et réglementaires. Le droit marocain et celui de l'OHADA s'inspirent principalement du droit français et du système romano-germanique. il n'en demeure pas moins que l'adhésion du Maroc soulève des questions et des difficultés devant être prises en compte.

L'intégration de la Cour commune de justice et d'arbitrage (CCJA) dans le système juridique marocain recèle un enjeu de souveraineté pour le royaume (13). En effet, la CCJA est compétente pour juger toutes les affaires relatives à l'application du traité, règlements d'application et actes uniformes en lieu et place de la Cour de cassation marocaine. La Cour commune constituerait en outre un troisième degré de juridiction puisqu'elle pourrait connaître du fond des affaires (14). Une période transitoire de deux ans a été accordée aux entreprises pour se mettre en conformité avec les nouvelles dispositions du droit des affaires (15).

L'adhésion du Maroc supposera entre autres l'adoption de normes comptables proches des IFRS, ce qui nécessitera encore un certain travail. Elle doit donc être préparée en amont. Selon le rapport de l'étude d'impact de l'adhésion du Maroc à la CEDEAO, une

(13) O. Wybo, Avocat associé, Emergence ://lavoixdujuriste.com/2017/12/07/pourquoi-le-maroc-devrait-integrer-lohada/

(14) *Ibidem.*

(15) *Ibidem.*

série d'implications institutionnelles sur le cadre de convergence macro-économique devrait être prise en considération (16). Avec la validation définitive de son adhésion à l'OHADA, le Maroc sera le 18e pays de cette organisation.

Réglementation et dynamique de la gestion déléguée et des PPP au Maroc

Le Maroc dispose d'une tradition bien ancrée dans l'institutionnalisation du partenariat public-privé (17). Historiquement, la gestion déléguée des services publics durant le Protectorat (1912-1956) et après l'indépendance, notamment dans les années quatre-vingt-dix, offre une construction originale de gestion des services publics complexes et stratégiques, permettant à l'État ou aux collectivités territoriales de se décharger des financements de ces services tout en gardant le contrôle de leurs accomplissements dans les meilleures conditions dans le processus de conception du cadre institutionnel et juridique (ingénierie juridique et financière).

1. Le texte et le contexte de l'évolution de la gestion déléguée et du PPP

Le phénomène du PPP est le produit historique du système productif mondial marqué par la crise financière qui a incité l'État à se décharger du financement de certains services publics au bénéfice du secteur privé. D'autres facteurs ont milité en faveur de cette dynamique historique, notamment :

- un contexte de crise qui a émergé en 1970 et les impératifs de redéfinition du périmètre de l'action de l'État et de l'intervention publique;
- les revendications de la population pour plus d'efficacité et d'efficience dans la gestion des services publics ;
- l'importance des grands projets d'investissement dans l'infrastructure initiés dans les années quatre-vingt par les pouvoirs publics et nécessitant des financements énormes ;
- les développements doctrinaires des pays de l'OCDE quant à l'institutionnalisation de la gestion publique (France, Canada, pays scandinaves, notamment), ce qui a favorisé l'émergence de multiples études et expertises afférentes à la législation, à la gestion et au contrôle ;
- la montée en puissance dans les années quatre-vingt-dix de la rhétorique d'inspiration néolibérale (Margaret Thatcher et le phénomène du mimétisme institutionnel à l'échelon mondial, chute du mur de Berlin, slogan « la fin de l'histoire et de l'homme »

(16) *Étude d'impact sur les implications de l'adhésion du Maroc à la CEDEAO*, octobre 2017.

(17) M. Benahmed, A. Zahidi, *la Gestion déléguée au service de l'usager*, Dar Al Qalama, 2007.

de F. Fukuyama, 1992), crise de la dette au Mexique et au Brésil, émergence du PAS, développement du concept de gouvernance par le FMI et la Banque mondiale).

2. Évolution historique et objet de la réglementation de la gestion des services publics et des PPP

L'évolution des dispositifs législatif et institutionnel de la gestion déléguée et du PPP au Maroc est un long processus historique et cumulatif de la réglementation.

En 1914, la Société marocaine de distribution (SMD) est devenue concessionnaire des activités de production et de distribution de l'eau potable dans quatre villes du Royaume. D'autres projets d'infrastructures ferroviaires et portuaires ont fait l'objet de concession : la ligne ferroviaire Tanger-Fès en 1914, celle de Fès-Marrakech en 1920 ou encore l'exploitation des ports de Casablanca, Fédala (actuelle Mohammedia) et Tanger par un opérateur privé en 1916.

Après l'Indépendance, la gestion déléguée a porté essentiellement sur les secteurs marchands (autoroutes, transports urbains, distribution de l'eau et de l'électricité, assainissement et collecte des déchets ménagers, production d'électricité).

La loi n° 54-05 adoptée en février 2006 constitue le cadre de la réglementation de la gestion déléguée définie, dans l'article 2, comme « un contrat par lequel une personne morale de droit public, dénommée « délégant », délègue, pour une durée limitée, la gestion d'un service public dont elle a la responsabilité à une personne morale de droit public ou privé, dénommée « délégataire », en lui reconnaissant le droit de percevoir une rémunération sur les usagers et/ou de réaliser des bénéfices sur ladite gestion. La gestion déléguée peut également porter sur la réalisation et/ou la gestion d'un ouvrage public concourant à l'exercice du service public délégué ».

La mise en place de ce cadre juridique a eu comme conséquence une progression du recours à la gestion déléguée revêtant de multiples avantages : elle fournit une double sécurité pour le secteur privé (la possibilité d'hypothéquer les biens (article 8), le recours à l'arbitrage et la conciliation pour le règlement des litiges (article 9)).

Il faut préciser que cette loi régit les conventions ayant pour objet (18) :

- la délégation par un établissement public ou une collectivité territoriale d'un service public à un seul partenaire et/ou ;
- la délégation de la construction et/ou de la gestion d'un ouvrage concourant à l'exercice du service public.

(18) Avis du Conseil économique, social et environnemental, projet de loi n° 86.

A cet effet, elle inclut les concessions et l'affermage mais exclut l'État de son champ d'application. Cette disposition se trouve corrigée dans la loi n° 86-12, dont le périmètre inclut l'État et les entreprises et établissements publics, mais exclut cette fois les collectivités locales.

Dans ce cadre réglementé, une série de contrats de gestion déléguée importants et spécifiques ont été conclus (19) :

- la gestion déléguée des services de distribution d'eau, d'électricité et d'assainissement du Grand Casablanca dont le contrat a été signé en 1997 au bénéfice de Lydec (20) ;
- la gestion déléguée des services de distribution d'eau, d'électricité et d'assainissement de Rabat dont le contrat a été signé en 1997 au bénéfice de la Rédal en 2002 ;
- la concession à la Société des autoroutes du Maroc de la construction et de l'exploitation de l'axe autoroutier Casablanca-Settat ;
- la gestion déléguée des services d'assainissement liquide et de distribution d'eau potable et d'électricité de la wilaya de Tanger (AMENDIS (21)).

Par ailleurs, ayant pris conscience de l'importance de la gestion déléguée susceptible d'attirer les investissements étrangers et d'assurer une bonne gestion des services publics, le gouvernement a mis en place, en février 2006, un nouveau cadre légal unifié et incitatif(22). Il s'agit de la loi n° 54-05 relative à la gestion déléguée des services publics (23) qui vise à :

- rationaliser et harmoniser les textes sectoriels ;
- garantir aux opérateurs privés nationaux et étrangers la clarté et la transparence des procédures et l'égalité d'accès et de traitement ;
- prendre en compte les intérêts des usagers et les impératifs de service public ;
- partager équitablement les risques liés aux projets.

---

(19) A. Benahmed, A. Zahidi, *La Gestion déléguée*, *op. cit.*, p. 21.

(20) Il s'agit d'une filiale marocaine de la multinationale française Suez. Son effectif est de 3 600 employés, son chiffre d'affaires à fin décembre 2015 s'élève à 6 934 millions de dirhams.

(21) C'est une société anonyme de droit privé marocain, chargée des services indiqués pour une période de 25 ans à compter du 1er janvier 2002. Son capital social, d'un montant de 800 millions de dirhams au 31 décembre 2008, est détenu entièrement par le groupe Veolia-Maroc, filiale du groupe international Veolia-Environnement.

(22) *Guide PPP*, Direction des entreprises publiques et de la privatisation, ministère de l'Economie et des Finances, avril 2018, p. 4.

(23) *Ibidem*.

3. Cadre juridique et fondements des PPP au Maroc

La promulgation du texte du PPP au Maroc fut une nécessité institutionnelle imposée par des impératifs socio-économiques. Car par manque d'une législation propre aux contrats de PPP, le Maroc a mis en œuvre un ensemble de projets *ad hoc* purement contractuels (24).

Tableau n° 1

Exemples de PPP mis en œuvre (en dehors d'une législation proprement dite)

Secteur	Projet	Montant (en millions de dirhams)
Énergie	Centrale à charbon de Jorf Lasfar Centrale au gaz de Tahaddart Projet éolien de Koudia El Baida	8 600 2 800 640
Agriculture	Projet d'irrigation d'El Guerdane	855
Transport urbain	Tramway de Rabat-Salé	3 700

Source : Avis du Conseil économique, social et environnemental, *op. cit.*, p. 13.

Sur le plan international, les développements des pratiques en matière de PPP sont très contrastés selon le contexte historique, réglementaire et économique des pays. Pour cette raison, semble-t-il, il n'existe pas de définition unifiée et homogène des PPP au niveau international. En l'occurrence, il faut distinguer de multiples approches et fondements (25) :

- la pratique des organisations internationales telles que l'Union européenne, le FMI et la Banque mondiale (cf. tableau n° 3) ;
- les approches anglo-saxonnes et latines, comme cela ressort du tableau n° 4) ;
- les contrats de partenariat public-privé, concessions et marchés classiques (tableau n° 5).

Certes, en matière d'EPP, le Maroc se réfère aux bonnes pratiques et aux principes de la nouvelle Constitution de 2011 destinée à renforcer la démocratie, à accélérer le rythme de croissance et de réduction de la pauvreté et à renforcer la bonne gouvernance.

Le législateur définit le PPP comme « une forme de coopération par laquelle l'État, les collectivités territoriales ou leurs groupements, les établissements publics, les entreprises publiques et en général toute personne morale de droit public dite « personne publique » confient à des partenaires de droit privé dit « partenaire privé », à travers un contrat administratif, de durée déterminée dénommé « contrat de partenariat public-privé », la

(24) Avis du Conseil économique, social et environnemental, *op. cit.*

(25) *Ibidem.*

responsabilité de réaliser une mission globale de conception, de financement de tout ou partie et de construction.

Tableau n° 2

Présentation des définitions et pratiques générales des PPP à l'international

Commission européenne (Livre vert du 30 avril 2004)	1. La durée relativement longue du contrat 2. Le mode de financement du projet, assuré pour partie par le secteur privé 3. Le rôle important de l'opérateur économique dans la conception, la réalisation, la mise en œuvre et le financement du projet. Le partenaire public se concentre sur la définition des objectifs à atteindre (intérêt public, qualité des services, politique des prix) 4. La répartition des risques
FMI	5. Arrangements par lesquels le secteur privé fournit des infrastructures et des services qui traditionnellement relèvent de la responsabilité de l'État
OCDE	6. Accords contractuels « entre l'État et un ou plusieurs partenaires privés en vertu desquels les partenaires privés fournissent des services de telle manière que les objectifs de prestation de services publics soient alignés sur les objectifs de rentabilité des partenaires privés et dont l'efficacité dépend d'un transfert suffisant du risque aux partenaires privés »

Source : Avis du Conseil économique, social et environnemental, projet de loi n° 86-12 relatif aux contrats de partenariat public-privé, saisine n° 09/2014, p. 10.

Tableau n° 3

Typologie des PPP

PPP anglo-saxons	PPP latins
1. Partenariats institutionnels (sociétés d'économie mixte ou joint venture) 2. Partenariats dans lesquels les entreprises privées conseillent les personnes publiques pour la valorisation de leurs biens 3. Contrats de Private Finance Initiative (PFI), contrats globaux, généralement de longue durée, dans lesquels la rémunération du cocontractant est variable en fonction de ses performances, avec un partage détaillé des risques 4. Autres modes : le Build operate transfer (BOT) et le Build own operate transfer (BOOT), dans lesquels une entité privée est chargée d'assurer la fourniture d'un service pour une entité privée ou publique	1. Délégations de service public sous forme d'affermage, de régie intéressée ou de concession 2. Contrats d'occupation du domaine public : le bail emphytéotique administratif 3. Contrats de partenariat mis en place en 2004 en France, caractérisés par leur longue durée (de 10 à 35 ans ou plus) et par l'attribution d'une mission globale de conception, de réalisation, de financement ainsi que d'entretien et de maintenance et/ou exploitation d'un ouvrage par une personne publique à une entreprise privée, avec une répartition optimale des risques.

Source : Avis du Conseil économique, social et environnemental, projet de loi n° 86-12, *op. cit.*, p. 11.

Les objectifs de la loi n° 86-12 du 24 décembre 2014 relative au partenariat public-privé consistent, selon la note de présentation du projet de texte (26) au parlement, à :

(26). Projet de loi relatif au partenariat public-privé, Direction des entreprises publiques et de la privatisation, ministère de l'Economie et des Finances.

- répondre au mieux aux attentes des citoyens et des opérateurs économiques en infrastructures et services publics de qualité ;
- améliorer les conditions de vie des populations ;
- développer la compétitivité de l'économie nationale ;
- concilier la nécessité de répondre dans les meilleurs délais aux attentes croissantes en services publics avec la limitation des ressources budgétaires disponibles ;
- bénéficier des capacités d'innovation du secteur privé et garantir contractuellement l'effectivité des services, leur fourniture dans les délais et avec la qualité requise et leur paiement partiellement ou totalement par les autorités publiques ou l'État en fonction des critères de performance prédéfinis.

Tableau n° 4

Contrats de partenariat public-privé, concessions et marchés classiques

	Marchés publics de travaux	Contrats de partenariat	Concessions
Objet		Conception, construction, maintenance, exploitation	Conception, construction, maintenance, exploitation commerciale
Durée	Courte	Longue	Longue
Paiement	Public	Public-privé	Usagers, avec possibilité de subventions
Transfert des risques vers le privé	Limité à la construction	Oui	Oui

Source : Avis du Conseil économique, social et environnemental, *op. cit.*, p. 11.

L'accomplissement de ces objectifs, selon cette note, permet de :

- renforcer, sous la responsabilité de l'État, la fourniture de services et d'infrastructures économiques et sociales de qualité et à moindre coût, le partage des risques y afférents avec le secteur privé ;
- le développement au sein des administrations publiques des pratiques de contrôle de performance des prestations rendues ;
- procéder à l'évaluation préalable des projets concernés pour vérifier la pertinence du recours à cette forme de coopération pour leur réalisation ;
- sélectionner le partenaire privé sur la base des principes de transparence et de mise en concurrence et de critères de sélection pour choisir l'offre économiquement la plus avantageuse ;
- conclure un contrat fixant en particulier les objectifs de performance à atteindre, les modalités de rémunération, les conditions d'équilibre et les modalités de contrôle, de modification et de terminaison du contrat ;

– contribuer à promouvoir l'émergence de groupes nationaux de référence en la matière et à encourager l'activité des petites et moyennes entreprises dans le cadre de la sous-traitance.

4. Nouveautés de la réglementation du PPP

Les exigences de qualité, de performance et de transparence qui marquent les PPP résident dans les éléments suivants :

– renforcer la fourniture de services et d'infrastructures économiques et sociales de qualité et à moindre coût ;
– partager les risques ;
– contrôler la performance des prestations rendues ;
– faire l'évaluation préalable des projets (pertinence, impact) ;
– sélectionner le partenaire sur la base des principes de transparence et de mise en concurrence et des critères de sélection ;
– définir les objectifs de performance à atteindre, les modalités de rémunération, les conditions d'équilibre et les modalités de contrôle, de modification et de terminaison du contrat ;
– pratiquer un dialogue compétitif : identifier et définir les moyens permettant de satisfaire au mieux les besoins identifiés ;
– mettre en œuvre une procédure négociée (considérations techniques ou juridiques particulières) ;
– faire une offre spontanée, à un opérateur privé, d'idées innovantes sur le plan technique, économique ou financier ;
– pratiquer l'audit des conditions et modalités de préparation, d'attribution et d'exécution du contrat.

Contraintes et perspectives de développement de la gouvernance des PPP dans l'espace OHADA

Les principaux dysfonctionnements relevés quant à l'expérience marocaine (27) portent sur l'asymétrie entre les moyens des pouvoirs publics et ceux des opérateurs privés pour assurer le suivi des contrats, l'absence de régulation et de capitalisation sur les expériences passées.

(27) M. Harakat, *Les Paradoxes de la gouvernance de l'État dans les pays arabes*, L'Harmattan, 2015.

Le rapport de la Banque mondiale au titre de l'année 2016 a souligné que les économies de l'OHADA ont initié des réformes importantes par rapport à l'OCDE et aux autres regroupements régionaux, comme cela ressort du graphique ci-après :

Dans les 5 domaines examinés, les économies de l'OHADA ont adopté en 2015-2016 plus de réformes que tous les autres groupes
Nombre de réformes facilitant la pratique des affaires

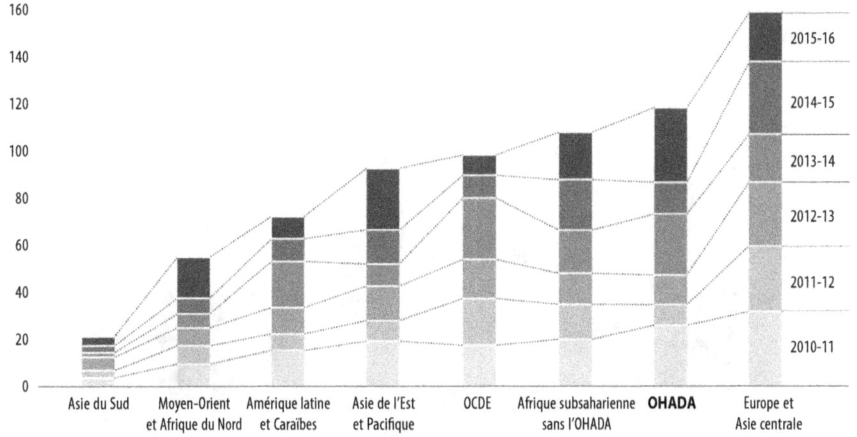

Source : Doing Business dans les États membres de l'OHADA, 2017, p. 10.

Dans le but de garantir plus de sécurité juridique et judiciaire pour les investisseurs et les entreprises, l'OHADA doit veiller au renforcement des capacités tant des États-membres que des opérateurs économiques et de la société civile. En l'occurrence, l'instauration des valeurs de la gouvernance dans sa profondeur stratégique du développement, dans le cadre de l'Agenda africain 2063, est fondamentale.

Elle devrait contribuer notamment à :

- l'élaboration d'une vision stratégique participative ;
- l'établissement d'une organisation et de structures fiables de l'environnement de l'entreprise (éthique, transparence, compétence) ;
- l'inculcation des valeurs de compétence et d'innovation chez les opérateurs et les acteurs économiques et sociaux (responsabilité sociale) ;
- la croissance à travers l'intégration africaine et aux valeurs gagnant-gagnant ;
- la codification du savoir dans le cadre de l'OHADA ;

- l'acquisition d'une identité de diplomatie économique(28) dans la création des richesses, à travers l'intégration régionale africaine et les objectifs de développement durable (ODD, 2030) ;
- la bonne pratique des normes et des standards internationaux d'audit et de contrôle interne des entreprises, au sein des acteurs et opérateurs de l'espace OHADA en rapport avec les partenaires étrangers ;
- l'évaluation continue des risques (29) (juridique, judiciaire, institutionnel et humain).

Gouvernance et profondeur stratégique des PPP dans l'espace OHADA

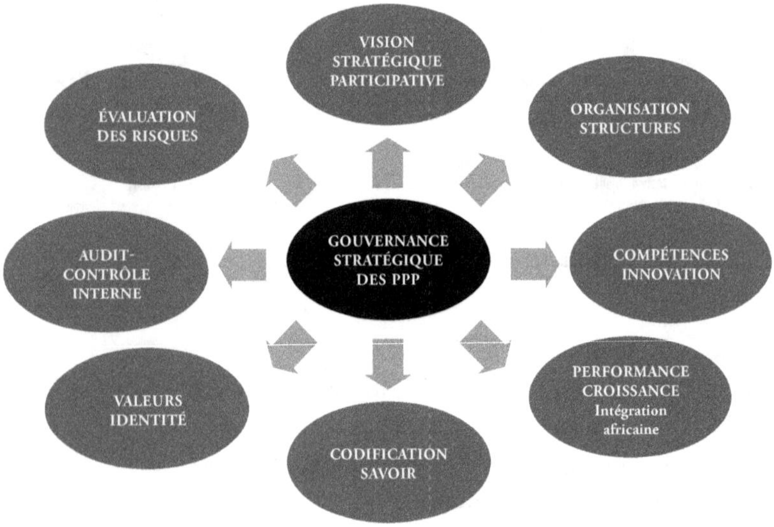

A titre d'illustration, au Maroc, c'est la gouvernance de la gestion déléguée qui est le noyau du problème. Les contrôles opérés par la Cour des comptes ont révélé de multiples irrégularités dans l'exécution des contrats.

La Lydec a été confrontée à de fortes critiques, notamment lors du Mouvement du 20 février lors des marches populaires de 2011. En fait, la gestion déléguée et les PPP

(28) M. Harakat (dir.), « Diplomatie économique en Afrique : quelle gouvernance en période de crise et d'instabilité ? », *REMA*, n° 40, 2015.

(29) M. Harakat, *Finances publiques et fragilité : de la réforme de l'État par le budget et l'évaluation des politiques publiques, op. cit.*

d'une manière générale ne disposent pas d'une bonne image dans l'opinion publique. Une mission d'audit a conclu que la Lydec doit 1,43 milliard de dirhams, dont un versement de 546 millions de dirhams et des redressements comptables de 892 millions de dirhams. Mais la Lydec conteste les conclusions du rapport d'audit. Une commission mixte a été constituée pour régler le dossier. Or, au terme du premier semestre 2015, cette commission ne s'est encore jamais réunie (30).

De même, le rapport publié en février 2014 par la Cour régionale des comptes de Casablanca formule 41 observations concernant notamment :

- la rémunération des actionnaires au détriment des investissements ;
- la non-déclaration de certains clients et factures ;
- l'annulation de créances dues par certaines sociétés ;
- la sous-estimation des prix de vente déclarés ;
- des insuffisances dans le suivi des réclamations ;
- des chiffres d'affaires non déclarés.

Concernant la gestion déléguée des services d'assainissement liquide et de distribution d'eau potable et d'électricité de la wilaya de Tanger (AMENDIS), le rapport de la cour régionale des comptes de Tanger a relevé de multiples observations ayant trait aux aspects suivants (31) :

- gestion commerciale propre au délégataire (irrespect des contrats, comptabilisation et paiement de frais de formation fictifs, facturation et encaissement irréguliers, lenteur excessive des files d'attente, etc.) ;
- gestion comptable et financière (paiement injustifié de frais, non-placement de la provision retraite, etc.) ;
- gestion des projets d'investissement (retards considérables dans la réalisation des programmes d'investissement, absence de suivi des dossiers d'extension du réseau d'eau pour les constructions isolées) ;
- gestion des systèmes d'information (défaillances constatées au niveau de la passation du marché, retard des projets, estimation des factures de consommation) ;
- gestion des ressources humaines (paiement de dépenses et de primes injustifiées).

(30) Fr.m.wikipedia.org.

(31) Rapport annuel de la cour régionale des comptes de Tanger au titre de l'année 2009, T2, 2009, p. 11-63.

Tableau n° 4

Résumé des recommandations de la Banque mondiale visant à faciliter la pratique des affaires dans les États membres de l'OHADA

Création d'entreprise	Réduire ou éliminer l'exigence d'un capital minimum Rationaliser les guichets uniques et accroître la représentation des agences concernées Créer un processus unique en ligne pour la création d'entreprise Rationaliser la publication de l'avis de constitution Rendre facultatif le recours aux tiers dans la procédure d'enregistrement en pratique
Obtention de prêts	Moderniser les registres du commerce et du crédit mobilier Assurer la priorité absolue aux créanciers nantis Accorder une suspension automatique lors d'un redressement judiciaire tout en préservant la protection des créanciers Améliorer l'accès à l'information sur le crédit
Protection des investisseurs minoritaires	Réglementer l'autorisation des conventions réglementées et mettre en place des règles de divulgation strictes Développer des critères détaillés en matière de responsabilité des administrateurs Permettre aux actionnaires d'accéder aux éléments de preuve Augmenter les droits des actionnaires et leurs rôles dans les décisions importantes Clarifier la répartition des pouvoirs dans les sociétés et leur structure Renforcer la transparence des sociétés par la divulgation d'informations au public
Exécution des contrats	Faire le point sur le système judiciaire existant et étudier les moyens d'en accroître l'efficacité Améliorer le flux des dossiers grâce à des règles d'ajournement et de délais plus strictes Accroître la transparence du système judiciaire pour favoriser la responsabilité Promouvoir davantage les modes alternatifs de résolution des conflits
Règlement de l'insolvabilité	Mettre l'accent sur la mise en exécution de l'Acte uniforme et adapter le renforcement des capacités au contexte local Envisager la suppression de l'exigence d'une « conciliation obligatoire préalable » Promouvoir la participation des créanciers aux procédures d'insolvabilité Promouvoir les règlements extra-judiciaires.

Source : Doing Business dans les États membres de l'OHADA, 2017, p. 13.

Références bibliographiques

Acemoglu D. et Robinson J. (2013), *Why Nations fail: the Origins of Power, Prosperity and Poverty*, Profile Books, GB.

Banque mondiale (2017), *Doing Business dans les Etats-membres de l'OHAD.*

Benahmed M. et Zahidi A. (2007), *La Gestion déléguée au service de l'usager*, Dar Al Qalama.

CEDEAO (2017), *Etude d'Impact sur les implications de l'adhésion du Maroc à la CEDEAO*, octobre.

Collectif (2018), « Géopolitique de la Chine », revue *Diplomatie*, n° 45, juin-juillet.

Collectif (2018), « Vers une guerre commerciale mondiale ? » revue *Diplomatie*, n° 47, octobre-novembre.

Cour régionale des comptes de Tanger, *Rapport annuel 2009.*

Fofack H., « Une Afrique compétitive : l'intégration économique pourrait faire du continent un acteur à l'échelle mondiale », revue Finances & Développement, décembre 2018.

Harakat M. (dir.) (2015), « Diplomatie économique en Afrique : quelle gouvernance en période de crise et d'instabilité ? » *REMA*, n° 40.

Efangon D.Y. (2018), *La Réforme des juridictions des comptes dans l'espace CEMAC*, Paris, L'Harmattan.

Études d'impact et production normatives (2014), *Revue française d'administration publique*, ENA, n° 149.

Harakat M. (dir.) (2019), *Gouvernance des finances publiques en Afrique*, Paris, L'Harmattan.

Harakat M. (2017), *Finances publiques et fragilité : de la réforme de l'Etat par le budget et l'évaluation des politiques publiques*, Rabat, El Maârif Al Jadida.

Harakat M. (2018), *Les Paradoxes de la gouvernance de l'État dans les pays arabes*, Paris, L'Harmattan, coll. « Histoire et perspectives méditerranéennes ».

Harakat M. (dir.) (2018), « La nouvelle géopolitique marocaine en Afrique à l'heure de l'adhésion à la CEDEAO », *REMA*, n° 46.

Koumba E.M. (2013), *Droit de l'OHADA : prévenir les difficultés des entreprises*, Paris, L'Harmattan.

Nyambal E. (2008), *Afrique : les voies de la prospérité : dix clés poue sortir de la pauvreté*, Paris, L'Harmattan.

Nye J.S. (2004), *Soft power*, Public Affairs, USA.

REMA n° 22 (2006), Politique publique, gouvernance et innovation au Maghreb, s.d. A. Djeflat et M. Harakat.

REMA n° 47 (2018), Gouvernance et fragilité en Afrique et au Moyen- Orient, s.d. M. Harakat.

Revue africaine de finances publiques (2015), Les Finances publiques vues d'Afrique et de France, n° 1, L'Harmattan.

Richer Ph. (2013), *L'Afrique des Chinois*, Karthala, coll. Terrains du siècle.

« The New Scramble for Africa and How Africans Could Win It », *The Economist*, 9-15 mars 2019.

Tonye A.R.M. (2018), *Afrique-Occident : le New Deal industriel*, Paris, L'Harmattan, coll. « Points de vue ».

Xi Jinping (2014), *La Gouvernance de la Chine*, tomes 1 et 2, éditions en langues étrangères, Beijing, Chine.

Impact des IDE sur la croissance économique en Afrique : le niveau d'industrialisation est-il important ?

Serigne Bassirou Lo*

Résumé

Ce article examine l'impact des IDE sur la croissance des économies africaines. Nous utilisons un panel de 38 pays africains durant la période 1990-2015. Les résultats obtenus avec l'application d'un panel ARDL montrent que les IDE sont favorables, à long terme, à la croissance des économies africaines lorsqu'ils interagissent avec le développement du secteur manufacturier. Nos résultats confirment l'hypothèse selon laquelle, la diffusion des externalités technologiques qui permet à l'IDE d'assurer une croissance économique à long terme est tributaire de l'existence, au niveau des pays d'accueil, d'un secteur industriel capable de les absorber. Fort de ce résultat, l'étude recommande à repenser les politiques de promotions des IDE en Afrique en les articulant de façon cohérente avec les politiques de stimulation du secteur manufacturier.

Mots-clés : IDE, Croissance économique, secteur manufacturier.

Abstract

This paper examines the impact of FDI on the growth of African economies. A panel of 38 African countries during the period 1990-2015 is used. The results obtained with the application of an ARDL panel show that FDI is favourable, in the long run, to growth African economies when they interact with the development of manufacturing sector. Our results confirm the hypothesis that the diffusion of technological externalities which allows FDI to ensure long-term economic growth depends on the existence, at the host countries level, of an industrial sector able to absorb them. Based on this result, it is recommended to reconsider the FDI promotion policies in Africa by articulating them in a coherent way with the stimulation policies of the manufacturing sector.

***Keyswords**: FDI, Economic Growth, Manufacturing Sector.*

(*) Enseignant-Chercheur à la Faculté des Sciences économiques et de Gestion de l'Université Cheikh AntaDiop de Dakar (UCAD)/ Chercheur au CREA.

1. Introduction

Aujourd'hui, l'importance des IDE sur la croissance économique est presque devenue consensuelle. Une grande majorité des économistes les présente comme une opportunité pour les pays en développement à stimuler leur croissance économique et mieux s'insérer dans le commerce mondial (Asiedu, 2002 ; Adams, 2009; Adegoke, 2014). Ils agissent sur la croissance économique et le développement en favorisant l'accès des pays aux marchés étrangers et le transfert de technologie permettant aux entreprises locales d'être plus efficaces et compétitives (CNUCED, 2016). L'exemple le plus illustratif est le cas des pays nouvellement industrialisés comme la Chine, la Malaisie, la Thaïlande et le Taiwan (Maximin, 2003).

En raison de ces effets positifs, la plupart des pays en développement en particulier africains, oriente de plus en plus leurs stratégies nationales de développement vers l'attraction et la promotion des IDE. D'ailleurs, au cours de cette dernière décennie, les pays africains les considèrent comme une ressource clef pour financer leur développement. En effet, au cours de cette dernière décennie, les flux d'IDE entrant en Afrique ont été multipliés par plus de cinq en passant d'environ 9,6 milliards de dollars US à 53,96 milliards de dollars US en 2014 avec un pic de 57, 77 milliards de dollars, noté en 2008 (CNUCED, 2014). La plus grande progression est notée en Afrique orientale. Bien que ces flux représentent encore moins de 3 % des flux mondiaux, c'est la progression la plus importante notée en Afrique depuis les indépendances. Ils dépassent de loin l'aide publique au développement (Banque mondiale, 2014).

Si la théorie offre des prévisions quasi-unanimes sur les effets favorables des IDE sur la croissance, les analyses empiriques en Afrique ont abouti à des résultats mitigés. Certains auteurs trouvent des retombées positives des IDE sur la croissance(Lumbila, 2005 ; Adams, 2009; Ndikumana et Verick, 2008; Esso, 2010) alors que pour d'autres les effets sur la croissance des économies africaines sont plutôt négatifs ou non significatifs (De Mello, 1999; Akinlo, 2004; Ayanwale, 2007; Gui-Diby, 2014; Agbloyor *et al.*, 2014 ; Adams et Opoku, 2015, etc.).L'ambigüité de ces résultats sous-tend qu'il n'est pas tout à fait clair si les IDE sont favorables à la croissance économique en Afrique. D'où la nécessité de comprendre les conditions dans lesquelles les IDE affectent la croissance en Afrique. L'une des conditions serait l'existence d'un secteur manufacturier capable de tirer profits des retombées positives des IDE.

L'objectif de ce papier est d'évaluer l'impact des IDE sur la croissance économique en Afrique en mettant l'accent sur le rôle de ses interactions avec le secteur manufacturier. Cette question mérite une attention particulière pour deux raisons au moins. D'une part, jusque-là, il n'existe pas encore de réponse empirique persuasive sur cette question alors que les flux d'IDE entrants en Afrique augmentent régulièrement. D'autre part, l'Afrique doit relever des défis encore plus grands en ce qui concerne le développement industriel, la croissance, et la lutte contre la pauvreté. Ce qui nécessite un large spectre d'action parmi lesquelles des politiques d'attractivité des IDE qui ont un fort potentiel sur le développement du secteur manufacturier et la croissance économique.

Notre analyse est faite sur des données de panel de 38 pays africains couvrant la période 1990-2015. L'approche économétrique retenue est la méthodologie d'estimation d'un panel autorégressif à retards échelonnés (ARDL) développée par Pesaran et Shin, (1999) et Pesaran, Shin et Smith, (2001). Les résultats montrent que les interactions entre les flux d'IDE et le niveau d'industrialisation des pays hôtes sont déterminantes, à long terme, dans la relation IDE-croissance en Afrique. Ainsi, ils suggèrent à repenser les politiques d'attractivité des IDE en Afrique en les articulant de façon cohérente avec les politiques de développement du secteur manufacturier.

La suite du papier est organisée comme suit : la section 2 présente la revue de la littérature sur la question. La méthodologie et les résultats sont respectivement discutés aux sections 3 et 4. Enfin, la section 5 conclut et présente les recommandations de politiques économiques.

2. Revue de la littérature

La relation entre la croissance économique et les IDE a fait l'objet de plusieurs aussi bien dans les pays développés que dans les pays en développement. Si la plupart des études soutiennent un effet positif des IDE sur la croissance, en Afrique, les travaux empiriques sont plutôt controversés.

Parmi ces travaux, nous pouvons considérer l'étude de Lumbila (2005) qui utilise un échantillon de 47 pays africains sur la période 1980-2000. Ses résultats indiquent que les IDE influencent globalement et de façon significative la croissance économique de ces pays. Ce résultat est similaire à celui de Essien (2014), qui utilise un échantillon de 12 pays en Afrique, et de Seyoum, Renshui, et Jihong (2015). Ce dernier indique que la relation IDE-croissance en Afrique est bidirectionnelle. Onakoya (2012) propose d'utiliser un modèle structurel dans le contexte de l'économie nigériane pour étudier la question. Il aboutit à la conclusion que les IDE ont un impact global sur la croissance mais ces effets sont différents d'un secteur à un autre.

A l'opposé, d'autres aboutissent à des résultats contraires sur certains pays africains. C'est le cas de Meschi (2006) qui trouve qu'il n'y a pas d'effet positif des IDE sur la croissance dans les pays d'Afrique du Nord et du moyen Orient sur la période 1980-2003. Les travaux de Akinlo (2004) sur l'économie Nigériane, de Ayanwale (2007), de Erhieyovwe et Jimoh (2012) vont dans le même sens ainsi que ceux de Gui-Diby (2014) de Agbloyor *et al.* (2014) et de Adams *et al.* (2015). Alfaro (2003) propose d'étudier l'impact des IDE sur la croissance de la production des secteurs primaire, manufacturier et des services. Ses résultats indiquent que les IDE ont tendance à avoir un impact négatif sur la croissance dans le secteur primaire, positif dans le secteur manufacturier et ambiguë dans le secteur des services.

Le caractère mitigé de ces résultats pourrait être expliqué par la faiblesse des interactions entre les IDE et le secteur manufacturier dans certains pays africains alors qu'il est largement soutenu que le secteur manufacturier est un moteur important de la croissance soutenue (Szirmai et Verspagen, 2015 ; Cantore, Clara, Lavopa et Soare, 2017). Nous essayons de contribuer à cette littérature en évaluant le rôle des interactions entre les IDE et le secteur manufacturier pour expliquer la relation IDE croissance en Afrique.

3. Spécification empirique et données

Le modèle est ainsi formalisé :

$$LogPIB/tête_{it} = \alpha + \beta \times LogPIB/tête_{it-1} + \gamma \times LogIDE_{it} + \lambda \times (LogIDE \times LogIND)_{it} + \delta \times Controls_{it} + \varepsilon_{it}$$

Où PIB/tête représente la production intérieure brute réel par tête du pays, *IDE* Investissement Direct Etranger en pourcentage du PIB. La variable *IND* captela valeur ajoutée manufacturière réel en pourcentage du PIB et *(IDE x IND)* les interactions entre *IDE* et le secteur manufacturier. *Controls* est la matrice des variables de contrôle qui comprend le taux d'ouverture *OUV* commerciale déterminé par le ratio *(Exportation + importation)/2 x PIB*, la population active *POP* et l'inflation *INFLATION* mesurée par l'Indice Prix à la Consommation. Les indices i et t représentent respectivement le pays et le temps.

Pour estimer l'équation 11, nous nous basons sur un modèle autorégressif à retards échelonnés ARDL (p, q, q..., q) en panel (Pesaran et Shin, 1999 ; Pesaran *et al.*, 2001). Ce modèle permet d'évaluer les relations de court terme et de long terme entre les variables d'ordre d'intégration différente.

Nous utilisons dans cette recherche des données annuelles qui couvrent la période 1990-2015 de 38 pays africains. Elles sont fournies par deux (2) bases : celle de la CNUCED qui fournit les données sur les IDE et de la Banque mondiale ou sont extraites les données sur les autres variables. Le tableau 1 montre les statistiques descriptives des variables. La variable la plus dispersée est l'inflation avec un écart type de plus de 14 (tableau 1).

Tableau 1

Statistiques descriptives des variables

	Log PIB/tête	Log IDE	Log OUV	Log IDE_VAM	Log POP	Inflation
Moyenne	7,8098	0,3589	3,4650	21,68	14,8783	9,2390
Médiane	7,5401	0,6913	3,4566	21,99604	15,12157	5,8061
Maximum	10,6679	3,8393	4,6534	26,53014	17,837	134,0359
Minimum	5,5080	-8,9274	10,7126	14,97898	11,68871	-31,5659
Ecart-type	0,9445	1,6606	0,4305	2,659103	1,2640	14,4599
Skewness	0,7772	-1,3189	-0,1593	-0,5927969	-0,279212	2,8796
Kurtosis	2,8370	6,8386	3,3717	3,36782	2,3764	17,4665
Probabilité	0,0000	0,0000	0,0134	0,0000	0,0000	0,0000
Observations	988	988	988	988	988	988

Source : Calculs de l'auteur.

4. Présentation et interprétation des résultats

4.1. Tests de stationnarité

Nous examinons d'abord la stationnarité des variables en effectuant des tests de racine unitaire pour les données de panel. Un test de racine unitaire de seconde génération (Pesaran, 2007) semble plus approprié en raison des résultats de CD-test de Pesaran, (2003) qui démontre fortement, la présence d'effets individuels corrélés aux observations. Les résultats sont présentés dans le tableau 2.

Tableau 2

Test de racine unitaire en panel avec dépendance des individus

Varaibles	Niveau		Première différence		Décision
	Constant	Constant et trend	Constant	Constant et trend	
Log PIB/tête	-1,166	2,901	-8,324***	-7,663***	I(1)
Log IDE	-8,905***	-6,782***			I(0)
Log OUV	-3,482***	-0,015		-9,260***	I(0)
Log IDE_VAM	-8,458***	-5,800***			I(0)
Log POP	3,175	6,114	3,7267***	6,934	I(0)
Inflation	-11,006***	-7,799***			I(0)

Notes : ***; **; *: significatifs respectivement à 1 %, 5 % et 10 %.
Source : Calculs de l'auteur.

Ils laissent apparaître que toutes les variables sont stationnaires à niveau (constante, constante et trend) excepté le *PIB/tête* et la variable *POP* qui sont stationnaires en différence première.

4.2. Tests de cointégration en panel

Les variables n'ayant pas le même ordre d'intégration, il est ainsi nécessaire d'effectuer le test de cointégration afin de mettre en exergue la présence ou non d'une relation de long terme entre les variables. Deux tests de cointégration en panel seront appliqués. Le premier est celui de Pedroni (1999, 2004) dont les résultats sont présentés dans le tableau 3. On remarque que l'hypothèse de non cointégration n'est pas rejetée pour les statistiques PP et ADF.

Tableau 3

Test de cointégration pour données de panel de Perdoni (1999, 2004)

Statistiques	Valeur	Probabilité
PP modifié	5,8127	0,0000
PP	0,0988	0,4607
ADF	-0,5336	0,2968

Source : Calculs de l'auteur.

Cependant le test de Pedroni (1999, 2004) est basé sur l'hypothèse d'indépendance en coupe transversale des observations. Ainsi, nous allons utiliser un second test de cointégration, celui de Westerlund, (2007) qui tient de la dépendance en coupe transversale des individus. Les résultats présentés dans le tableau 4 sont calculés en utilisant 400 bootstraps réplications. Ils sont robustes lorsqu'il y'a présences de facteurs communs dans les séries temporelles.

Tableau 4

Test de cointégration pour de données de panel de Westerlund (2007)

Statistiques	Valeur	Valeur Z	Valeur p	Valeur p robuste
Gt	-4,006	-10,951	0,001	0,003
Ga	-0,172	9,274	0,004	0,067
Pt	-7,599	3,273	0,200	0,081
Pa	-0,747	5,647	0,073	0,126

Source : Calculs de l'auteur.

Les résultats rejettent au seuil de 10 % l'hypothèse de non cointégration si l'on considère les valeurs probabilité robuste, sauf pour la statistique Pa. A la lumière des tests de Pedroni et de Westerlund, nous considérons que le panel est cointégré. Par conséquent il existe une relation de long-terme entre les variables du modèle justifiant l'estimation des coefficients de long terme entre les variables exogènes et endogènes du modèle. Pour estimer les effets de court terme et de long terme, un modèle ARDL en panel est utilisé.

Il peut être estimé avec trois méthodes différentes, selon les restrictions retenues (estimateur de la moyenne de groupe (MG), de la moyenne de groupe agrégée (PMG) et des effets fixes dynamiques (DFE). Le test de Hausman permet de déterminer l'estimateur le plus efficient.

Les résultats sont présentés dans le tableau 5. Le test de Hausman montre que l'estimateur PMG est plus efficient que le MG et le DFE. Les résultats obtenus avec l'estimateur PMG montrent que le coefficient des IDE est négatif et statistiquement significatif à long termeet à court terme. Cela implique que les Investissement directs étrangers, à long terme, affectent négativement la croissance économique dans l'ensemble des 38 pays africains durant la période 1990-2015. Ce résultat est similaire avec celui de Ndikumana et Verick (2008) qui justifient l'impact limité des flux d'IDE sur la croissance économique des pays africains par leur faible connexion avec l'investissement domestique. Agbloyor *et al.* (2014) donnent les raisons similaires lorsqu'ils trouvent un impact négatif des IDE sur la croissance des pays africains durant la période 1990-2007. En utilisant le même échantillon de pays, Gui-Diby (2014) trouve un impact négatif des flux d'Investissements Directs Etrangers sur la croissance des pays africains durant la période 1980-1994. Toutefois il montre un impact positif des IDE sur la croissance durant la période 1995 et 2009. Il faut noter que ce résultat corrobore plusieurs autres obtenus avec des études faites dans le contexte des pays d'Afrique subsaharienne (Adams et Opuko, 2015 ; Gui-Diby et Renard, 2015).

Par contre, la variable d'interaction entre la valeur ajoutée manufacturière et les IDE exerce un effet positif et statistiquement significatif sur la croissance à long terme et à court terme. Cela implique que l'impact des IDE sur la croissance économique des 38 pays africains durant la période 1990-2015 augmente en même temps que s'accroît la valeur ajoutée manufacturière. En d'autres termes, on peut comprendre à travers ce résultat que les flux d'IDE en Afrique entraînent la croissance lorsqu'ils interagissent avec le secteur manufacturier. C'est le même résultat que l'on obtient avec les autres estimateurs, sauf que pour l'estimateur DFE, les effets de long terme sont non significatifs.

Tableau 5

Résultats des estimations du panel ARDL des 38 pays d'Afrique

Variables indépendantes	Variable dépendante *LnPIB/tête*$_{it}$					
	Moyenne de groupe agrégée (PMG)		Moyenne de groupe (MG)		Effets fixes dynamiques (DFE)	
	Court terme	Long terme	Court terme	Long terme	Court terme	Long terme
Coef. de correction d'erreur	-.0798*** (.0186)		-.4647*** (.0484)		-.0770*** (.0085)	
Log IDE	-.2458*** (.0443)	-.5232*** (.0381)	-.1129** (.0384)	-.2600* (.1432)	-.0865*** (.0128)	-.0325 (.0824)
Log IDE_VAM	.2422*** (.0163)	.5309*** (.0379)	.1076** (.0389)	.3042** (.1246)	.0870*** (.0126)	.0838 (.0744)
Inflation	-.0006*** (.0002)	-.0021*** (.0010)	-.0002 (.0002)	-.0016 (.0020)	-.0002 (.0001)	-.0000 (.0028)
Log OUV	-.0272 (.0221)	.3207*** (.0408)	-.0313 (.0238)	.0902 (.1500)	-.0533** (.0157)	.1462 (.1811)
Log POP	-.0015 (.1175)	.0317 (.0339)	-.0382 (.1562)	.3618 (.3094)	-.0542** (.0194)	.5540** (.1861)
Constante	-.4061*** (.1027)		-1.036 (.7045)		-.1990 (.1837)	
Test de Hausman			4.17 (0.5251)		0.22 (0.9989)	
Observations	958		958		958	

Source : calculs de l'auteur.
Notes :***; **; *: significatifs respectivement à 1%, 5 % et 10 %. Ecart-type en parenthèse.

5. Test de robustesse des résultats

Nous testons la robustesse des résultats par l'estimation du panel dynamique avec la méthode des moments généralisés (GMM) en différence première Arellano et Bond (1991) et en système de Blundell et Bond, (1998) et l'estimation du panel statique à effets fixes et aléatoires avec la méthode des moindres carrés ordinaires. Les résultats sont reportés dans le tableau 6.

Ils confirment ceux précédement trouvés avec le panel ARDL. Dans toutes les regressions, les IDE affectent négativement et significativement le PIB par tête tandis que son interaction avec la valeur ajoutée du secteur manufacturier affecte positivement et significativement à 1% le PIB par tête. Les résultats du système GMM sont validés par le test d'autocorrélation d'Arellano-Bond et le test de Hansen. Au regard des résultats de ces tests, on accepte respecte l'absence d'autocorrélation des erreurs d'ordre 1 AR (1) et la validité des instruments utilisés dans le modèle.

Tableau 6

Estimations du panel statique et dynamique

Variables	Panel dynamique		Panel statique	
	GMM systéme	GMM différence	Effets fixes	Effets aléatoires
Log PIB/tête (t-1)	.9357*** (.0099)	.8639*** (.0280)		
Log IDE	-.0327*** (.0100)	-.0529*** (.0089)	-.1120*** (.0226)	-.1917*** (.0211)
Log IDE_VAM	.0452*** (.0080)	.0575*** (.0094)	.1154*** (.0202)	.1946*** (.0188)
Inflation	-.0004 (.0004)	-.0002*** (.0000)	-.0002 (.0006)	-.0005 (.0007)
Log OUV	-.0074 (.0240)	-.0197 (.0185)	-.0097 (.0466)	.1025** (.0474)
Log POP	-.0469*** (.0085)	-.0061 (.0186)	.2720*** (.0331)	.0625* (.0298)
Constante	.2451 (.1897)	-.2229* (.1230)	1.334* (.5259)	2.377*** (.4702)
Nombre d'observations	150	912	988	988
Test de sargan	14.55 (0.204)			
AR (1)	-3.70 (0.000)			
AR (2)	-1.51 (0.131)			

Source : calculs de l'auteur.

Conclusion

L'objectif de ce papier était d'examiner le rôle du niveau d'industrialisation des pays africains dans l'impact des IDE entrants sur la croissance économique de ces pays. Nous avons utilisé des données de panel de 38 pays africains durant la période 1990-2015. Les résultats obtenus avec l'application du modèle ARDL en panel révèlent un impact négatif des IDE sur la croissance. En outre, les interactions entre les IDE et le niveau d'industrialisation des pays d'accueil, mesuré par la valeur ajoutée du secteur manufacturier dans le PIB, se révèlent être déterminantes, à long-terme et à court-terme, dans la relation IDE croissance économique. Le coefficient de la variable d'interaction est positif et significatif à 1%. En d'autres termes, les IDE sont favorables à la croissance économique des pays d'Afrique subsaharienne lorsqu'ils interagissent avec le développement du secteur manufacturier. L'utilisation d'autres méthodes d'estimation comme le système GMM nous a permis de tester la robustesse de ce résultat. D'où l'intérêt de créer les conditions d'une émergence du secteur manufacturier afin de relever contribution au PIB, en Afrique, permettant ainsi aux IDE de stimuler davantage la croissance économique.

Biliographie

Adams S. (2009), 'Foreign Direct Investment, Domestic Investment, and Economic Growth in Sub-Saharan Africa. *Journal of Policy Modeling,* 31, 39-49.

Adams S., Opoku E.O. (2015), Foreign direct investment, regulations and growth in Sub-Saharan Africa. *Economic Analysis and Policy,* 47, 48-56.

Adegoke I.B. (2014), FDI-Growth Nexus In Africa: Does Governance Matter? *Journal of Economic Development,* 39(1), 111-135.

Agbloyor E.K., Abor J.Y., Adjasi, C.K., Yawson, A. (2014), Private capital flows and economic growth in Africa: The role of domestic financial markets. *Journal of International Financial Markets, Institutions & Money,* 30, 137-152.

Akinlo, A.E. (2004), Foreign Direct Investment and Growth in Nigeria: An empirical Investigation. *Journal of Policy Modeling,* 26, 627-639.

Alfaro, L. (2003), Foreign direct investment and growth: Does the sector matter. *Working paper Harvard Business School,* 1-31.

Arellano M., Bond S. (1991), Some Tests of Specification for Panel Data: Monte Carlo Evidence and an Application to Employment Equations. *Review of Economic Studies,* 58(2), 277-297.

Asiedu E. (2002), On the Determinants of FDI to Developing Countries: Is Africa Different? *World Development,* 30(1), 107-119.

Ayanwale A.B. (2007), FDI and economic Growth: Evidence from Nigeria. *African Economic Research Consortium paper,* 165.

Blundell R., Bond S. (1998), Initial conditions and moment restrictions in dynamic panel-data models. *Journal of Econometrics,* 87, 115-143.

Cantore N., Clara M., Lavopa A., Soare C. (2017), Manufacturing as an engine of growth: Which is the best fuel? *Structural Change and Economic Dynamics,* 42, 56-66.

CNUCED (2014), *Rapport sur l'investissement dans le monde,* Genève: Nations Unies.

CNUCED (2016), *Rapport sur l'investissement dans le monde,* Genève: Nations Unies.

De Mello L.R. (1999), Foreign Direct Investment-led Growth: Evidence from time series and panel data. *Oxford Economic Papers,* 51, 133-15.

Erhieyovwe E., Jimoh E. (2012), Foreign investment Granger and Nigerian Growth. *Journal of Innovative Research in Management and Humanities,* 3(2).

Essien G. (2014). "Foreign direct investment, Economic growth And Financial Development: Panel Data Analysis of african countries, *Leeds University Business School University.*

Gui-Diby S.L., Renard M.F. (2015). Foreign Direct Investment Inflows and the Industrialization of Africa. *World Development,* 74, 43-57.

Lumbila K.N. (2005), What makes FDI Work? A Panel Analysis of the Growth Effect of FDI in Africa region. *Working Paper* (80).

Maximin B. (2003), Investissement direct étranger, dynamique industrielle et inégalité salariale en Asie, *Mondes en développement,* 2(122), 85-105.

Meschi E. (2006), FDI and Growth in MENA countries: an empirical analysis. *The fifth International Conference of the Middle East Economic Association.*Sousse.

Mondiale B. (2014), *Rapport Annuel de la Banque Mondiale.*,Washington, Banque Mondiale.

Ndikumana L., Verick S. (2008), The Linkages Between FDI and Domestic Investment: Unravelling the Developmental Impact of Foreign Investment in Sub-Saharan Africa, *Development Policy Review,* 26, 713-726.

Onakoya A.B. (2012), Foreign Direct Investment and Economic Growth in Nigeria: A disaggregated sector analysis, *Journal of Economics and Sustainable Development,* 3(10), 66-75.

Pedroni, P. (1999), Critical Values for Cointegration Tests in Heterogenous Panels with Multiple Regressors, *Oxford Bulletin of Economics and Statistics*, 653-670.

Pedroni P. (2004), Panel Cointegration. Asymptotic and Finite Sample Properties of Pooled Time Series Tests with an Application to the PPP Hypothesis, *Econometric Theory,* 20(3), 597-625.

Pesaran M.H. (2003), A Simple Panel Unit Root Test in the Presence of Cross Section Dependence. (F. o. Economics, Ed.) *Cambridge Working Papers in Economics.*

Pesaran M.H. (2007), A simple panel unit root test in the presence of cross-section dependence. *Journal of applied econometrics,* 22(2), 265-312.

Pesaran M.H., Shin Y., Smith R.J. (2001), Bounds testing approaches to the analysis of level relationships. *Journal of applied econometrics,* 16, 289-326.

Pesaran M., Shin Y. (1999), An Autoregressive Distributed-Lag Modelling Approach to Cointegration Analysis. *Econometrics and Economic Theory in the 20th Century: The Ragnar Frisch Centennial Symposium*, 1-34.

Seyoum M., Renshui W., Jihong L. (2015), Foreign direct investment and Economic Growth: The case of Developing African Economies. *Social Indicators Research,* 122(1), 45-64.

Westerlund, J. (2007), Testing for Error Correction in Panel Data. *Oxford Bulletin of Economics and Statistics,* 69(6), 709-748.

La participation civile à l'évaluation de l'action publique au Maroc : le cas de la Confédération générale des entreprises du Maroc (CGEM)

Amine Mahdoud*

Résumé

Cet essai aborde le rôle du patronat dans la consolidation du processus d'institutionnalisation de l'évaluation des politiques publiques au Maroc. Il révèle comment, à partir des années 1990, la Confédération générale des entreprises marocaines, en coordination avec les Pouvoirs publics, était impliquée dans la coproduction de plusieurs activités portant une dimension évaluative. L'ampleur des actions d'expertise,de représentation et de coopération montre que la CGEM est devenue l'un des principaux intervenants, dans le champ d'évaluation de l'action publique.

Mots-clés : Patronat-participation-évaluation des politiques publiques-gouvernance-institutionnalisation

Abstract

This paper focuses on the role of employers' organization in the consolidation of the institutionalisation process for the public policy evaluation in Morocco. It reveals how, starting in the 1990s, « the General Confederation of Moroccan Companies », together with authorities, have co-produced several activities having an evaluative dimension. The importance of expertise, cooperation and representation actions shows that the CGEM becomes one of the key stakeholders in the field of the evaluation of public action.

***Keywords** : employers' organization-public policy evaluation-participation-governance- institutionalisation*

(*) Doctorant en politiques publiques. Laboratoire de Recherches en Transition démocratique domparée, Faculté des Sciences juridiques, économiques et sociales de Settat.

Introduction

Durant les dernières décennies, l'Etat marocain s'est investi dans un grand chantier de démocratisation, ayant pour finalité ultime, l'instauration et le renforcement de l'Etat de droit. Ce chantier entend engendrer de profondes mutations visant la mise en œuvre d'une panoplie de projets d'envergure dans les principaux domaines stratégiques influant sur le devenir de la société marocaine : la consolidation des valeurs des Droits de l'Homme, la promotion du pluralisme politique et de la diversité culturelle, la tenue d'élections libres et crédibles, la constitution d'un système judiciaire impartial, la répartition équitable des richesses et l'association du secteur associatif au processus décisionnel, etc. Ainsi, nous s'apercevons que le projet de démocratisation de l'Etat Marocain aspire à une reconfiguration multidimensionnelle du paysage socioéconomique et politique du pays.

Dans le cadre de cet essai, nous allons nous focaliser sur un des sujets formant la pierre angulaire du changement démocratique, à savoir, la contribution des organisations civiles au processus d'évaluation des politiques publiques. En effet, les grandes transformations politiques et institutionnelles intervenues au Maroc ces derniers temps, montre la naissance de nouveaux intervenants émanant de la sphère associative, qui sont désormais perçus parmi les acteurs participant à la fois à l'alimentation du débat public et à la conception, à la mise en œuvre et à l'évaluation des politiques publiques.

Evidemment, il est difficile d'aborder ici la place de toutes les composantes de la société civile dans le processus de fabrication des actions publiques. C'est pourquoi, il nous semble judicieux de concentrer notre attention sur une catégorie spécifique d'acteurs sociaux active et visible. A ce titre, nous avons opté pour les groupements patronaux, parce que nos recherches à ce sujet indiquent que ces organisations disposent de plusieurs démarches d'action leur permettant d'être des intervenants permanents et pertinents dans la prise de décision publique.

A vrai dire, il existe plusieurs associations patronales au Maroc, citons à titre d'illustration, la Confédération générale des entreprises du Maroc, l'Union Générale des Entreprises et Professions, l'Association AMAL entreprises, etc. Cependant, seule la Confédération générale des entreprises du Maroc qui a réussi à devenir une centrale patronale jouissant d'une vaste représentativité sans égales, tant sur le plan sectoriel que géographique. De plus, la CGEM se présente comme un intervenant incontournable dans la promotion et la mise en valeur de l'entreprise marocaine et aussi dans le développement de l'économie nationale, à travers sa participation active à la définition, à l'implémentation et à l'évaluation des actions publiques.

Face à son influence grandissante et à son rôle accru dans le développement économique, la question se pose au niveau des conditions, des démarches et des aspects de l'implication de l'acteur patronal organisé dans les processus de bonne gouvernance et de régulation publique. Ainsi, un ensemble de questionnements viennent à l'esprit : Quelles sont les conditions externes favorisant la participation de la société civile au processus décisionnel ?

De quelle manière est constituée et délimitée le champ d'expertise de la CGEM ? Quelles sont les démarches de suivi et d'évaluation des politiques publiques adoptées par la CGEM ? Jusqu'à quel point cet acteur patronal contribue-t-il à la conception d'une évaluation participative et institutionnalisée de l'action publique ?

En essayant d'apporter des éléments de réponse à ces questions, ce travail entend établir un bilan de la pratique évaluative de la CGEM, évaluer son impact sur la consolidation des valeurs caractérisant la bonne gouvernance et aussi réfléchir sur de nouvelles pistes d'amélioration en la matière.

L'implication de la société civile dans le champ de l'évaluation des politiques au Maroc

La prolifération des activités évaluatives et des recherches sur l'évaluation des politiques ont stimulé l'évolution des comportements et des façons d'agir. Après le passage graduel des évaluations administratives, réalisées pour et par les institutions publiques, aux démarches qui impliquent des entités en dehors de la sphère étatique, nous observons l'essor d'une nouvelle conception de l'activité évaluative encore plus ambitieuse en terme d'inclusion des acteurs civils (1). Cette récente génération d'évaluations, utilisée pour l'analyse des effets de programmes sociaux, éducatifs ou de rénovation urbaine aux Etats-Unis et au Canada ou de projets d'Organisations Non-Gouvernementales dans les pays en voie de développement, tend certainement à rénover l'action publique, mais également à assister les groupements sociaux concernés à produire leur propre savoir, leur propre compréhension de leur état et des ressources essentielles pour le changer (2). Aux yeux de Gaëlle Baron, « Le choix de procéder à une évaluation participative présente tout d'abord en théorie un intérêt certain pour la qualité de l'évaluation. Cependant, l'approche participative se justifie surtout par la volonté de provoquer un apprentissage dans l'organisation (3) ».

À la différence de plusieurs pays, le souci d'effectuer constamment des évaluations des politiques publiques discutées en public n'est apparu que récemment au Maroc et n'a pas à ce jour atteint les niveaux d'institutionnalisation et de sophistication observés dans les grandes démocraties contemporaines. Le texte constitutionnel actuel, en mettant en valeur les concepts de gouvernance, d'évaluation des politiques publiques, de participation et de démocratie participative, renforce les mécanismes favorisant l'implication des divers acteurs issus de la société civile dans la conception, la réalisation et l'évaluation des actions publiques (article 12 et 13). En ce qui concerne l'inclusion des corps représentatifs du secteur privé, la

(1) Gaëlle Baron et Eric Monnier, « Une approche pluraliste et participative : coproduire l'évaluation avec la société civile », Revue *Informations sociales* n° 110, septembre 2003, p. 1.

(2) *Ibid.*, p. 5.

(3) Gaëlle Baron, *Évaluation, participation, apprentissage dans l'action publique*, L'Harmattan, 2000, p. 81.

constitution et certaines lois y relatives ont instauré l'obligation d'associer les organisations d'employeurs dans la composition des institutions politiques et des instances de bonne gouvernance chargées de mener des missions d'évaluation des politiques publiques (le parlement (4), le Conseil économique, social et environnemental (5), le Conseil Supérieur de l'Education, de la Formation et de la Recherche Scientifique (6), etc). Selon Abdallah Saaf, « Le nouveau cadre constitutionnel a marqué une avancée qualitative. Cela suppose une autre position, une nouvelle donne, une nouvelle philosophie dont beaucoup d'acteurs ne mesurent pas la portée. Une plus grande place est faite à la délibération, à la participation, à la concertation, voire à la codécision (7) ».

Les associations patronales, étant l'un des éléments constitutifs du tissu associatif marocain, sont expressément autorisées à mener leurs activités dans le cadre des associations qui sont régies par les dispositions du dahir n° 1-58-376 du 15 novembre 1958 sur la liberté d'association tel a été modifié et complété. Cette liberté a été consolidée et renforcée par l'article 12 de la constitution de 2011 qui précise que « les associations intéressées à la chose publique, et les organisations non gouvernementales, contribuent dans le cadre de la démocratie participative, à l'élaboration, la mise en œuvre et l'évaluation des décisions et des projets des institutions élues et des pouvoirs publics ».

Ainsi, nous soulignons que l'Etat a joué un rôle déterminant dans la conception et l'établissement d'un cadre institutionnel et juridiques promouvant le développement d'une action patronale autonome, influente et cohérente avec les principes de la bonne gouvernance. En fait, l'ampleur du défi posé par ces nouvelles dynamiques stimule la recherche sur les contours d'actions des organisations patronales, en matière d'évaluation des programmes publics, de sorte que l'on dispose de premières études pionnières appelées à se développer. Déterminer la légitimité et l'efficacité d'une telle intervention, c'est d'abord chercher à en définir l'intérêt et les démarches d'action, en termes de capacité d'action et en termes d'outils, sous l'angle social et économique.

La CGEM : les conditions d'émergence d'une expertise patronale

En sociologie politique, les associations patronales sont vues comme étant de puissants groupes d'intérêt, ayant une double mission : la possession d'intérêts matériels au profit de

(4) L'article 63 de la constitution de 2011.

(5) L'article 11 de la Loi organique n° 128-12 relative au Conseil économique, social et environnemental.

(6) L'article 7 du Dahir n° 1.14.100 du 16 Rejeb 1435 (16 mai 2014) portant promulgation de la loi n° 105.12 relative au Conseil supérieur de l'Education, de la Formation et de la Recherche scientifique.

(7) Abdallah Saaf, « Du mouvement associatif marocain : le récit et le sens », Ocp policy center. Research Paper. November 2016, p. 41.

leurs membres et la protection des avantages acquis (8). Ces groupes orientent leurs actions vers l'institution législative, le pouvoir exécutif et l'administration, en vue de préserver leurs intérêts. Ils attendent des pouvoirs publics des privilèges de toute nature : réformes de lois et réglementations, assistance matérielle et financière, incitations fiscales, protection sociale, attribution de contrats, reconnaissance officielle, etc. (9). Pour protéger leurs positions, les groupes d'intérêt patronal font appel à plusieurs moyens : la consultation, la négociation, le recours à l'expertise et la protestation.

Dans notre essai, nous allons nous limiter à la question de l'expertise. Bien entendu, les ressources d'expertise jouent un rôle important dans la défense des intérêts, dans la mesure où elles permettent aux groupes d'intérêts qui en possèdent de baser leurs réclamations sur des assises plus légitimes (par l'élaboration de données chiffrées notamment, accordant une apparence d'impartialité et de scientificité) et d'avancer des suggestions susceptibles d'être adoptées telles quelles (10). Dans le même sens, l'expertise, conçue aussi bien comme un savoir technique que comme un savoir empirique peut être un procédé d'action centrale et indispensable. La compréhension des problèmes caractéristiques d'un secteur donné de la société peut être en soi un objet important dans les relations avec les autorités publiques (11).

En matière d'analyse des actions publiques, le patronat fait partie des acteurs participant à la prise de décision publique, il se présente comme un acteur relativement permanent qui intervient ponctuellement dans la régulation publique. Dans certaines situations, les relations entre l'acteur patronal et l'Etat sont très stables. Dans d'autres situations, l'intervention des organisations patronales se fait plus par les différentes formes d'influence sur le processus décisionnel (12). Citons, à ce niveau, la capacité d'expertise qui devient un outil d'intervention décisif dans le domaine des politiques publiques (13). Suivant Denis Zervudacki, « L'action d'influence patronale s'inscrit désormais dans un contexte plus transparent. Certitude du juste droit des attentes et revendications, conviction que la défense des intérêts des entreprises sert l'intérêt collectif ont hautement participé à la sortie de l'ombre... Pensant plus clair, agissant plus haut, les patronats parlent aujourd'hui plus fort (14) ».

---

(8) Jean Meynaud, *les Groupes de pression*, PUF, Paris, 1960, p. 11-12.

(9) James Lain Gow (dir), *Introduction à l'administration publique : une approche politique*, Gaëtan Morin, 1993, Québec, p. 264.

(10) Patrick Hassenteufel, *Sociologie politique : l'action publique*, 2011, Armand Colin, p. 195.

(11) Emiliano Grossman et Sabine Saurugger, *les Groupes d'intérêts : action collective et stratégies de représentation*, Armand Colin, 2006, p. 15-17.

(12) Pierre Muller, *les Politiques publiques*, PUF, 1990, p. 39.

(13) Hassenteufel Patrick, « Les Groupes d'intérêt dans l'action publique : l'Etat en interaction », *Pouvoirs*, 1995-09, n° 74, p. 162.

(14) Denis Zervudacki, *Patronats dans le monde*, PUF, 1999, p. 171.

En ce qui concerne l'action collective de la Confédération Générale des Entreprises du Maroc, depuis sa création en 1947, cette organisation patronale a entrepris la mission de représenter et de promouvoir les entreprises membres œuvrant dans plusieurs domaines et de diverses tailles. Son objectif consiste à contribuer à la mise en place d'un climat attractif, stable et propice au développement de l'économie nationale moyennant l'encouragement de l'initiative privée, tout en reposant sur les principes de la transparence, l'efficience et la solidarité envers ses adhérents (15). La Confédération est considérée comme le principal représentant du secteur privé auprès des acteurs publics et sociaux, elle agit à titre de porte-parole au nom de ses 88000 adhérents directs et affiliés et se considère comme le principal groupement d'entrepreneurs du Maroc avec 33 fédérations professionnelles statutaires renfermant les entreprises et les organisations professionnelles d'une même branche d'activité.

La rénovation fonctionnelle et structurelle de la CGEM date de 1995 et particulièrement de l'assemblée générale extraordinaire du 28 juin 1995. Il s'agit d'une réorganisation d'envergure inspirée du discours royal du 16 mai 1995, la confédération patronale ayant été jugée trop peu représentative et son action était estimée moins efficace dès lors que le Maroc est exposé à une concurrence internationale acharnée liée aux accords de libre-échange signés en 1996 par le Maroc avec l'Union européenne (16). En adoptant une stratégie de communication axée sur le concept d'« entreprise citoyenne » et en orientant sa stratégie d'intervention autour de l'objectif de « la compétitivité globale », la CGEM a procédé à une mise à niveau de ses démarches de travail, d'intervention et de mobilisation ainsi que à l'extension de sa représentativité (17).

Dans un document interne datant de janvier 1998, « Stratégie et plan d'action », la CGEM définit de nouvelles fonctions qui s'ajoutent à celle de représentant du patronat et d'agent de concertation auprès des administrations: une mission d'interlocuteur auprès des pouvoirs publics, des partenaires sociaux ou des instances internationales en tant que mandataire reconnu du secteur privé; une mission d'animateur intellectuel: mise en avant de nouveaux concepts (l'«entreprise citoyenne»), création de débats publics dans des espaces privés, etc. (18).

Au fil de 70 ans, la CGEM a acquis une expertise notable sur différentes questions relatives à la culture d'entreprise, à la fiscalité des entreprises, aux finances, à la protection sociale, aux importations, etc. Désormais, elle bénéficie d'une réputation sociale et d'une

(15) Source: www.cgem.ma (voir le statut de la CGEM).

(16) Noureddine El Aoufi, Omar Belkheiri, Mohammed Bensaïd, Karima Ghazouani et Abid Ihadiyan, « Indicateurs économiques de la gouvernance démocratique au Maroc », *In Critique économique*, n° 13, été 2004, p. 49.

(17) Said Mourabit, *l'Economie politique de la production législative au Maroc*, L'Harmattan, 2018, p. 213.

(18) Tarik Hari, Michel Peraldi et Mohamed Tozy, « Le patronat marocain : action collective, représentation et défense des intérêts », Revue *Economie, gestion et société*, n° 16, juin 2018, p. 15.

image de marque, autant sur le plan national qu'international. La CGEM se dépeint comme un véritable groupe d'intérêt patronal, étant donné l'étendue du nombre des entreprises affiliées, l'existence d'une autonomie financière et l'ampleur de la structure interne (19). Toutefois, le poids du patronat s'explique également par la force de ses patrons qui occupent des postes sensibles sur les plans économiques et politiques et qui disposent, en outre, du charisme et de l'expertise nécessaires pour s'imposer comme des leaders sur la scène économique et politique (20). De plus, la confédération patronale est devenue un cercle économique indépendant, possédant une base solide de légitimité, capable d'énoncer ses points de vue concernant les majeurs dossiers qui figurent sur l'agenda gouvernemental. On doit également mentionner que la puissance de la CGEM résulte de la justesse de ses propositions qui se matérialisent souvent par des actions de collaboration avec les pouvoirs publics sur des sujets en rapport avec les divers aspects du développement socioéconomique (21).

A l'instar de la plupart des groupes d'intérêts, la Confédération fait appel à d'autres instruments pour faire entendre sa voix, en particulier l'utilisation de l'expertise. Comme tout groupement d'intérêt, elle déploie un effort pour l'élaboration de rapports, d'études, d'audits. Elle organise ou prend part à des conférences. Elle publie périodiquement des bulletins et des guides d'information tels que *CEDIES*, *CGEM Infos* et *la Tribune des entreprises du Maroc*, le bulletin hebdomadaire, de petits ouvrages « pratiques » à l'intention de ses adhérents, contenant les nouvelles législations, ou des publications adressées aux partenaires étrangers. En 1996, la CGEM a conclu une convention avec le Centre marocain de conjoncture, dans le but d'approfondir, de manière scientifique, sa connaissance sur les problèmes de l'entreprise marocaine. A partir de l'année 2000, la confédération fut l'organisme d'accueil de deux Programmes d'appui aux associations professionnelles, financés par l'Union européenne. Par l'intermédiaire de ces deux programmes, des projets de consolidation institutionnelle d'une trentaine d'associations professionnelles partenaires ont été appuyés, des canaux de communication ont été optimisés et quelques recherches sectorielles ont été effectuées (22).

Disposant de ressources pécuniaires suffisantes provenant des cotisations de ses membres, la CGEM publie plusieurs recherches portant sur divers thématiques, qui sont menées par des spécialistes nationaux et internationaux, afin de subvenir aux besoins d'expertise des décideurs publics. Le but est de sensibiliser ses adhérents sur les enjeux qui se dessinent derrière un certain nombre de sujets, et également pour se préparer pour protéger leurs

(19) Catusse Myriam, « La C.G.E.M. : formation d'un groupe d'intérêt patronal », *Critique économique*, n° 1, 2000, p. 120.

(20) Ali Benhaddou, *Maroc : les élites du Royaume : essai sur l'organisation du pouvoir au Maroc*, L'Harmattan, 2009, p. 102-103.

(21) Ahmed Hammoumi, *Lobbying économique, décision douanière et dynamique d'investissement au Maroc : cas de la CGEM*, 2014, p. 4-5.

(22) Myriam Catusse, *le Temps des entrepreneurs*, Masonneuve et Larose, 2008, p. 229.

intérêts. Parmi les recherches, il y a lieu de mentionner l'Accord de libre-échange Maroc-Etats-Unis et les réalités de l'économie informelle (23).

A partir de tout cela, nous pourrons avancer que la CGEM en tant que *stakeholder* (partie prenante), est directement ou indirectement concernée par les décisions et les projets touchant tout ou en partie le secteur privé, ou pouvant affecter positivement ou négativement ses intérêts à la suite de leur application. Pour faire face à cette situation, la CGEM a développé ses techniques d'expertise afin de disposer de tous les moyens nécessaires lui permettant de mener des missions de consultation et d'animation du débat public, qui dépassent largement ses fonctions classiques de défense des intérêts patronaux.

L'action patronale en matière de suivi et d'évaluation des politiques publiques

L'actualité socio-économique nous montre explicitement que la CGEM contribue activement à l'institutionnalisation de l'évaluation des politiques publique et à la diffusion de la pratique évaluative, à travers un bouquet de mesures diversifiées. Nous avons retenu trois formes d'intervention patronale en matière d'évaluation : la participation institutionnalisée à l'évaluation des politiques publiques, la mise en place de structures et d'outils internes destinés à améliorer l'expertise patronale et la publication d'études alimentant la discussion sur l'impact des politiques réalisées par les pouvoirs publics.

La participation institutionnalisée à l'évaluation des politiques publiques

Comme il a été déjà signalé, la loi marocaine a accordé au patronat des sièges au sein du parlement et aussi dans un certain nombre d'organismes de bonne gouvernance tels que le Conseil économique, social et environnemental et le Conseil supérieur de l'Education, de la Formation et de la Recherche scientifique, etc. Ces institutions ont pour mission, entre autres, d'effectuer des activités d'évaluation des politiques publiques.

La participation de la CGEM à l'évaluation parlementaire de l'action publique

En juillet 2015, le gouvernement a promulgué le décret 2-15-599 désignant la CGEM comme organisation professionnelle des employeurs la plus représentative, ce qui a permis à la Confédération, d'après les dispositions de la loi organique relative à la Chambre des conseillers n° 32-15, de siéger au Parlement. C'est ainsi que la CGEM se dote dès, le mois d'octobre 2015, d'un groupe parlementaire à la Chambre des Conseillers, formé de huit membres, tous, sans appartenance politique. Le groupe CGEM focalise ses interventions autour des principales missions de la confédération, à savoir : la défense des intérêts du secteur privé, la consolidation de sa compétitivité, la réalisation d'une dynamique favorable

(23) Said Mourabit, *op. cit.*, p. 223.

à l'emploi, l'amélioration des petites et moyennes entreprises et des très petites entreprises et le renforcement de l'accès aux zones industrielles. En fait, l'intégration de la CGEM à la 2e chambre lui a permis d'accompagner de près et de participer aux débats précédant l'adoption de la loi de finances.

Entre les années 2015 et 2016, le groupe « CGEM » a multiplié ses efforts en vue de suivre la mise en œuvre de politiques gouvernementales, juger leur impact et aussi contribuer à la diffusion de la culture évaluative. Pour illustrer ce dynamisme, nous présenterons dans ce qui suit quelques données, qui nous paraissent significatives.

Le groupe CGEM a contribué à la formation du groupe de travail thématique de préparation de la séance annuelle consacrée à la discussion et à l'évaluation des politiques publiques, dont le thème serait « Les politiques publiques relatives à la production de la richesse ». Cette entité est présidée actuellement par le Conseiller Mehdi Abdelkrim, représentant parlementaire de la CGEM, suite à son élection par les parlementaires de la 2e chambre, le 26 avril 2016. A ce titre, il convient de rappeler que le président du Groupe peut demander, par le biais du Bureau de la Chambre, l'organisation de la réunion de la Commission en présence des Ministres ou des dirigeants des administrations, des établissements et des entreprises publiques. Il peut également demander la mission en œuvre d'une mission d'enquête ou d'information, suivant l'article 59 du règlement intérieur. Le président est habilité aussi, par l'intermédiaire du président de la Chambre des Conseillers, à demander l'avis, la conduite d'étude ou de recherche sur l'action publique à évaluer, à la Cour des comptes, au Conseil supérieur du pouvoir judiciaire, au Conseil économique, social et environnemental, ou à l'une des instances de gouvernance et des institutions constitutionnelles mentionnées aux articles 161 à 170 de la Loi fondamentale marocaine (24).

Les travaux de chaque exercice annuel d'évaluation sont soldés par un rapport qui est discuté en séance plénière en présence des conseillers et de membres de l'exécutif. A travers ses rapports annuels, la commission donne aux conseillers les ressources de contrôler l'action gouvernementale et de pointer le doigt sur les carences qui doivent être résolues. C'est ainsi que plusieurs missions ont été réalisées sur des sujets tellement variés que la création de richesses et les stratégies sectorielles (Plan d'accélération industrielle, Halieutis, énergies renouvelables…). Dans la même logique, le groupe CGEM a posé, dans le cadre du contrôle parlementaire, 35 questions au gouvernement touchant des thématiques diversifiées : l'énergie, la santé, le sport, l'entrepreneuriat, l'artisanat, les exportations, l'enseignement, le tourisme, la culture, etc. (25).

---

(24) La confédération générale des entreprises du Maroc, Groupe CGEM à la Chambre des Conseillers, mercredi 18 mai 2016, p. 5-6.

(25) La confédération générale des entreprises du Maroc, *Bilan détaillé de l'action du groupe CGEM à la chambre des conseillers*, 1er mars 2016.

Durant l'exercice de son mandat parlementaire, le groupe CGEM a multiplié ses efforts afin de contribuer au perfectionnement du dispositif institutionnel relatif à l'évaluation. Dans cette perspective, il a proposé cinq leviers pour accentuer la convergence des politiques publiques, parmi ces leviers, nous trouvons « la détermination d'un délai unifié pour la réalisation de toutes les politiques sectorielles ». cette mesure devrait garantir, selon la CGEM, une évaluation régulière de l'impact des investissements publics. Un autre exemple majeur de l'activisme parlementaire de la CGEM, en matière d'évaluation, a été la participation du président du groupe Abdelkrim Mehdi, en tant que représentant du Maroc au congrès mondial sur l'évaluation des politiques publiques qui s'est organisé du 17 au 20 septembre 2018 à Colombo, capitale du Sri Lanka, pour présenter l'expérience marocaine en ce domaine.

L'important est de constater que d'une certaine façon le groupe parlementaire CGEM vise à nourrir régulièrement l'action législative, notamment en tout ce qui a trait aux fonctions de suivi et d'évaluation des politiques publiques. Plus concrètement, la contribution patronale à l'évaluation parlementaire des politiques se manifeste particulièrement à travers l'animation de réunions de suivi et d'évaluation des actions gouvernementales, la diffusion de la culture évaluative au sein de l'institution législative et la suggestion de mesures ayant pour mission d'améliorer le cadrage institutionnelle de la fonction d'évaluation.

La présence patronale au Conseil économique, social et environnemental

Conformément aux dispositions de l'article 11 de la loi organique n° 128-12 relative au Conseil économique, social et environnemental, la CGEM siège dans ledit Conseil. Cette instance constitutionnelle assure des fonctions consultatives sur les questions d'ordre économique, social et environnemental. Dans ce cadre, le Conseil met en œuvre des avis, des études et des recherches, soit à la demande du gouvernement, de la Chambre des Représentants ou de la Chambre des Conseillers (saisine) soit de sa propre initiative (auto-saisine). Une partie des travaux réalisés par le Conseil ont pour objet d'analyser la conjoncture et assurer le suivi et l'évaluation des politiques économiques et sociales, en s'appuyant sur des démarches scientifiques rigoureuses. *Grosso modo*, le CESE se veut un lieu de dialogue et d'échange entre les divers acteurs de la société civile autour de l'évaluation et de la prospective des actions publiques.

Après avoir intégré le CESE, la Confédération a pris part à la réalisation de plusieurs études, ayant pour mission de diagnostiquer, d'accompagner et de mesurer l'impact des programmes socio-économiques. Pour illustrer ce constat, nous allons effectuer un bref passage en revue des principaux rapports et études réalisés par les membres du Conseil, y compris ceux de la CGEM siégeant au CESE.

L'étude sur le « Nouveau modèle de développement des provinces du Sud », élaborée en 2013, a pour objet de contribuer au grand projet national de régionalisation avancée, de favoriser la réussite du Plan d'autonomie des provinces concernées par le processus onusien proposé en 2007 par le Royaume et d'œuvrer pour la création de richesses et la promotion de l'emploi, notamment en faveur des jeunes et des femmes. La première phase de cette recherche était réservée au diagnostic de la situation socioéconomique des régions du Sud Marocain. Il ressort de cet état des lieux que d'un côté, le modèle de développement adopté jusqu'à l'année 2013 dans la région a touché ses limites et d'un autre côté, le moment est venu pour mettre en place une nouvelle dynamique, reposant sur des exigences de soutenabilité, de démocratie participative, et de cohésion sociale, dirigée vers la production de richesses et la création de débouchés. La démarche méthodologique employée par le CESE pour l'élaboration de cette recherche s'est basée sur une approche participative, étendue et ouverte sur les différents acteurs publics, privés et sociaux, sur les plans central et régional, en vue de les impliquer dans les phases d'élaboration de l'étude, dont celle du diagnostic. L'étude s'est également appuyée sur une diversité de sources documentaires (26).

En 2014, Le Conseil s'est autosaisi de la question de la « Cohérence des politiques sectorielles et accords de libre-échange ». Il a effectué une étude reposant sur une approche transversale qui se focalise essentiellement sur les dispositifs de gouvernance, de suivi et d'organisation des rôles des acteurs. Cette recherche a été élaborée sur la base d'un processus participatif et de concertation étendu, comprenant un nombre considérable d'auditions d'institutions publiques et internationales, d'acteurs privés et de spécialistes. Il repose sur un benchmark de pays qui représentent un vaste spectre de modèles de développement. Cette étude débouche sur la conclusion que le manque de cohérence se considère comme un frein important à la mise en œuvre du plein potentiel des stratégies sectorielles et des accords de libre-échange. Les recommandations sont le résultat d'une discussion très dense, qui repose sur l'analyse de l'existant confrontée aux exigences d'un développement soutenu et durable. Elles incluent les attentes formulées, particulièrement lors des auditions, et sont enrichies par les enseignements tirés des bonnes pratiques à l'échelon international (27).

La CGEM a été également membre du Comité de pilotage de l'étude sur la définition et l'évaluation du capital immatériel, menée en 2016 par le CESE, en collaboration avec le Haut-Commissariat au Plan et Bank Al-Maghrib. Cette recherche a permis de mesurer à la fois la valeur et l'évolution de la richesse globale du Maroc entre 1999 et fin 2013 et la part du capital immatériel dans celle-ci. Ce travail a établi aussi des recommandations pour insérer le capital immatériel dans la fabrication des actions publiques afin d'accélérer la dynamique de production de richesses et d'en garantir une distribution équitable en faveur de l'ensemble des citoyens et des régions du Royaume. L'appréciation de la Richesse globale du Maroc a été élaborée suivant l'approche établie par la Banque Mondiale, étoffée par Bank Al-Maghrib et le CESE pour prendre en considération les particularités marocaines et

(26) Le Conseil économique, social et environnemental, *le Nouveau modèle de développement pour les provinces du Sud*, octobre 2013.

(27) Le Conseil économique, social et environnemental, *Cohérence des politiques sectorielles et accords de libre-échange*, 2014.

ce, en révisant les paramètres et les modes de calculs et en intégrant de nouvelles variables dans l'évaluation du capital naturel, notamment les ressources halieutiques. Il se dégage de cette analyse que la valeur de la Richesse Globale du Maroc, a connu une croissance considérable entre 1999 et 2013. Elle a augmenté de 5 904 à 12 833 milliards de dirhams et s'est estimée, en moyenne annuelle, de 5 % pendant la période précitée (28).

Concernant la question sociale, le Conseil a produit, en avril 2018, un rapport intitulé « La protection sociale au Maroc : Revue, bilan et renforcement des systèmes de sécurité et d'assistance sociales ». L'objectif de ce travail consiste à énoncer des recommandations visant à améliorer l'étendue de la protection sociale en termes de nombre des bénéficiaires et de risques sociaux pris en charge, le rendement des régimes déjà mis place en termes de qualité de services, de cohérence, d'équité et de niveau des prestations. La méthodologie de mise en œuvre de ce travail s'appuie premièrement sur une rétrospective historique et normative de la protection sociale au Maroc, deuxièmement sur la détection des points forts et des points faibles, et troisièmement la mesure des écarts existants vis-à-vis des droits cités par la Constitution et par les législations internationales (29).

Au total, les exemples cités ci-dessus nous ont dévoilé à quel point les activités évaluatives menées par le CESE sont importantes et permettent de mesurer les effets des actions publiques et d'en identifier les dysfonctionnements qui peuvent affecter leur réalisation et de suggérer des recommandations opérationnelles pour les corriger. Par la représentation des principales activités économiques, sociales et environnementales, le Conseil favorise la coopération entre les diverses catégories socioprofessionnelles et assure leur participation au suivi et à l'évaluation des actions publiques. De même, la contribution de la CGEM à la mise en œuvre de ces évaluations constitue l'un des instruments susceptibles d'alimenter notablement son expertise dans les domaines socio-économiques.

La mise en place d'un « Think tank patronal » : la fondation CGEM

La Confédération a créé la Fondation CGEM pour l'Entreprise qui a été reconnue d'Utilité publique le 22 février 2007. Parmi ses missions figure d'une part, la promotion et la mise en œuvre de recherche ou de mesures de nature à soutenir le développement socioéconomique national, le cas échéant en partenariat avec l'Etat, et d'autre part, la participation au renforcement de la compétitivité du secteur privé en encourageant la recherche et l'innovation par divers outils dont la réflexion, les recherches et les partenariats entreprises-universités. Ce « think tank patronal » est dirigé par un conseil d'administration dont les membres sont choisis par le bureau exécutif de la CGEM. Le

(28) Le Conseil économique, social et environnemental, *Richesse globale du Maroc entre 1999 et 2013 : le capital immatériel : facteur de création et de répartition équitable de la richesse nationale*, décembre 2016.

(29) Le Conseil économique, social et environnemental, *la Protection sociale au Maroc : revue, bilan et renforcement des systèmes de sécurité et d'assistance sociales*, avril 2018.

Conseil d'Administration se compose de 3 membres au moins et 15 membres au plus. À l'exception des attributions fixées par la législation en vigueur et les statuts de la Fondation à l'Assemblée générale de la Confédération, le Conseil d'Administration possède des pouvoirs les plus élargis pour assurer ses missions. C'est ainsi que le Conseil d'Administration de la Fondation statue sur tout thème susceptible de susciter l'intérêt de la fondation (30).

Dès sa mise en place, cette Fondation a animé des séminaires et des journées d'études sur une panoplie de sujets: Compétitivité, gouvernance, recherche et innovation. Elle a procédé à la conduite d'enquêtes de conjoncture auprès du tissu privé. La Fondation CGEM finance aussi la mise en œuvre de recherches dont la Vision 2020 de la CGEM et l'Étude sur les leviers de la compétitivité ainsi que l'élaboration de guides, comme elle mène des enquêtes de conjoncture auprès des entreprises.

C'est ainsi que fut effectuée en 2005, à titre d'illustration, une recherche sur la gouvernance d'entreprises au Maroc avec le soutien d'une ONG américaine « Center for International Private Enterprise ». Ce travail a eu pour finalité l'évaluation de l'environnement juridique et institutionnel ainsi que l'exercice de la gouvernance dans le secteur privé par rapport aux textes en vigueur et aux normes internationales, notamment par rapport aux principes élaborés de l'Organisation de la Coopération et du Développement économique. Cette recherche s'est basée sur une étude approfondie de l'arsenal juridique et réglementaire, ainsi que des organes et instances chargés de promouvoir les principes de la bonne gouvernance, d'un côté, une analyse empirique sur la base d'un questionnaire soumis à un échantillon de 40 entreprises faisant appel public à l'épargne, en majorité des sociétés cotées en bourse, d'autre côté, une analyse documentaire de divers rapports et documents se rapportant à la question de la gouvernance d'entreprises (31).

Quant à l'enquête de conjoncture, il s'agit d'un baromètre de la situation de la production nationale et des perspectives qui s'offrent à moyen terme à celle-ci, aussi bien sur le niveau de la reprise de l'activité que sur la mouvance commerciale du marché. Dans cette optique, la Confédération a élaboré en 2011 « la Vision 2020 », qui se présente comme une feuille de route pour le secteur privé marocain et un référentiel permettant à la Confédération de contribuer efficacement au développement économique national. D'après cette étude, le Maroc est censé repenser un nouveau modèle de croissance qui repose sur l'investissement productif et tourné vers l'export, avec l'objectif de faire augmenter la participation de l'agriculture au Produit intérieur brut à hauteur de 10 %, celle de la production industrielle à environ 30 % et celle de la contribution du secteur des services à 60 % (32).

Les activités de la Fondation CGEM sont financées par les donations annuelles de ses membres. La valeur de ces contributions est déterminée par le Conseil d'administration sur

(30) La Confédération générale des entreprises du Maroc, *70 ans au service de l'entreprise*, 2018, p. 298.

(31) La Confédération Générale des entreprises du Maroc, *La Gouvernance d'entreprises au Maroc*, 2005.

(32) La Confédération Générale des entreprises du Maroc, *Magazine d'informations* n° 4, janvier/février 2011, p. 36-38.

la base d'un budget annuel et approuvé par une Assemblée générale, ainsi que le prévoit les statuts de la Fondation. Ces contributions font l'objet de conventions conclues entre la Fondation et le donateur. Bénéficiant de sa qualité d'association d'utilité publique, la fondation est exonérée des charges fiscales ce qui renforce la stabilité des financements de ses actions (33).

On notera bien ici que la Fondation CGEM vise à devenir, de façon plus concrète, un centre d'expertise et de réflexion au profit de la CGEM, en apportant l'appui et les compétences requises pour renforcer les capacités d'action de la Confédération générale des entreprises marocaines. Cette vocation se matérialise par la mise en œuvre de recherches pointues pour éclairer et instruire les prises de positions de la CGEM et les décisions des différents acteurs économiques.

La réalisation d'études et d'enquêtes portant une dimension évaluative

Durant les dernières années, la CGEM a mis en œuvre plusieurs recherches ayant pour objectif de contribuer au suivi et à l'évaluation des programmes publics. Ces études ont été élaborées en partie en collaboration avec des acteurs publics et des entités relevant de du secteur privé et du tissu associatif.

En 2011, la Confédération patronale a participé dans le cadre du Comité National pour la Propriété Industrielle à la réalisation d'une Etude sur « les incidences économiques de la contrefaçon au Maroc », en coopération avec l'Office Marocain de la Propriété industrielle et commerciale. Cette recherche avait pour mission d'identifier les domaines les plus affectés par la contrefaçon et de détecter aussi les zones les plus touchées par ce phénomène. Il s'agit d'une première tentative d'analyse et de chiffrage de la contrefaçon au Maroc en vue de fournir plus de visibilité sur l'étendue et les répercussions de ce phénomène et d'élaborer un plan d'actions pour optimiser l'efficacité des mesures et instruments de lutte contre la contrefaçon au Maroc. Afin de mettre en œuvre cette étude, les groupes de travail ainsi qu'un ensemble d'acteurs ont été mis à contribution tout au long du processus de la recherche pour renforcer le fonds documentaire, organiser une série d'entrevues, des ateliers thématiques et procéder à des visites empiriques au niveau de plusieurs régions. Les recommandations issues de ce travail se résument au travers des interventions ciblées telles que : la consolidation de la gouvernance et de l'organisation générale des mesures de protection contre la contrefaçon, le renforcement des outils de protection, adoption de nouvelles procédures judiciaires, l'amélioration de la coordination entre les différentes parties prenantes et la sensibilisation constante et permanente du consommateur (34).

(33) La Confédération Générale des entreprises du Maroc, *70 ans au service de l'entreprise*, 2018, p. 300.

(34) Comité national pour la Propriété industrielle et Anti-Contrefaçon, *Les incidences économiques de la contrefaçon au Maroc*, février 2013.

La Commission « Investissement, Compétitivité et Emergence Industrielle » a suggéré au Conseil d'Administration de la Confédération d'élaborer une étude sur les leviers de la compétitivité des entreprises marocaines en mai 2013. Faisant suite à cette proposition, la CGEM a mandaté un bureau d'étude pour effectuer ce travail, qui a associé plusieurs Fédérations professionnelles, entrepreneurs et spécialistes. Cette étude s'est basée, d'une part, sur une analyse macroéconomique, une analyse par facteur de compétitivité et un benchmark et, d'autre part, sur une approche consultative élargie : une trentaine de Fédérations, Commissions thématiques et Commissions régionales de la CGEM a été impliquée dans le cadre de cette recherche. Cette étude tend alors à décrire et analyser de façon détaillée le vécu professionnel du tissu privé et les leviers-clés permettant aux opérateurs économiques de maximiser leur compétitivité (35).

En 2016, une étude intitulée « l'économie informelle : impacts sur la compétitivité des entreprises et propositions de mesures d'intégration » a été réalisée par un bureau d'études privé pour le compte de la CGEM. Cette recherche a visé à évaluer l'impact de l'informel et à suggérer des mesures d'intégration pour ce secteur. D'après cette étude, l'économie informelle impacte de façon variable les branches d'activités : 54 % dans le secteur du textile et habillement, 32 % dans le domaine du transport routier de marchandises, 31 % dans les bâtiments et les travaux publics et 26 % dans le secteur de l'industrie agroalimentaire et le tabac, hors secteur primaire. Selon ce travail, l'économie informelle pèse plus de 20 % du produit interne brut hors secteur primaire et 10 % des importations formelles. Pour réaliser cet enquête, le cabinet d'étude a fait appel à des entretiens directs menés avec les diverses acteurs concernés, le secteur associatif, les fédérations et les organismes publics. La recherche s'est reposée aussi sur un travail empirique effectué auprès de plus de 100 acteurs de l'informel, œuvrant dans plusieurs domaines d'activité. Les conclusions issues de ce travail montrent que l'économie informelle recèle un gisement annuel estimé à près de 40 Milliards de dirhams (36).

Les mesures phases jugées prioritaires par la Confédération, pour suivre le secteur de l'informel se focalisent sur l'amélioration de l'attractivité du formel à travers une meilleure compétitivité des entreprises, l'accompagnement dans l'insertion des unités de production informelles à l'économie formelle, la lutte contre les moteurs de l'économie souterraine, la contrebande et la corruption. Ces propositions ont été communiquées aux acteurs concernés notamment le Haut-commissariat au plan, la direction générale des impôts, l'Administration des Douanes et Impôts Indirects, Bank Al Maghrib, le ministère de l'Industrie, de l'Investissement, du Commerce et de l'Economie numérique et le ministère de l'Intérieur.

(35) La Confédération générale des entreprises du Maroc, *Etude sur les leviers de la compétitivité des entreprises marocaines*, mars 2014.

(36) La Confédération générale des entreprises du Maroc, *L'Economie informelle : impacts sur la compétitivité des entreprises et propositions de mesures d'intégration*, avril 2018.

Outre les études et les enquêtes effectuées par la CGEM, le patronat réalise, périodiquement depuis 2013, un baromètre trimestriel de conjoncture auprès des chefs d'entreprises. C'est un instrument de suivi, dans le temps, des avis des entrepreneurs marocains sur l'activité économique, l'environnement des affaires, l'investissement et son financement, les questions sectorielles ainsi que celles relatives aux performances du secteur privé. De façon opérationnelle, 600 chefs d'entreprises, de diverses tailles et de diverses branches d'activité sont consultés chaque trimestre. Les conclusions de ce Baromètre, publiés sur le site de la Confédération, permettent à la Confédération d'accompagner les tendances du climat des affaires et de détecter les nouvelles problématiques à traiter dans l'avenir (37).

Compte tenu des exemples cités ci-dessus, nous comprenons que la CGEM est en train de devenir l'un des nouveaux acteurs non-étatiques contribuant, de façon directe et indirecte, au suivi et à l'évaluation des politiques publiques. Sa participation prend plusieurs formes, en fonction des initiatives particulières entreprises par l'Etat, mais aussi de la qualité de l'organisation et l'expertise interne de la CGEM. Allant de la contribution à renforcer l'ancrage institutionnelle de la fonction d'évaluation, en passant par la création de structure interne orientée vers la pratique évaluative, jusqu'à la participation au débat public autour des effets des politiques publiques.

Commentaires critiques et discussions

Selon les données tirées de la recension des exemples illustrant l'insertion de la CGEM dans la pratique d'évaluation, nous relevons cinq principales actions menées par la Confédération dans ce cadre : Le travail plaidoyer en vue d'améliorer l'institutionnalisation de l'évaluation; la promotion de la culture évaluative au sein du milieu patronal, des institutions politiques, des instances de bonne gouvernance; la coopération avec les différents acteurs concernés (l'Etat, le monde académique et la société civile) afin d'approfondir la réflexion en la matière; la proposition de mesures institutionnelles et organisationnelles susceptibles de renforcer l'institutionnalisation de la fonction évaluative et le renforcement de l'expertise nationale en évaluation au Maroc par des compétences particulières, notamment en ce qui a trait au suivi et à l'évaluation, à travers la réalisation d'études et d'enquêtes en la matière.

Ajoutons à ce qui précède le fait que la participation de la CGEM à la conduite de la pratique évaluative se fonde sur un certain nombre d'indicateurs renvoyant aux principes la bonne gouvernance :

- L'amélioration de la gouvernance interne du patronat et l'accroissement de ses missions dans presque tous les secteurs se sont accompagnés de leur implication dans l'évaluation

(37) La Confédération générale des entreprises du Maroc, *Bilan des mandatures 2012-2015 et 2015-2018*, mai 2018, p. 23.

des programmes socioéconomiques. En outre, les rapports entre la confédération et les pouvoirs publics se répartissent le long d'une échelle allant de l'option institutionnelle au partenariat et de la consultation à l'information. Par conséquent, les actions de coopération entre les acteurs publics et la CGEM se déroulent de plus en plus dans un cadre organisé qui détermine les outils institutionnels de collaboration promouvant les valeurs de la transparence, de la concertation et de la responsabilité ;

- L'élargissement de sa représentativité auprès du secteur privé permet à la Confédération de devenir un acteur pertinent de bonne gouvernance, qui joue un rôle clé de coordinateur avec les pouvoirs publics et d'interlocuteur privilégié des entreprises marocaines ;
- La force de proposition de la CGEM a contribué largement à l'alimentation du débat public sur les effets des politiques publiques. Cette force de proposition provient principalement de son antériorité dans les actions de proposition, de son expertise qui se traduit par la mise en œuvre de plusieurs recherches générales et sectorielles disponibles et à jour et de son implication dans l'action législative.

Toutefois, l'étude des aspects de l'implication de la CGEM dans le domaine de l'évaluation des politiques publiques pose un certain nombre de défis d'ordre tant opérationnel que méthodologique. Primo, la pénurie des recherches portant sur les acteurs participant au processus d'évaluation des politiques publiques au Maroc, vu le jeune âge de cette pratique et sa récente institutionnalisation au Maroc. Secundo, les actions de coopération, de délégation et de représentation, mentionnées antérieurement, traduisent la difficulté à révéler ce qui relève de l'espace privé et de l'espace public. Par là même, la proximité observée entre le monde patronal et les pouvoirs publics fait qu'il est difficile d'établir de claires frontières, et de mesurer l'impact réel de la participation patronale à l'alimentation de la pratique évaluative. Tertio, le fait qu'un certain nombre de dirigeants de la Confédération étaient des anciens chefs de gouvernements ou bien des grands commis de l'Etat présente un défi scientifique supplémentaire pour l'étude de la pratique évaluative de la CGEM, portant particulièrement sur le niveau d'impartialité et d'objectivité des différentes activités d'évaluation réalisées par le patronat.

A la limite, nous pouvons affirmer qu'en termes de bilan, les efforts notables déployés par la CGEM graduellement depuis plusieurs années, ont permis de former un noyau dur qui peut servir de voie d'acheminement d'une évaluation inclusive et institutionnalisée. Cela se manifeste par trois aspects majeurs : l'acquisition d'une expertise considérable, l'intégration à des instances constitutionnelles effectuant des missions d'évaluation, la production d'analyses évaluatives. Bien entendu, dès les années 2000, la CGEM a mené de nombreuses études comportant une dimension évaluative et a cumulé une expertise considérable dans ce domaine. Tout en partageant les résultats de ses travaux menés dans le domaine de l'évaluation, la Confédération a contribué à la sensibilisation des décideurs publics sur l'importance de l'évaluation et à la promotion de la culture évaluative. Du fait de ses missions et de sa riche expertise, la CGEM pourra occuper un rôle de premier plan dans la promotion de l'institutionnalisation de l'évaluation des politiques ainsi que le développement de la coopération dans ce projet.

Par ailleurs, l'implication de la CGEM dans le domaine de l'évaluation des politiques peut s'expliquer par le fait que le patronat fait appel à ce type de pratique pour renforcer sa place au sein du paysage socioéconomique national et aussi pour accorder une base légitime à ses prises de position. Dans cette optique, les chercheurs utilisent le concept de « lobbying délibératif » (38), qui renvoie au fait que « les intérêts privés sont en effet sollicités pour participer à l'élaboration et l'évaluation des politiques publiques (39) ». Cette notion met en avant l'intérêt général et le soumet aux débats dans le contexte d'une délibération collaborative. Cette délibération s'effectue entre les groupes d'intérêt patronal, ainsi que les représentants politiques et les décideurs publics, qui entament des discussions ayant pour objet de modifier les préférences adverses en argumentant sur l'intérêt de ses propres préférences. A cet effet, les débats sont davantage axés sur l'argumentation que sur une opposition frontale. En plus de la CGEM qui participe à ces délibérations, nous notons aussi la participation de représentants des institutions indépendantes, de parlementaires, d'experts et de chercheurs. Tenir compte de cette pluralité d'intervenants est alors indispensable pour saisir l'émergence de rapports de connaissance et d'argumentation.

Pour comprendre la contribution patronale dans l'évaluation des politiques publiques processus politiques, il importe toutefois d'aller au-delà de la délibération et d'analyser l'action patronale aussi bien dans le processus de mise en œuvre que dans l'évaluation des politiques. La CGEM est représentative d'entreprises et de leurs intérêts et est apte à influencer notoirement le développement socioéconomique de l'Etat. Par conséquent, elle doit être associée au processus décisionnel en vue d'améliorer son efficience. Cette intégration est effectuée de façon institutionnelle et la confédération accède donc au rang de partenaire social. L'inclusion directe du patronat à la formation et à l'évaluation des actions publiques qui le concernent constitue un outil opérationnel permettant d'assurer l'efficacité et la légitimité démocratique des politiques publiques au Maroc.

De plus, afin que sa participation soit bénéfique, la CGEM a adopté plusieurs mesures d'ordre intérieur. Premièrement regrouper un nombre d'adhérents élevé, deuxièmement être capable de les encadrer, troisièmement assurer la mise en place d'une structure fonctionnelle et organisationnelle permanente et généralement admise et quatrièmement développer une expertise interne qui permet à la confédération de se prononcer de façon pertinence sur les sujets entrant dans son cadre d'activité.

---

(38) Cédric Polère, « Lobbying : l'influence des groupes d'intérêt s'accroît, et favorise une transformation de notre modèle démocratique », *In Millénaire 3*, Le centre de ressources prospectives du grand Lyon, juin 2007, p. 12.

(39) Woll Cornelia, « La réforme du MEDEF : chronique des difficultés de l'action collective patronale », *Revue française de science politique*, 2006/2, vol. 56, p. 277.

En revanche, en l'absence d'un arsenal juridique et d'un référentiel normatif, méthodologique et déontologique régissant et explicitant les missions d'évaluation et permettant un accès légal et ouvert à l'information, la pertinence et l'impact de l'évaluation patronale de l'action publique resteraient limitées et tributaires des choix politiques. A cet égard, la consolidation du cadre juridique et réglementaire, des outils de collaboration et des instruments indispensables pour l'évaluation des actions publiques apparaît essentiel et urgent. Ce processus est censé reposer sur une étude rigoureuse de l'offre et de la demande de l'évaluation des politiques publiques sur le plan national, afin d'élaborer un cadre de référence précisant les procédures, les étapes et les démarches, et clarifiant les rôles de toutes les parties prenantes. Ce projet doit se baser aussi sur la capitalisation des expériences et des bonnes pratiques relatives à l'institutionnalisation de l'évaluation des politiques dans les autres pays. De surcroît, pour optimiser le rendement de sa pratique évaluative, la CGEM est appelé à élaborer un document interne, qui met en lumière les méthodes, les démarches et les phases de l'évaluation, et qui se considère également comme une charte déontologique ayant pour objet de veiller à ce que le déroulement éthique de ses activités évaluatives ne soit pas exposé à des conflits d'intérêts visibles, apparents ou éventuels.

En définitive, l'étude de l'action collective de la CGEM révèle que l'évaluation de l'action publique constitue un nouvel espace ouvert à cet acteur patronal. Suite aux réformes institutionnelles promouvant l'inclusion de la société civile à la régulation publique et au développement d'une importante expertise interne, la confédération a pris part, selon diverses formes, au projet d'institutionnalisation et démocratisation de la fonction d'évaluation. De ce fait, la pratique évaluative de la confédération se consolide jour après jour et nourrit par là même les bases d'une évaluation participative des politiques publiques. Cependant, l'inexistence d'un arsenal juridique et d'un référentiel normatif et déontologique encadrant les divers aspects de l'activité évaluative limite la portée de cette dernière et la rend moins efficace. Ceci dit, l'évaluation participative au Maroc demeure et demeurerai un chantier ouvert, qui exige une mise-à-jour constante des dispositifs institutionnels, juridiques et gestionnaires caractérisant les missions d'évaluation de la chose publique au Maroc.

Démocratie et réseaux sociaux

Paul Kananura*

Résumé

Les réseaux sociaux participent à la démocratisation du débat public et font vivre une démocratie virtuelle qui ne se transforme pas en représentativité réelle. La fabrique de l'opinion, produite par l'explosion de la communication instantanée, est basée sur le malaise et la détresse de la société, les sentiments d'injustice ou les émotions et pressions politiques sans consistance idéologique pour influencer ou changer la gouvernance. Former les citoyens à l'art de la discussion respectueuse serait un aspect intéressant de la démocratie numérique et virtuelle.

Mots-clés : Démocratie numérique, réseaux sociaux, mobilisation populaire, information, politique, contestation.

Abstarct

Social networks participate in the democratization of public debate and make live a virtual democracy that does not turn into real representativeness. The fabric of opinion, produced by the explosion of instant communication, is based on the unease and distress of society, feelings of injustice, or political emotions and pressures without ideological consistency to influence or change governance. Training citizens in the art of respectful discussion would be an interesting aspect of digital and virtual democracy.

Keywords: Digital democracy, social networks, popular mobilization, information, politics, protest.

(*) Président de l'Institut Mandela.

Introduction

La démocratie numérique est en plein essor, même si la législation dans ce domaine est au stade embryonnaire. L'éruption des réseaux sociaux dans la démocratie est un phénomène nouveau et de très grande ampleur de façon que certains politiques et stratèges pensent que les réseaux sociaux risquent de fausser la démocratie, surtout par le fait qu'ils sont les champions de l'anonymat qui autorise les vagues de fausses nouvelles et d'insultes visant à décrédibiliser certains acteurs ou actions pour des raisons non démocratiques ou de récupérations politiques.

Les réseaux sociaux contribuent-ils au débat démocratique ? Ou bien sont-ils un danger pour la démocratie ? Quels sont les avantages et inconvénients des réseaux sociaux sur la démocratie ?

Les grands médias (TV, journaux) ne sont plus seuls détenteurs de l'information. C'est finie l'ère des censures. Et d'ailleurs l'Ancien Premier ministre britannique, James Gordon Brown, ne s'est pas trompé en disant qu'« avec les réseaux sociaux, la politique ne sera plus la même ».

Les réseaux sociaux sont devenus des outils extraordinaires de mobilisation populaire pour les élections (élection d'Obama ou Trump) ou pour la contestation des régimes autoritaires (Printemps arabe, Printemps démocratique burkinabé ou vénézuélien), de la vie chère (Soudan) et de la politique élitiste (gilets jaunes en France). Les réseaux sociaux sont aussi des canaux de prolifération de fausses nouvelles (*fake news*), de théorie de conspiration (*conspiracy theories*) et d'insultes à caractère communautaire et racial. Il y a un fait, les réseaux sociaux participent à la démocratisation de la libre expression, les médias n'ont plus le monopole de la seule voie de s'exprimer. Aujourd'hui, il suffit d'avoir un smartphone et l'accès à l'internet pour faire entendre sa voix dans le monde entier en une fraction de seconde, alors qu'avec les médias traditionnels, on est très limité en temps et en espace.

Cependant, il convient de voir si les réseaux sociaux sont un apport ou un danger pour la démocratie avec une précision des termes (I). Puis les enjeux sociologiques et socio-politiques d'utilisation des réseaux sociaux dans la ou pour la démocratie (II). Ensuite, les gardes fous de la démocratie imposés aux réseaux sociaux, comme nouveaux moyens de contestation de la masse et de déviation individuelle (III) dans un contexte de vide juridique. Enfin, la démocratie et les réseaux sociaux augurent une cohabitation déloyale, avec en filigrane de cas africain, cas des gilets jaunes en France et cas du Venezuela.

1. Précision des termes et complexité de leur relation

La démocratie, modèle de la société contemporaine, sert à un vivre ensemble de tout peuple. Ce mode de gouvernance, bien que servant à un vivre ensemble de tout peuple, peut paraître au regard des pratiques être un moyen de contrôler la masse par une minorité.

Ainsi la démocratie, définie comme étant la gouvernance du peuple par le peuple et pour le peuple, va connaître des bouleversements liés à l'évolution numérique dont les réseaux sociaux font partie.

Les réseaux sociaux sont des outils permettant au public de créer des échanges instantanés sur des sujets variés. Andreas Kaplan et Michael Haenlein (2011) les définissent comme « un groupe d'applications en ligne qui se fondent sur la philosophie et la technologie du net et permettent la création et l'échange du contenu généré par les utilisateurs ». Ils favorisent des forums ou groupes de discussion généralistes ou spécifiques pour discuter des idées d'intérêts communs. Les smartphones en ont généralisé des usages pour investir des domaines variés dont la démocratie. C'est le cas de Facebook, YouTube, WhatsApp, Vimeo, Instagram. Selon une étude de Statista publiée en janvier 2018, Facebook serait le réseau le plus important avec 2.167 milliards d'utilisateurs devant YouTube (1,5 milliard), WhatsApp (1,3 milliard) et Facebook Messenger (1,3 milliard). WeChat, QQ, Instagram et Tumblr seraient respectivement en 5e, 6e, 7e et 8e position. Les opportunités offertes par ces nouveaux outils impactent la vie démocratique dans toutes ses dimensions, que l'on soit citoyen, élu ou professionnel de la vie publique, on est obligé de se connecter en permanence pour suivre le débat.

A l'abri de tous regards, cette démocratie contrôlée par la minorité à qui le peuple (masse) a convié ou procédé au transfert de ses prérogatives à la minorité pensante, voit poindre, à l'aube de ce 21e siècle, d'un nouvel outil de contrôle ou de surveillance de la masse. Cet outil de gestion et de contrôle de la masse, les réseaux sociaux vont bouleverser toutes les attentes des concepteurs.

Ce nouvel outil de communication devient très vite un moyen de communication pour la masse et échappe à la minorité pensante. Les réseaux sociaux par leur vulgarisation deviennent les plus grands moyens de communication du peuple opprimé. Dès lors, la démocratie et les réseaux sociaux apparaissent intrinsèquement liés.

Cette interpénétration si particulière et parfaite connaît aujourd'hui des soubresauts dès lors que les réseaux sociaux ne servent plus à sa mission première, à savoir le contrôle et la manipulation du peuple comme le font les médias classiques.

2. Réseaux sociaux comme outil d'expression populaire et de promotion de la démocratie

Les réseaux sociaux se sont imposés comme outils :

- d'informations rapides, courtes et concises pour les citoyens (e-citoyen) ;
- de propagande pour les candidats ;
- de récolte de fonds et de financement des campagnes électorales ;
- de manifestation et de contestation populaires.

Les réseaux sociaux peuvent favoriser le développement de la démocratie

– « Ils permettent de communiquer plus facilement », plus rapidement et à coût zéro (car intégré dans l'abonnement). Ils constituent des lieux de débats par excellence qui permettent la multiplication des forums de discussion, de confrontation des points de vue, d'échanger des informations et de mobilisation citoyenne.

– « Ils favorisent des actions collectives » en permettant à des citoyens éloignés, mais partageant les mêmes idées, d'entrer en contact et de se mobiliser pour une même cause ou se retrouver dans de points de rencontre pour mener une action commune, généralement une manifestation.

– Ils favorisent une « interaction quasi instantanée entre les gouvernants et les gouvernés » à travers des commentaires, des prises de position et des sollicitations de contributions aux débats publics.

– Ils permettent de répondre à la crise de la représentation en passant de la démocratie représentative à la démocratie participative. Dans cette optique, ils favorisent la mobilisation des citoyens sur toutes les questions importantes, sans médiation des institutions et des organisations politiques, syndicales et associatives : pétitions et appel à manifestation. Dans cette dynamique, ce sont des compléments utiles à la démocratie représentative pour corriger ses insuffisances par une dimension plus participative, sans en altérer les fondements : les votes électroniques très sécurisés, déjà testés dans certains pays, seraient une première réponse à la crise démocratique. Les initiatives populaires pour un référendum, à l'instar de la Suisse, sont à développer avec une certaine ouverture d'esprit démocratique.

La manifestation anti-mondialisation à Seattle de fin novembre 1999, organisée via le Net permettant ainsi la coordination internationale des participants, fût le début d'irruption du numérique dans l'approche de mobilisation de masse. Aujourd'hui, le succès des smartphones dans la mobilisation sur les réseaux sociaux, lié à la possibilité d'une information rapide et instantanée, est incontestable.

Les réseaux sociaux ont révolutionné la liberté de penser, puisque dans les pays où les médias sont entre les mains du pouvoir, seuls les réseaux sociaux permettent aux citoyens lambda et penseurs libres de s'exprimer. Leur usage a permis à des gens qui ne sont pas rattachés à des partis politiques ou à des médias d'avoir une présence publique, favorisant la mise en place d'une « démocratie d'opinion », par opposition à la démocratie représentative. C'est le cas des gilets jaunes en France qui contestent la politique gouvernementale et qui réclament des conditions de vie digne d'un pays riche.

Les photos ou les vidéos banales en prévenance des villages très enclavés sont regardés par plusieurs millions dans quelques jours. Par exemple des photos d'accident des blindés des Casques bleues avec les sacs de cassitérites en République Démocratique du Congo (RDC) ont fait le buzz sur les réseaux sociaux. Les médias classiques n'auraient jamais publiés ces informations, puisque les journalistes sont intimidés ou contrôlés, ou ils comptent plus sur le transport de ce genre d'organismes pour accéder à des zones de guerres en RDC.

La place des réseaux sociaux dans les campagnes électorales (à titre d'exemple, la campagne numérique de Barack Obama mobilisait 750 personnes en 2012) et dans les nouveaux mouvements de protestation (Occupy, les indignés, le printemps arabe, mouvement Filimbi, contestation burkinabé, etc.) interroge le renouveau démocratique des citoyens et repose la question fondamentale de la « relation technique et société », où la parole d'un philosophe a la même valeur qu'un presque-illettré.

Suite à une décision d'instaurer la taxe sur le carburant en novembre 2018, une majorité des automobilistes a décidé d'entrer dans la contestation pour protester contre la multiplication des taxes. Les appels sur les réseaux sociaux incitaient les citoyens à revêtir un gilet jaune en signe de ralliement contre la politique fiscale du gouvernement. Le mouvement d'automobilistes mécontents s'est transformé, au fur et à mesure de l'évolution de la protestation, pour prendre une dimension sociale et politique contestataire protéiforme à caractère insurrectionnel. Les réseaux sociaux ont été mis à contribution pour faciliter la programmation de manifestations permanentes organisées chaque samedi, amplifier et massifier le mouvement. Ces manifestations des gilets jaunes ont provoqué le grand débat national dans le but de sortir de la crise qui vise la démocratie représentative. Cette consultation « démocratique » ne se limite qu'aux quatre thèmes et ne répond qu'aux questions qui sont posées par le gouvernement. L'introduction d'un véritable « référendum d'initiative citoyenne » dans la Constitution, comme demande majeure des gilets jaunes, est déjà évacuée du débat national. Cette demande se base sur un sondage d'Elabe, datant du mois de février 2018, qui montrait que 73 % des Français étaient favorables à « l'Instauration du référendum d'initiative populaire, sur proposition de 500. 000 électeurs ». Finalement le débat est à minima où tout le monde ne peut pas échanger sur n'importe quel sujet. La plateforme numérique, dédiée à cet effet, recueille des suggestions populaires. Mais la consultation nationale semble être verrouillée et cadenassée avec des questions débattues qui sont éloignées des préoccupations et revendications populaires. Ainsi va la démocratie participative et numérique, faute de coordination et d'organisation des revendications dans un cadre d'une structuration des acteurs dont le point commun est la réponse à l'appel sur les réseaux sociaux. En fixant quatre thèmes de discussion, le gouvernement a savamment transformé le grand débat national en « une opération de communication » au profit de l'exécutif. Et pourtant c'est le peuple, en jaune de contestation, qui réclamait la convocation d'une consultation citoyenne pour débattre de ses multiples revendications sociales, économiques et politiques. En marge de ce Mouvement des Gilets Jaunes, est né un autre mouvement éphémère des Foulards Rouges qui défend la politique gouvernementale. De fait, nous sommes en présence de deux logiques politiques aux intérêts radicalement antagoniques avec le point commun d'exercice d'une démocratie numérique.

3. Réseaux sociaux comme instrument de propagande et danger pour la démocratie

L'anonymat et le pseudonyme sur les réseaux sociaux sont devenus des instruments dangereux pour favoriser :

- l'expression de racisme, d'homophobie, d'antisémitisme et d'islamophobie;
- la propagation de rumeurs et de fausses nouvelles ;
- le harcèlement et la destruction des individus ou des personnalités (avec des cas de suicide).

Les réseaux sociaux peuvent présenter des dangers pour la démocratie

–Ils peuvent être le support à la diffusion d'informations fausses ou diffamantes à l'égard d'un individu ou des groupes d'opinions politiques ou idéologiques.

– Ils peuvent être le support propageant des actions ou des idées nuisibles, négationnistes ou racistes, en contradiction avec les fondements de la démocratie.

– La contestation sur les réseaux sociaux permet aux groupuscules de s'arroger le monopole de la représentativité des opinions publiques : « toute la France nous soutient à 80 % », se targuaient les représentants des gilets jaunes sur les plateaux de télévision face aux représentants élus et aux journalistes qu'ils considèrent comme des élites insensibles à la souffrance du peuple d'en-bas. Cependant, il convient de s'interroger sur la régularité et la représentativité de ces pratiques érigées en un système, qui serait susceptible de favoriser le populisme et la démagogie.

– On assiste souvent à « l'illusion que pourrait représenter l'e-démocratie ». Les mouvements de contestation qu'offrent les réseaux sociaux aux citoyens n'ont pas encore permis la modification des structures de pouvoir. Là où ces mouvements ont permis le changement des dirigeants, comme en Tunisie ou en Egypte, rien n'a changé pour le citoyen lambda qui s'est massivement et pleinement mobilisé. Cela accrédite la thèse de manipulation de la masse ou de conspiration.

Jusqu'à maintenant, la démocratie s'incarnait dans de grandes institutions, comme les parlements, les partis politiques, les syndicats et la presse, lesquels jouaient un rôle de représentants du peuple, de faiseurs et de condensateurs d'opinions, de police de la pensée et de connaisseurs de tout. Avec la crise des démocraties occidentales et la contestation des régimes autoritaires, l'opinion brute apparaît dans toute sa diversité et sa cacophonie, sans médiations institutionnelles, comme une expression populaire et démocratique. Cette opinion anti-système, anti-libéralisme, anti-élitisme, anti-mondialisation, anti-intellectualisme et anti-autoritarisme, ouvre la voie à des comportements contradictoires et parfois violents teintés des sous-entendus divisionnistes ou discriminantes.

Cette voie amène souvent au populisme avec des discours de haine, d'indexation des gens, de propagation de fausses accusations, de mensonges, toujours exprimés avec des bons sentiments, de la passion pour flatter le peuple dans le sens du poil en exploitant ses instincts primaires. Les populistes se proclament défenseurs du peuple et des intérêts nationaux contre la technostructure ou l'ennemi imaginaire avec un rejet de toute médiation institutionnelle au nom d'une vérité qui émanerait naturellement du peuple. Le danger des réseaux sociaux, c'est la promotion des idées, sans médiation, d'une figure charismatique qui prétend savoir ce que veut le peuple, avec toutes les dérives que cela peut entraîner pour la démocratie.

Qui dit débat public dit oppositions, confrontations et désaccords raisonnés et logiques. C'est une réalité incontournable du débat démocratique. Or, sur les réseaux sociaux, les échanges sont brutes et parfois sans respect ni consensus. Les injures et les attaques personnelles l'emportent souvent sur la confrontation d'idées car tout le monde ne possède pas la même maîtrise du langage et de l'argumentation. Cela appauvrit le débat démocratique, où le raisonnement d'un Prix Nobel de l'économie est contredit par un vendeur de poissons. On est dans un faux débat qui ne permet plus de saisir les enjeux des sujets qui sont discutés. Former les citoyens à l'art de la discussion respectueuse serait un aspect intéressant de la démocratie numérique et virtuelle.

A titre d'illustration, un ancien militaire s'amuse sur les réseaux sociaux à donner des conseils aux gilets jaunes pour faire face aux forces de l'ordre pendant une manifestation. Il distille des conseils militairement stratégiques : « les forces de l'ordre sont toujours beaucoup moins nombreuses que les manifestants. Le principe, c'est de maîtriser la peur, de ne pas crier, de ne pas fuir devant elles, mais de leur coller aux basques. En restant pacifiques et collés aux policiers, il leur sera beaucoup plus difficile de vous frapper, de vous repousser ou de se servir de leurs armes. Allez collectivement au contact pour protéger votre camarade contre l'agression des forces de l'ordre. Il faut montrer le contraire de ce que les médias et les politiciens attendent : éviter un dérapage pour ne pas légitimer la violence totale ». Ce sont des bons conseils, mais qui posent des problèmes de distorsion démocratique, où le secret des institutions sécuritaires, pilier de la démocratie, est mis à nu et cela peut poser à terme la problématique de protection de la démocratie et de ses institutions.

Il ne faut pas que les médias sociaux soient sans contrôle démocratique par le truchement des frontières. « Les juridictions nationales peinent à imposer leur verdict et les législateurs à suivre le rythme des évolutions technologiques. Quant à la difficulté à distinguer les sources des informations en fonction de leur sérieux, voire de leur neutralité idéologique, ou même à assimiler une profusion toujours plus redondante d'informations sans grande valeur, on a pu parler de la nécessité d'éduquer le citoyen contre l'"infobésité" ». Dans certains pays de l'Europe du nord, l'internet et son usage sont inscrits dans la constitution. Les institutions nationales, comme la Commission nationale informatique et libertés (la CNIL) en France, tentent de réguler le système avec des moyens juridiques en cas d'infraction, mais qui restent limités aux frontières nationales. La loi de 2004 allège de façon substantielle les obligations déclaratives des détenteurs de fichiers, accroît les pouvoirs de la CNIL en ce qui concerne les contrôles sur place et les sanctions, et renforce les droits des personnes. L'anonymat fait vivement débat avec la crise des gilets jaunes et la volonté du gouvernement de légiférer pour y mettre fin. La lutte contre l'anonymat du Web est motivée par la recherche de la visibilité démocratique de l'information. Une proposition de loi contre l'anonymat de l'Internet consiste sans doute à répondre au manque de démocratie hurlé par les Gilets Jaunes et à lutter contre les personnes qui font circuler des rumeurs de façon anonyme afin d'éviter l'asymétrie de l'information qui sape le pilier fondamental sur lequel repose la démocratie. L'ONU, l'UA n'ont pas encore des cadres juridiques sur les outils numériques de promotion de la démocratie. Les pays africains n'ont pas encore légiféré là-dessus et certains se contentent de couper l'internet pendant le processus électoral pour éviter la proclamation des résultats non officiels et prévenir des contestations et/ou des manifestations violentes.

4. Cohabitation déloyale entre la démocratie et les réseaux sociaux

Il suffit de disséquer des messages circulant sur les réseaux sociaux en instant T et sur un sujet précis pour déceler une cohabitation déloyale et difficile entre la démocratie et les réseaux sociaux. Nous reprenons ici une fable du bénévolat qui circule en France dans un contexte de contestation de la politique sociale et fiscale du gouvernement par les gilets jaunes.

« La fable du bénévole »

Elle est vraiment trop proche de la réalité pour ne pas partager !

« Un jour, un fleuriste se rendit chez le coiffeur pour se faire couper les cheveux. Après sa coupe, il demanda combien il devait. Le coiffeur répondit: « c'est gratuit, je fais du bénévolat cette semaine ». Le fleuriste s'en alla tout content. Le lendemain, en ouvrant sa boutique, le coiffeur trouva à sa porte une carte de remerciements et une douzaine de roses. Plus tard, c'est le boulanger qui se présenta pour se faire couper les cheveux. Quand il demanda à payer, le coiffeur lui dit : « Je ne peux accepter d'argent, cette semaine, je fais du bénévolat ». Heureux, le boulanger s'en alla tout content. Le lendemain, il déposa à la porte du coiffeur une demi-douzaine de croissants, avec un mot de remerciements.

Puis, ce fut le député du coin qui se présenta. Lorsqu'il voulut payer, le coiffeur lui répondit : « Mais non, cette semaine c'est gratuit, je fais mon bénévolat ! ». Très heureux de cette aubaine, le député quitta la boutique. Le lendemain, quand le coiffeur arriva pour ouvrir, une douzaine de députés et de sénateurs attendaient en ligne pour se faire couper les cheveux gratuitement… »

Voilà, la différence fondamentale entre les citoyens de ce pays et les politiciens qui nous gouvernent.

Et il paraît que dans la file, il y avait même des chauves !!! ... Si, si !!!! ».

Cette fable, qui circule sur les réseaux sociaux en ce moment de la contestation des gilets jaunes, montre l'état d'esprit et de mépris de certains citoyens à l'égard des politiques qu'ils considèrent comme inhumains, habitués des choses faciles et déconnectés de la réalité de la vie. Les formistes des réseaux sociaux présentent des politiques et des dirigeants comme les individus déconnectés des réalités et eux se présentent comme des représentants élus disposant de la légitimité du peuple. Voilà le nœud de la cohabitation déloyale dans la démocratie numérique.

En accentuant les possibilités d'interactions et d'informations rapides, les réseaux sociaux font vivre une démocratie virtuelle qui ne se transforme pas en représentativité réelle. La fabrique de l'opinion, produite par l'explosion de la communication instantanée, est basée sur le malaise et la détresse de la société, les sentiments d'injustice ou les émotions et pressions politiques sans consistance idéologique pour influencer ou changer la gouvernance. Dans cette conception, l'important est le concept et les images mobilisateurs qui touchent l'esprit des gens. Cette manière de concentrer les efforts sur la fabrication d'une image qu'on propage par les réseaux sociaux sans accorder la moindre importance aux faits est contraire à l'esprit démocratique. C'est le cas des manifestations croisées au Venezuela, où les réseaux sociaux ne rapportent pas la vérité des faits du mécontentement populaire. La manifestation pro-président élu par 68 % de son électorat contre celle pro-président transitoire autoproclamé devient un cas d'école d'une crise interne attisée par l'externe et l'inévitable désinformation qui prend de plus en plus de place dans les medias sociaux. L'opposition a appelé ses partisans à manifester pour exhorter la Force Armée Nationale Bolivarienne (FANB) à se joindre à la protestation. Le responsable du parti au pouvoir a également convoqué une mobilisation pour samedi 2 février 2019, une manifestation qui coïncide avec celle convoquée par l'opposition. Les deux cas utilisent des twistés relayés sur d'autres réseaux sociaux pour sonner la mobilisation générale. On assiste à une propagande qui vise à préparer l'opinion publique internationale à la légitimité d'une action violente. Cela provoque l'effondrement du système démocratique selon une probabilité constante et irrésistible du désordre provoqué par un antagonisme politique.

Les manifestations spontanées ou citoyennes, lancées sur les réseaux sociaux, bénéficient souvent d'un soutien populaire très large, qui explique une montée en puissance de la colère contre la politique ou la pratique du pouvoir. Les manifestants se mobilisent dans l'illusion de récupération des libertés fondamentales bafouées par le pouvoir. Les images des manifestations et surtout des incidents avec les forces de sécurité circulant sur les réseaux sociaux galvanisent les énergies et soulèvent les foules et le cortège d'indignation. Cela est amplifié par des images et vidéos amateurs prises via des téléphones portables et diffusées instantanément. La brutalité des scènes vécues et rencontrées dépasse toute imagination démocratique. Le ras-le-bol devient total. La tension est perceptible et la volonté des manifestants d'en découdre définitivement avec les institutions publiques est énorme. Cette ébullition peut se transformer rapidement en un risque d'un embrasement total d'un pays fragile, par une guerre civile aux conséquences incalculables.

Conclusion

L'approche virtuelle de la démocratie, qui produit des contestations sans aucune forme ingénieuse de capitalisation du mouvement de foule, finit toujours par un désenchantement de la masse chez qui rien ne change : les bénéfices du printemps arabes ont été récupérés par les forces obscurantistes. C'est le cas aussi des gilets jaunes en France qui sont très divisés sur la finalité du mouvement de contestation : les uns projettent de faire une liste pour les élections des députés européens et les autres s'y opposent farouchement.

Les réseaux sociaux, malgré leurs imperfections, risquent d'être le pilier de la démocratie en remplacement de la presse traditionnelle qui est désormais tombée dans la facilité et le goût du buzz (pour vendre) et n'hésite plus à publier des informations tirées de ces mêmes réseaux sociaux. Le cycle de démocratie numérique ne fait que commencer, et c'est pourquoi il est nécessaire de clarifier la voie juridique et d'organiser sa gouvernance. Le temps est venu de promouvoir une véritable conscience populaire, où les réseaux sociaux sont la base pour avancer vers une citoyenneté libre et où l'action électorale est subordonnée à une stratégie de véritables transformations démocratiques et sociales. Cela éviterait que l'agitation sur les réseaux sociaux bafoue l'une des valeurs cardinales de la démocratie : le respect des Autres et des institutions.

Références bibliographiques

Rodota Stefano (1999), *La Démocratie électronique. De nouveaux concepts et expériences politiques*, Rennes, Apogée.

Wilhelm Anthony G. (2000), *Democracy in the Digital Age*, New York: Routledge.

Mercklé, Pierre (2004), *les Réseaux sociaux, les origines de l'analyse des réseaux sociaux*, CNED, ENS-LSH.

Cardon Dominique (2010), *la Démocratie internet*, Paris : Seuil.

Compiègne Isabelle (2011), *la Société numérique en questions(s)*, Auxerre, Sciences humaines Éditions.

Rissoan Romain (2012), *les Réseaux sociaux : Facebook, Twitter, LinkedIn, Viadeo - Comprendre et maîtriser ces nouveaux outils de communication*, ENI.

Kiyindou Alain, Communication et débat public : les réseaux numériques au service de la démocratie ? (Communication et Civilisation).

Mercier Arnaud, Professeur des universités, spécialisé en réseau socionumérique, Entretiens du webjournalisme

Lemarchand, Grégoire, Journaliste, Responsable des réseaux sociaux et adjoint au rédacteur en chef à l'AFP, États-Unis /Donald Trump

Réseaux sociaux : Facebook, Twitter, LinkedIn, whatsapp, YouTube, Pinterest, Tumblr, Instagram, Medium, Snapchat...

L'apport des études d'impact socioéconomiques à l'amélioration des conditions de vie des citoyens : le cas d'Al Omrane

Imane Nachoui*

Résumé

Lancé en 2004, le programme «Villes Sans Bidonvilles « PVSB», qui devait s'achever en 2012, est toujours d'actualité et est même remis en cause. Ce retard est surtout dû à un problème de gouvernance qui se traduit par un manque de collaboration, de coordination et d'engagement d'acteurs clés sur les plans locaux, nationaux et régionaux. Dans ce sens, et à travers une analyse de cas sur le Groupe Alomrane, cet article vise à démontrer que d'une part, les études d'impact sont des moyens efficaces pour évaluer cette gouvernance puisqu'elles apportent un éclaircissement sur les résultats de l'action ou politique publique engagée. D'autre part, qu'une bonne gouvernance territoriale est cruciale pour faire valoir l'efficacité économique, l'équité sociale et le développement durable.

Mots-clés : Etude d'impact, Groupe Alomrane, Casablanca, habitat insalubre, gouvernance

Abstract

Launched in 2004, the "Villes Sans Bidonvilles" program "PVSB", which was to end in 2012, is still relevant and is even called into question. This delay is mainly due to a governance problem that results in a lack of collaboration, coordination and commitment of key players at the local, national and regional levels. In this sense, and through a case study on the Alomrane Group, this article aims to demonstrate that, on the one hand, impact studies are effective means of assessing this governance since they provide us with a clarification of the results of action or public policy. On the other hand, good territorial governance is crucial to promote economic efficiency, social equity and sustainable development.

Keywords : *Impact study, Alomrane Group, Casablanca, unsanitary housing, governance.*

(*) Doctorante à la structure de recherche :Gouvernance de l'Afrique et du Moyen-Orient (GAMO), Faculté des Sciences juridiques, économiques et sociales, Souissi, Université Mohammed V de Rabat.

Introduction

A l'échelle mondiale, l'urbanisation qui ne dépassait pas 15 % au début du 20e siècle, atteint actuellement 60 %. Cette explosion du phénomène urbain touche tous les pays du monde à différentes échelles et le Maroc ne fait pas l'exception. En effet, le taux d'urbanisation au Maroc est passé de 8% en 1900 à 60% en 2014, accompagné d'une macrocéphalie de la ville de Casablanca qui a vu sa population s'accroître rapidement, passant de 25 000 habitants en 1900 à plus de 4 millions actuellement, sur une superficie de 50 ha en 1900 à plus de 350 Km^2 actuellement.

Cette explosion démographique et cet étalement urbain posent des problèmes socio-économiques, d'infrastructures et d'équipements, de gestion, de management et bien d'autres à tel point qu'on qualifie cette urbanisation d'incontrôlable et de crise, dont le développement de l'habitat insalubre et les bidonvilles donnent une mauvaise image d'une ville leader du phénomène urbain marocain.

Le Programme Villes Sans Bidonvilles (PVSB) est lancé officiellement en 2004, sur instructions Royales. Parmi les 85 villes concernées par ce programme, 62 ont été déclarées Villes sans bidonvilles en 2017. Mais à ce jour, 81% des ménages restant à recaser se concentrent à Casablanca-Settat et Rabat-Salé-Kénitra. Par ailleurs, L'Etat doit faire face à une augmentation de 56% par rapport à 2004 à travers le recasement d'environ 10 600 ménages supplémentaires par an.

Pour engager des actions effectives destinées à maîtriser ces phénomènes d'étalement urbain et de « bidonvilisation », il faut une meilleure gouvernance territoriale. Cette dernière est devenue ainsi une question centrale dans le développement territorial et un enjeu pour l'élaboration des politiques publiques. Concrètement, il s'agit d'analyser les processus de gouvernance qui se font entre un ensemble d'acteurs publics comme privés engagés dans des projets en commun, d'évaluer les pouvoirs, coordinations, partenariats, coalitions et contrats qui peuvent exister entre ces différents acteurs ainsi que les schémas de développement et de régulation couvrant les différentes échelles de leurs territoires.

Le présent article analyse le cas du Groupe AlOmrane, acteur de référence et outil efficace de mise en œuvre de la politique de l'Etat en matière d'habitat social, de mise à niveau urbaine et de lutte contre l'habitat insalubre. C'est un groupe qui reste fidèlement attaché à sa mission sociale en plaçant au centre de ses préoccupations l'inclusion sociale et le développement humain. Le Groupe s'appuie sur des études d'impacts qui permettent d'apprécier, au-delà des performances physiques des opérations d'aménagement et de construction, les dynamiques de changement vécues par les habitants concernés et la contribution de l'action à l'amélioration de leurs conditions d'existence. Ces études offrent un état des lieux d'un projet à un moment donné, relèvent ses points forts/faibles et proposent des solutions.

Mon objectif est ainsi de montrer comment, grâce à ces études d'impacts, les acteurs privés/publics arrivent à améliorer leurs styles de gouvernance et les méthodes de planification. Aussi, de montrer que c'est grâce aux apports de ces études que les conditions de vie des citoyens sont durablement améliorées.

Habitat au Maroc : la priorité aux projets de logements sociaux dans les plans de développement

Au niveau central : une nouvelle stratégie

Depuis l'Indépendance jusqu'aujourd'hui, le secteur de l'habitat a transité par plusieurs ministères, pour dépendre actuellement du Ministère de l'aménagement du territoire national, de l'urbanisme, de l'habitat et de la politique de la ville.

Le département de l'Habitat et de l'Urbanisme étudie et propose les orientations susceptibles d'éclairer l'action gouvernementale dans le domaine de l'habitat et de l'urbanisme. Il contribue à la mise à niveau du secteur, à sa professionnalisation, à l'amélioration de son rendement et à l'efficacité de l'action des opérateurs tant publics que privés. Il développe la concertation entre les différents acteurs et partenaires concernés notamment les départements ministériels, les associations, les établissements publics, semi-publics et privés.

Le département de l'Aménagement contribue à l'élaboration de politiques publiques fondées sur la concertation (Charte Nationale de l'Aménagement du Territoire) pour encadrer la répartition des activités et des hommes dans l'espace, dans la perspective de réaliser les conditions d'un développement durable, respectueux des équilibres de l'environnement et de la cohésion sociale.

Toutefois, la multiplication des intervenants et le chevauchement des compétences avaient mené à la non cohérence des plans et des stratégies, ce qui s'est répercuté négativement sur le secteur de l'habitat, par le développement de l'habitat insalubre sous différentes formes.

En effet, le secteur de l'habitat au Maroc se caractérise par un fort déséquilibre entre l'offre et la demande en raison des différentes contraintes entravant son développement.

Pour résorber les besoins croissants en logement, une stratégie a été mise en place depuis 2003. A la veille de la mise en place de cette nouvelle stratégie, le secteur de l'habitat était caractérisé par un déficit important en logement, qui s'est manifesté par une offre, estimée à 90 000 logements/an, incapable de subvenir aux seuls nouveaux besoins estimés à 125 000 logements/an (ministère des Finances et de la Privatisation, mai 2008, p. 2).

La nature de l'offre ne correspondait pas aux besoins des couches sociales défavorisées, ce qui a eu pour conséquence d'exclure une part estimée à 30 % des ménages. De ce fait,

40 000 unités d'habitat insalubre (25 000 habitats non réglementaires et 15 000 baraques) se créaient annuellement, creusant davantage le déficit global en logement, passant de 930 000 unités en 1994 à 1,24 millions en 2002.

Face à l'aggravation du déficit en logement, les directives royales ont placé l'habitat social parmi les priorités nationales. Le gouvernement a arrêté un plan d'action visant à augmenter le rythme de production et atteindre ainsi l'objectif de 100.000 logements sociaux par an et d'éradiquer progressivement l'habitat insalubre.

Au niveau décentralisé : la restructuration des organismes publics de l'habitat

Pour exécuter les grandes orientations centrales, des administrations décentralisées sont créées dans les régions. Parmi ces administrations, on cite le groupe Al Omrane, qui est une entreprise publique chargée de la mise en oeuvre de la politique de l'Etat dans le secteur de l'habitat. Elle assume des missions portant principalement sur la création de logements, l'aménagement foncier, ayant pour but l'amélioration du cadre de vie des citoyens.

Le groupe est né après la fusion en 2004 de l'ANHI (Agence nationale de lutte contre l'habitat insalubre), de la SNEC (société nationale d'équipement et de construction) et Attacharouk (Société d'aménagement, de construction et de promotion), et la transformation en 2007 des sept Établissements Régionaux d'Aménagement et de Construction (ERAC) en sociétés anonymes.

Opérateur public de l'habitat et de l'aménagement, son slogan est « le droit au logement, le droit au bonheur ».

Le Groupe Al Omrane procède dans les limites territoriales de son ressort à l'aménagement de secteurs d'habitation et à la réalisation de programmes de construction, soit pour son propre compte, soit pour le compte de l'Etat ou des collectivités locales, à titre de promoteur immobilier pour contribuer à :

- l'application de la politique étatique en matière d'habitat. (Orientation) ;
- la régulation du marché immobilier (lutte contre la spéculation) ;
- l'amélioration du cadre bâti (lutte contre l'habitat insalubre, restructuration) ;
- la résorption du déficit en logements par la réalisation de grandes opérations de lotissements et de constructions ;
- la réalisation des actions d'aménagement et de lotissement de terrains destinés { la promotion de l'habitat social en partenariat avec le secteur privé ;
- la résorption des bidonvilles et des habitats insalubres ;
- le développement et la maîtrise d'ouvrage urbaine et sociale.

Le Groupe Al Omrane est présent sur l'ensemble des régions du pays à travers ses 14 filiales et 43 agences. A l'étranger, il dispose d'une représentation à Paris.

Les établissements Al Omrane du Royaume du Maroc

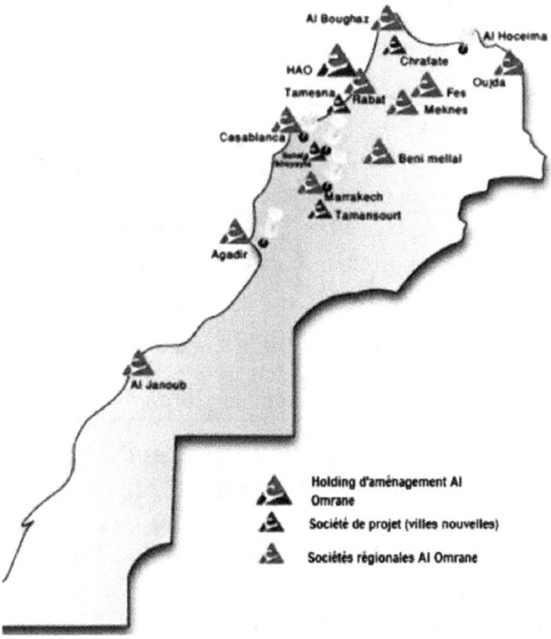

Des chantiers structurants en matière d'habitat : programme Villes sans bidonvilles (PVSB)

Suite aux attentats de mai 2003 et à l'issue du discours royal d'octobre 2003 visant la promotion de l'habitat social et la résorption de l'habitat insalubre, le PVSB est lancé officiellement en 2004, constituant l'une des priorités du gouvernement marocain dans le domaine de la résorption de l'habitat insalubre et de la lutte contre la pauvreté et l'exclusion en milieu urbain. Ce programme s'est fixé comme objectif d'éliminer l'ensemble des bidonvilles des centres urbains, pour un coût global estimé à 25 milliards de dirhams (2,25 milliards d'euros), dont une subvention de l'Etat de 10 milliards de dirhams (900 millions d'euros). Il concerne près de 362 000 ménages (1,8 million d'habitants) dans près de 1 000 bidonvilles, répartis dans 84 villes et centres urbains, dont près du tiers est concentré dans l'agglomération de Casablanca. Sa mise en oeuvre a été confiée au Ministère en charge de l'habitat et à l'opérateur public Al Omrane (HAO), en coordination avec les départements ministériels déconcentrés et les partenaires concernés au niveau national et local.

Le PVSB marocain se démarque des approches précédentes en cherchant à passer « d'une intervention par projet à une vision globale au niveau de la ville, destinée à trouver une solution durable au problème de l'habitat insalubre » (Agence française de développement (AFD, 2014)). Des contrats définissant des plans d'actions à l'échelle urbaine ont été établis entre l'Etat et les collectivités locales.

Ce programme a permis l'amélioration des conditions de vie de près de 227.131 vivant dans les bidonvilles. Dans ce qui suit, on verra que les études d'impacts, notamment celles réalisées par la Banque Mondiale en 2006 et l'Agence Française de Développement en 2014, ont joué un rôle très important dans le succès de ce programme. En effet, ces études ont donné une image claire et plus précise sur l'état d'avancement duprogramme, après que des actions publiques y ont été appliqués, et proposé par la suite des solutions adéquates.

Les études d'impacts comme moyens d'évaluation des actions publiques.

Apports de l'étude d'impact de la Banque Mondiale (2006)

Cette étude, fruit de la collaboration entre les équipes du ministère de l'Habitat et de l'Urbanisme et de la Banque mondiale, accompagnées par des professionnels marocains actifs dans le domaine de la recherche sociale, avait pour finalité l'analyse d'impact social et sur la pauvreté du programme « Villes sans bidonvilles ». Les résultats de cette étude, réalisée en juin 2006, avaient montré que le PVSB contribue réellement à l'amélioration des conditions de vie des habitants concernés. Toutefois, des observations intéressantes ont été relevées et qui ont concerné la gouvernance territoriale autour du programme.

En effet, les résultats de l'étude d'impact relèvent les points suivants :

– Il existe une collaboration inadéquate et une incohérence au sein des organes nationaux, régionaux et des collectivités locales, posant une menace pour la réalisation des objectifs du programme.

– L'urgence de l'achèvement du programme VSB semble exacerber le niveau insuffisant de coordination institutionnelle.

– L'attention des acteurs est axée sur les aspects techniques plutôt que sur l'accompagnement social.

– Certaines parties prenantes sont cruciales pour la réussite de VSB mais ont un intérêt minimal à y participer à cause d'incitations insuffisantes.

– Le paysage des acteurs liés au secteur de l'habitat en général et au PVSB en particulier est extrêmement complexe.

Apports de l'étude d'impact de l'Agence française de développement (AFD, 2014)

En 2008, Al Omrane avait lancé une étude d'évaluation et d'impact social et économique d'opérations du Programme Villes sans bidonvilles (PVSB).Cette étude avait été cofinancée par l'Agence française de Développement (AFD).

Les résultats de cette étudeavaient montré que le PVSB contribue bien à l'amélioration des conditions de vie des habitants concernés. Toutefois, il y'a encore un problème de gouvernance.

Résultats de l'étude:

- amélioration du cadre de vie et du bien-être des citoyens ;
- une augmentation de la surface habitable des logements ;
- une amélioration de l'indicateur des conditions de sommeil ;
- une amélioration de la configuration des logements avec l'apparition de salons, de cuisines indépendantes, de douches;
- une progression importante des éléments de confort: réfrigérateurs, cuisinières, machines à laver;
- une amélioration des services de base à domicile (eau, électricité, assainissement) ;
- un sentiment de promotion sociale et d'optimisme domine.

... Mais, côté gouvernance?

– Incohérence du processus d'intervention, de sa qualité, des conditions de sa mise en œuvre sur le plan technique, social et institutionnel.

Grace à ces études d'impacts, les acteurs impliqués dans le programme VSB ont pu capitaliser sur leurs expériences passées, améliorer leurs mécanismes de gouvernance, coordonner mieux leurs actions et en mobilisant intelligemment les ressources locales, les réseaux... Mais est-ce que c'est suffisant aujourd'hui?

Apports de l'étude de diagnostic et de repositionnement: AlOmrane Sidi Moumen, Ahl Loghlam (2018)

La société Al Omrane Casa-Settat se positionne au centre des acteurs de la gouvernance territoriale du projet Salam Ahl Loghlam : opérations de relogement de près de 8 400 familles de deux des plus grands et des plus anciens bidonvilles de Casablanca (Douar Skouila (6 077 ménages) et Karyan Thomas (2 405 ménages)). Elle œuvre pour fédérer les actions du pouvoir central, des entités décentralisées et autres intervenants, comme le montre la figure ci-dessous.

Modèle de gouvernance de la Société Al Omrane Casa-Settat (travail personnel)

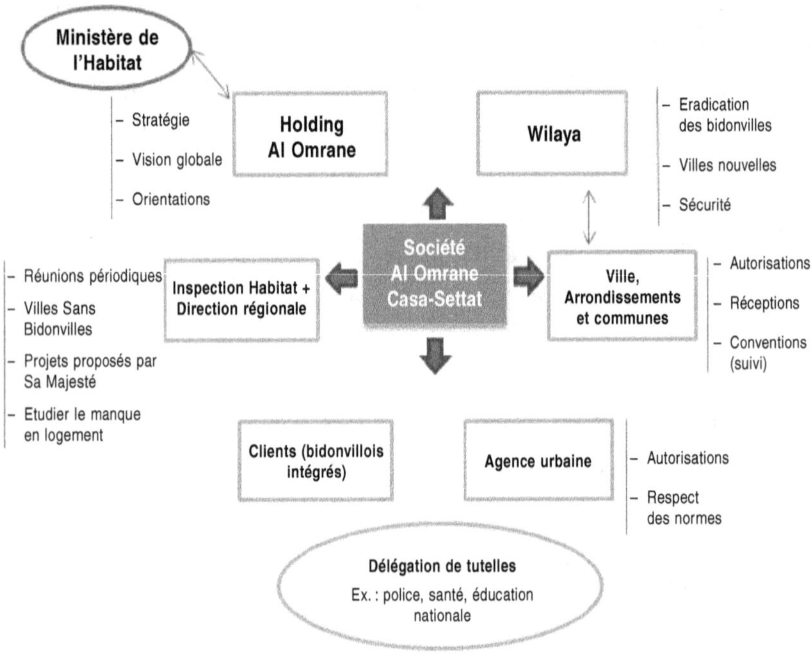

Toutefois, si l'on visite aujourd'hui la localité d'Ahl Loghlam pour voir l'état du projet Salam qui remonte au mois de Juin 2005, on verra que plusieurs problèmes soulevés par les études d'impacts n'ont toujours pas été résolus. Parmi ces problèmes :

- une desserte en commerces et services en général trèsréduite;
- absence d'espaces verts et d'espaces publics aménagés;
- des problèmes de fonctionnement et de gestion lorsque les équipements publics ont été réalisés ;
- l'inachèvement des voiries;
- les ordures partout ;
- constructions non autorisées ;
- inachèvement des travaux.

Donc on conclut bien que les études d'impacts sont essentielles pour guider l'action publique/privée mais que ce n'est pas suffisant. Il faut revoir les modes de gouvernance afin de rehausser les logiques des acteurs.

Conclusion

La gouvernance est un élément indiscutable de réussite de tout projet territorial. Une bonne gouvernance traduit l'engagement d'une multiplicité d'acteurs locaux, privés et publics, dans une logique collective à travers un management de projet, pour améliorer les conditions de vie des habitants de son territoire.Comme disait Callon et al 2001, la gouvernance territoriale fait de la participation des différents publics concernés un principe central.

Il faut toujours s'interroger sur les logiques d'acteurs, les styles de gouvernance et les méthodes de planification pour pouvoir éviter la fracture et assurer à la fois la cohérence et la cohésion.Par ailleurs, pourquoi attendre que des organismes étrangers réalisent des études d'impact et pourquoi ne pouvons-nous pas réaliser nous-même ces études, nous qui maitrisons notre gouvernance, notre territoire? Dans ce sens, lagrille d'évaluation de la gouvernance proposée par Chia E. *et al.* (2010) peut être très utile.

Références bibliographiques

Bigio G.A. (2006), « Maroc : Programme Villes sans bidonvilles », Rapport final : analyse d'impact social et sur la pauvreté, Banque mondiale, Washington, DC.

Chia E., Mathé S., Rey Valette H., Michel L., Soulard Ch. *et al.* (2010), « Comment étudier (analyser) la gouvernance territoriale? Mise à l'épreuve d'une grille de lecture », Colloque AISRE -ASRDLF 2010, « Identité, qualité et compétitivité territoriale. Développement économique et cohésion dans les Territoires alpins », sep. 2010, Aoste, Italy, 23 p.

Le Tellier J. et A. Iraki (2010), *Habitat social au Maghreb et au Sénégal, gouvernance urbaine et participation en questions*, L'Harmattan, Paris.

Navez-Bouchanine F. (2006), *Guide pour l'action sociale dans les projets de lutte contre l'habitat insalubre*, MHUAE, AFD, ADS.

Navez-Bouchanine F. (2005), « Analyse de l'impact social et sur la pauvreté du Programme Villes sans bidonvilles - annexe 3 - profils, problèmes et attentes de la population bidonvilloise », rapport de deuxième phase, juillet.

Toutain O. (2011), « Retour sur l'expérience d'accompagnement social des projets de résorption de l'habitat insalubre au Maroc », *in* Zaki L. (ed.), *l'Action urbaine au Maghreb, enjeux professionnels et politiques*, Karthala, Paris.

Toutain O. (2008), « Bilan évaluation du dispositif d'accompagnement social dans les opérations de RHI », Holding d'aménagement Al Omrane, Rabat.

Toutain O. et Rachmuhl V. (2014), « Evaluation et impact du Programme d'appui { la résorption de l'habitat insalubre et des bidonvilles au Maroc », AFD.

Rapports/études

Commission européenne (2008), « Analyse des résultats d'enquêtes auprès des bénéficiaires de programme de relogement de bidonvilles », mai.

Nachoui Imane (2018),« Le marketing territorial au service de l'attractivité des territoires : Cas du Groupe Al Omrane Casablanca-Settat », mémoire professionnel.

Observatoire national du développement humain (2009), « Rapport sur l'exclusion et l'inclusion sociale par le logement à travers l'enquête auprès des bénéficiaires de programme de relogement », Rabat.

Royaume du Maroc, ministère de l'Habitat, de l'Urbanisme et de l'Aménagement de l'Espace (2007), « Tableau de bord du secteur immobilier ».

Royaume du Maroc, ministère de l'Habitat, de l'Urbanisme et de l'Aménagement de l'Espace, (2007), *Habitat et Urbanisme 2003-2007: un secteur en mouvement.*

Royaume du Maroc, ministère de l'Habitat, de l'Urbanisme et de l'Aménagement de l'Espace (2007), « Mission 3 : Evaluation des programmes conventionnés dans le cadre de l'article 19 de la de la Loi de Finances 1999-2000 », février.

Royaume du Maroc, ministère de l'Habitat, de l'Urbanisme et de l'Aménagement de l'Espace (2007) « Bilan et perspectives d'action ».

Royaume du Maroc, ministère des Finances et de la Privatisation, Direction des études et des prévisions financières (2008), « La nouvelle stratégie du logement au Maroc, déclinaison des principaux axes et évaluation de leurs impacts », mai 2008, 16 p.

Royaume du Maroc, ministère délégué chargé de l'Habitat et de l'Urbanisme (2005), « Programme villes sans bidonvilles. Plan de mise en oeuvre ».

Revues

Revue Marocaine d'Audit et de Développement (2015), « Diplomatie économique en Afrique, quelle gouvernance en période de crise et d'instabilité ? », sous la direction de Mohamed Harakat, n° 40.

La gouvernance locale au Maroc, Groupement de recherche sur l'économie urbaine, régionale et de l'environnement/GREURE ,Université Mohammed V, Souissi, sous la direction de Mohamed Harakat 2003.

La place du citoyen dans les institutions de l'évaluation des politiques publiques

Boutayeb Es-sehab*

Résumé

L'évaluation citoyenne, consacrée par la constitution de 2011, est une pratique de participation active qui permet à des citoyens et des organisations sociales de contrôler le déroulement des affaires publiques en demandant des comptes aux décideurs publics sur les résultats de leurs actions. Dans la pratique, cet exercice de contrôle engendre donc des répercussions sur le mode de dialogue et la relation entre pouvoirs publics et groupes de citoyens, sur les méthodes de ces acteurs et sur la formulation et l'exécution des politiques publiques. L'objectif de ce papier est d'étudier ces mécanismes de l'évaluation et l'impact qu'ils ont sur l'action publique.

Mots-clés : Maroc, Constitution, citoyen, contrôle, évaluation des politiques publique, démocratie participative, gouvernance, action publique responsabilisation, étude d'impact.

Abstract

Citizen's assessment, enshrined in the 2011 constitution, is a practice of active participation that enables citizens and social organizations to monitor the conduct of public affairs by holding public decision-makers accountable for the results of their actions. In practice, this monitoring exercise therefore has repercussions on the mode of dialogue and the relationship between public authorities and citizen groups, on the methods of these actors and on the formulation and execution of public policies. The purpose of this paper is to study these mechanisms of evaluation and the impact they have on public action.

Keywords: *Morocco; Constitution; citizen; control, evaluation of public policies; participative democracy; governance; public action; accountability; impact study.*

(*) Professeur à la FSJES de Settat.

Introduction

Le fort endettement des pouvoirs publics et le besoin de réduire les dépenses publiques sont des contraintes qui pèsent sur les finances publiques et qui obligent à plus d'efficience des politiques mises en oeuvre. Dans un contexte de complexité accrue de l'action publique et dans un environnement socio-économique de plus en plus incertain, l'évaluation apparaît comme un moyen de limiter les risques et de mieux gérer ces incertitudes. Dans ce contexte accru d'incertitude, les politiques publiques sont et seront de plus en plus interrogées sur leur pertinence, leur efficience, leur efficacité, leur cohérence et leur impact. Autant de questions que peut éclairer l'exercice d'évaluation.

L'évaluation comporte une dimension technique de mesure de la performance opérationnelle et une dimension de réflexion stratégique. La dimension technique (mesure de la performance), effectuée par les techniciens consiste à mesurer le quoi, le combien et le comment. Ce sont les critères de l'effectivité, de la conformité, de l'efficacité, de la faisabilité et de l'efficience. Tandis que la dimension stratégique qui relève des décideurs, des experts, des élus et des citoyens, consiste, d'un côté, en une évaluation de la stratégie politique qui répond au « pourquoi » en mesurant la pertinence et la cohérence de l'action. Elle consiste, d'un autre côté, à évaluer la stratégie « sociétale » (pour qui) à travers la mesure de l'attractivité et l'utilité sociale de l'action.

L'évaluation des politiques publiques s'inscrit dans le prolongement de l'article 15 de la Déclaration des droits de l'homme et du citoyen : « La société a le droit de demander compte à tout agent public de son administration ». Au niveau législatif, c'est la loi organique relative aux lois de finances (LOF) n° 130.13 qui a donné un nouvel élan à l'évaluation des politiques publiques, avec l'apparition de la notion de performance de l'action publique et la possibilité d'évaluation de cette dernière par le Parlement. Depuis 2011, la notion d'évaluation des politiques publiques est désormais inscrite dans la Constitution (1).

Avec l'émergence de la société civile en tant qu'acteur du dispositif de conception et de suivi de l'action publique, l'évaluation a aussi un rôle à jouer comme outil de démocratie participative, en permettant d'alimenter les débats autour des politiques publiques et des analyses objectives. L'évaluation permet aussi de rendre des comptes aux citoyens sur la manière dont la politique a été mise en oeuvre et sur les résultats obtenus.

Dans le cas du Maroc, il est risqué de parler de démocratie participative dans un Etat encore en apprentissage de la démocratie. En réalité, la démocratie participative est une mutation dans les sociétés démocratique en vue d'impliquer les citoyens dans la gestion des affaires publiques. Au Maroc, l'interrogation sur un régime démocratique

(1) L'article 148 de la Constitution dispose que « La Cour des Comptes assiste le Parlement dans les domaines de contrôle des finances publiques. Elle répond aux questions et consultations en rapport avec les fonctions de législation, de contrôle et d'évaluation, exercées par le Parlement et relatives aux finances publiques ».

subsiste d'où les réticences par rapport à l'existence de mécanismes participatifs. Dans ce contexte, le citoyen ne devrait pas subir la citoyenneté à travers la participation. Il devrait y contribuer, notamment à travers la diffusion de l'information préalable nécessaire et permettre des espaces divers de la participation (par exemple les espaces électroniques). La démocratie participative ne devrait se concevoir dans cette première étape que comme un moyen permettant de comprendre les besoins (2) et non pas une modalité pour la prise de la décision. Elle devrait s'inscrire dans une étape transitoire en attendant l'existence indispensable à sa réussite. Elle devrait, par ailleurs, permettre à certaines catégories sociales, les jeunes par exemples, de jouer le rôle de force de proposition.

L'objectif de ce papier est d'étudier les mécanismes de l'évaluation citoyenne et l'impact qu'ils ont sur l'action publique (institutions et politiques publiques). Il s'agit ici de s'interroger sur la pertinence de ces mécanismes de démocratie participative : plus de contrôle citoyen favorise-t-il une meilleure gestion de l'action publique et une responsabilisation plus grande des institutions et acteurs publics ? En quoi ces exercices citoyens contribuent-ils à la construction de nouveaux modes de gouvernance ?

L'évaluation citoyenne, une contribution à la démocratie participative

Ces dernières années, on a assisté à l'émergence d'une nouvelle forme de contrôle de l'action publique : « l'évaluation ou le contrôle citoyen ». Il s'agit d'une pratique de participation active (3) qui permet à des citoyens, des organisations sociales, ou des medias, de contrôler le déroulement des affaires publiques en demandant des comptes aux décideurs publics sur les résultats de leurs actions. L'objectif est de veiller à ce que l'utilisation des ressources publiques (humaines et financières) s'inscrive dans des politiques qui répondent aux besoins et aux aspirations des populations. Les politiques publiques doivent être efficaces et efficientes, pour veiller à la bonne gestion financière et humaine des institutions publiques.

La Constitution marocaine de 2011 donne une importance inédite à la citoyenneté et à la démocratie participative. Le constituant marocain a œuvré indéniablement en faveur d'un équilibre entre la démocratie représentative et la démocratie participative (4). Avec la démocratie participative, le citoyen s'active non seulement dans la préparation et l'adoption de la norme, mais également dans son application, voire dans l'évaluation de son efficacité

(2) Hélène Milet, « L'évaluation participative : de la prise en compte des publics au pouvoir d'agir citoyen », *les Cahiers de la SFE*, n° 9, décembre 2015, p. 6.

(3) Béatrice Plottu, Éric Plottu, « Contraintes et vertus de l'évaluation participative », *Revue française de gestion* 2009/2 (n° 192), p. 31-58.

(4) Frank Waserman « Le citoyen et la prise de décision financière publique », dans *RFFP*, n° 135, septembre 2016, p. 83.

pratique. Il s'agit en quelque sorte d'une « démocratie post décisionnelle » (5). Pour que la culture de l'évaluation imprègne la société et l'Etat marocains, l'implication du citoyen dans la décision publique par la force du texte constitutionnel constitue le meilleur gage (6).

La constitutionnalisation du principe de la participation citoyenne

La Constitution de 2011 a introduit officiellement le principe d'évaluation et a mis en place un certain nombre de dispositions intéressantes quant au rôle de la société civile et de son implication dans les affaires générales locales pour une vraie démocratie participative. La finalité de la démocratie participative étant de mieux articuler l'action des pouvoirs publics et les synergies citoyennes via les organisations de la société civile. Le texte constitutionnel garantit aux citoyens l'exercice du pouvoir de pétition. Il s'agit d'une modalité démocratique extraordinaire donnant la possibilité aux citoyens de solliciter les pouvoirs publics (7).

La question de la participation citoyenne concerne plus généralement la gestion de l'ensemble des services publics. Le texte constitutionnel impose alors pour cette gestion d'emprunter une approche participative. Dans ce contexte, les responsables de la gestion d'un service public quiconque doivent être à l'écoute des usagers ainsi qu'ils ont obligation de donner suite à leurs observations, propositions et doléances. De même qu'ils doivent rendre compte aux citoyens de la gestion des deniers publics dans le respect du droit en vigueur à travers les mécanismes de contrôle et d'évaluation (8).

La participation se matérialise, par ailleurs, par l'implication du tissu associatif pour tout ce qui est de la conception des politiques publiques. C'est ainsi que les associations intéressées à la chose publique et les organisations non gouvernementales disposent des moyens leur permettant d'agir dans le cadre de la démocratie participative. Elles peuvent de ce fait contribuer à l'élaboration, la mise en oeuvre et l'évaluation des décisions prises par les institutions élues et les pouvoirs publics. Elles peuvent également intervenir dans toutes les étapes de réalisation des projets décidés par les pouvoirs publics (9).

Dans le cadre de la conception des politiques publiques, les pouvoirs publics ont également l'obligation d'impliquer les différents acteurs sociaux. En effet, les pouvoirs

(5) Najib ba Mohammed, « « Du représentatif » et du « Participatif » démocratie en questions », *in Revue marocaine d'Administration publique*, n° 82, 2013, p. 181.

(6) Ghiate Halima, « La démocratie participative Et Participation citoyenne », Présentation au ministère chargé des Relations avec le Parlement et la société civile, lundi 04/04/16.
Constitution 2011.

(7) Article 15 de la Constitution.

(8) Article 156 de la Constitution.

(9) Article 12 de la Constitution.

publics œuvrent à la création d'instance de concertation, en vue d'associer les partenaires sociaux à l'élaboration, la mise en oeuvre et l'évaluation des politiques publiques (10).

La participation des citoyens à la gestion de leurs propres affaires se fait également au niveau des Collectivités Territoriales. Ces dernières sont regardées comme des cadres adaptés à la participation citoyenne eu égard à leurs proximité et à leur ancrages dans les traditions. D'ailleurs, la naissance et l'essor de la démocratie participation est dû en premier à une vision renouvelée de l'exercice de la décentralisation. Le texte constitutionnel met en avant clairement cette mission de participation qui est exercée par/et dans le cadre des Collectivités Territoriales. Il fait dans son article 136 du Maroc un Etat dont l'organisation est fondée sur, outre la libre administration des Collectivités Territoriales, la participation des populations concernée à la gestion de leurs affaires et leur contribution au développement humain intégré et durable. Les Collectivités Territoriales ont alors l'obligation, à travers leurs conseils représentatifs, de mettre en place des mécanismes participatifs de dialogue et de concertation. L'objectif est d'impliquer les citoyennes et citoyens ainsi que les associations dans l'élaboration et le suivi des programmes de développement (11).

Le droit de pétition peut également être exercé par les citoyens afin de demander aux conseils des Collectivités Territoriales concernées d'inscrire à leur ordre du jour une question particulière qui relève de leur compétence (article 139). A travers un tel moyen, les populations auront la possibilité d'imposer le traitement d'une question qui relève de leur quotidien. La participation concerne également toutes les politiques publiques territoriales. Ainsi les citoyens et associations sont impliqués dans l'élaboration et le suivi des programmes de développement (12).

Le recours aux modes de démocratie participative au Maroc traduit une mutation de la citoyenneté. Une telle mutation part de la conviction que les voies traditionnelles qui cherchent à produire une représentation de l'intérêt général ne donnent pas entièrement satisfaction. Pour y remédier, il est fondamental que ces voies soient élargies et plus ouvertes à travers une orientation vers la démocratie participative prise dans un sens large, c'est-à-dire englobant toutes les formes de dispositifs visant à aller au contact direct des citoyens pour tenter de produire directement à leur niveau la représentation de l'intérêt général (13).

L'évaluation, consacrée par la Constitution de 2011, intervient, en amont et après une action publique. Elle intervient au moment de la décision d'agir évaluation (*ex ante*) pour examiner la cohérence, la pertinence, la faisabilité et l'attractivité de l'action publique envisagée. Elle intervient en cours pour mesurer la performance de l'action mise en œuvre. Puis, elle intervient après l'action évaluation (*ex post*) pour apprécier les résultats réalisés

(10) Article 13 de la Constitution.

(11) Article 139 de la Constitution.

(12) Article 139 de la Constitution.

(13) Patrick Savidan, « Démocratie participative et conflit », *Revue de métaphysique et de morale*, 2008/2, n° 58, p. 180-181.

et les effets produits. Il importe d'associer les parties prenantes à ces différents moments de l'action publique.

L'association des citoyens au processus d'évaluation des politiques publiques

Les expériences en matière d'évaluation des politiques publiques à l'échelle mondiale sont extrêmement diversifiées aussi bien du point de vue des institutions ou organismes qui en ont charge que du moins de vue des démarches mises en œuvre. La culture d'évaluation constitue un élément clé dans la diversité des niveaux d'efficacité des différentes expériences. L'implication du citoyen marocain à travers la société civile détermine l'importance et le sérieux dont bénéficiera l'évaluation dans la vie publique.

L'article 12 de la Constitution est extrêmement explicite quant à l'association de la société civile aux décisions publiques : « Les associations intéressées à la chose publique, et les organisations non gouvernementales, contribuent, dans le cadre de la démocratie participative, à l'élaboration, la mise en œuvre et l'évaluation des décisions et des projets des institutions élues et des pouvoirs publics (14). » Le citoyen s'est vu attribuer la qualité d'évaluateur par la Constitution.

L'évaluation participative des politiques publiques recouvre tout type de dispositifs qui vise à intégrer le citoyen à l'évaluation des politiques publiques, afin de porter un jugement sur la valeur des dites politiques et de contribuer à leur planification ou réalisation. L'objectif est d'aller au-delà de la traditionnelle participation au dispositif des décideurs publics et des opérateurs en intégrant dans les parties prenantes les bénéficiaires directs et indirects de l'action publique évaluée et en mobilisant des représentants de la société civile. L'implication et la prise en compte du point de vue des bénéficiaires dans la conception, la mise en oeuvre et l'évaluation des politiques publiques est un des enjeux majeurs pour les évaluations à venir (15).

(14) Article 12 de la Constitution de 2011 dispose que « Les associations de la société civile et les organisations non gouvernementales se constituent et exercent leurs activités en toute liberté, dans le respect de la Constitution et de la loi. Elles ne peuvent être dissoutes ou suspendues par les pouvoirs publics qu'en vertu d'une décision de justice.
Les associations intéressées à la chose publique, et les organisations non gouvernementales, contribuent, dans le cadre de la démocratie participative, à l'élaboration, la mise en oeuvre et l'évaluation des décisions et des projets des institutions élues et des pouvoirs publics. Ces institutions et pouvoirs doivent organiser cette contribution conformément aux conditions et modalités fixées par la loi.
L'organisation et le fonctionnement des associations et des organisations non gouvernementales doivent être conformes aux principes démocratiques ».

(15) Hélène Milet, Philippe Warin « La prise en compte des publics dans l'évaluation des politiques publiques », *Revue française d'administration publique* 2013/4 (n° 148), p. 991-1002.

La Société française d'évaluation (16) s'est ainsi interrogée sur le niveau d'implication souhaitable et possible des citoyens dans l'évaluation des politiques publiques dans un processus d'évaluation ex-post. Ses travaux (17) ont ainsi permis de proposer une évaluation participative « idéale » vers laquelle il faudrait tendre. Il en ressort que les citoyens ne doivent pas être associés à toutes les étapes du processus de la même manière. Ainsi il paraît intéressant de les concerter dès la définition du cahier des charges de l'évaluation par le maître d'ouvrage afin de mieux définir l'orientation à donner à la démarche par rapport aux questions à évaluer. Durant la phase de collecte et d'analyse de l'information, il est possible de s'appuyer sur un panel de citoyens pour recueillir de l'information sur les questions posées relatives à la politique mise en oeuvre. Ensuite, leur participation dans le pilotage et la production du jugement final et pour l'élaboration des recommandations de l'évaluation paraît importante pour bénéficier :

- d'un regard différent sur le processus et les résultats ;
- d'une meilleure appropriation des résultats de la démarche et de leurs limites dans le cadre d'un dialogue construit dans la durée avec le maître d'ouvrage ;
- d'une adhésion plus forte à des recommandations plus opérationnelles car formulées par les acteurs eux-mêmes.

Enfin, l'élaboration du plan d'actions faisant suite à la démarche évaluative est davantage le fait des décideurs, les citoyens étant informés des mesures décidées. Ce processus idéal doit toutefois être croisé avec les moyens alloués à la démarche d'évaluation pour définir l'évaluation participative « contrainte » qui passe par une information des citoyens sur la démarche.

Pour réussir la participation citoyenne à l'évaluation (18), il faut que certaines conditions soient remplies :

- La première condition est l'existence d'une volonté politique :
  - la pluralité des points de vue est recherchée par les autorités publiques ;
  - l'évaluation est conçue comme un acte normal du fonctionnement démocratique et du management public ;
  - les avis critiques sont considérés comme une opportunité de progresser et non comme une menace pour les pouvoirs publics.

(16) Fondée en 1998, cette association a pour vocation de contribuer au développement de l'évaluation et de promouvoir son utilisation dans la conception et la mise en oeuvre des actions publiques et de toute action entreprise au nom de l'intérêt général (www.sfe-asso.fr).

(17) La participation dans l'évaluation du développement durable : Qui ? Quand ? Comment ? Groupe SFE « Évaluation et développement durable », 2011.

(18) Pierre Morel et Valérie Petit, « L'évaluation des dispositifs d'évaluation des politiques publiques », Rapport d'information, l'Assemblée nationale, le 15 mars 2018, p. 114.

– La deuxième condition est que le point de vue des citoyens soit sérieusement pris en compte :

- les citoyens sont associés tout au long du processus d'élaboration et d'évaluation de l'action publique ;
- des relations de confiance sont établies entre citoyens et autorités publiques ;
- les opinions évaluatives des citoyens sont publiées et prises en comptes .

– La troisième condition est la mobilisation des méthodes et des moyens d'évaluation les plus adaptés :

- les citoyens sont formés et informés afin de pouvoir donner un avis éclairé ;
- les pilotes de l'évaluation sont eux-mêmes formés à la gestion des processus et la conduite du changement ;
- on accepte de prendre le temps nécessaire au dialogue évaluatif.

L'évaluation participative contribue plus efficacement que les méthodes d'évaluation classiques à la conduite de l'action publique. Celle-ci devient mieux comprise et plus efficace. Tandis que les citoyens prennent conscience de la complexité de l'action publique et deviennent des acteurs plus responsables des processus de changement et de développement.

Les effets de l'évaluation participative sur les acteurs et les politiques publiques

La dynamique de dialogue qu'implique le contrôle citoyen représente un processus de long terme dont l'impact sur l'action publique est difficile à mesurer. Néanmoins, appréhender cet impact, même de manière générale, est essentiel pour donner du sens aux mobilisations des acteurs. La légitimité et la pertinence de ces mécanismes participatifs dépendent autant du processus que de leurs résultats directs et indirects. Notons aussi que ces mêmes effets varieront suivant les situations. En tous cas, on repère deux types d'effets : les effets sur les acteurs qu'ils soient contrôleurs ou contrôlés puis les effets sur l'action publique en général (les politiques publiques).

Les impacts de l'évaluation participative sur les acteurs

A l'heure du nouveau management public appuyé par le processus de modernisation de l'action publique axée sur la performance traduit par l'adoption de la nouvelle loi organique des finances, un regain d'intérêt s'est affirmé pour l'évaluation des politiques publiques. Le changement de la nature du budget a cependant replacé le citoyen au centre de l'action publique, comme un indicateur de performance et principal destinataire de la loi de finance. Celle-ci doit à la fois être claire et intelligible, et satisfaire la demande de prestations d'un citoyen vu comme un contribuable- citoyen, critère de l'évaluation des politiques publiques.

« Ainsi, si le triptyque des articles 13, 14 et 15 de la déclaration des droits de l'homme et du citoyen est construit autour de la centralité du citoyen, dans le mouvement qui va du consentement au contrôle, c'est-à-dire dans le mouvement de l'impôt à la dépense, il concerne en réalité davantage les figures du contribuable et de l'usager, avec toutes les possibles déclinaisons intermédiaires. Le corps des citoyens est fondamental dans la modernité politique, mais la logique représentative rejette le citoyen en périphérie (19). »

En matière d'action publique, et particulièrement dans le domaine financier, grâce notamment aux nouvelles procédures budgétaires introduites par la LOF, le citoyen est de mieux en mieux informé. Il n'en demeure pas moins que la question de l'usage qu'il fait de cette information en constitue la finalité qui la justifie et la valorise. « Le citoyen dispose en réalité essentiellement d'instruments d'information financière, qui lui sont fournis dans un objectif de transparence... (20). »

La participation citoyenne impose dès lors des conditions effectives à de nouvelles mises en oeuvre adaptées à un contexte marocain marqué par des revendications politiques nourries par une aspiration à un nouveau partage des pouvoirs. Ces conditions reposent sur une information sincère et complète du public (21) ainsi que sur la tenue d'un véritable débat contradictoire débouchant sur des décisions prenant réellement en compte les critiques et les propositions citoyennes (22). La démocratie participative est dans cette perspective une réponse à cette situation de renouvellement de la citoyenneté.

Ces dix dernières années, les organisations de la société civile qui mènent un travail d'évaluation citoyenne se sont professionnalisées. Il s'agit de citoyens dont la profession est d'exercer une influence sur l'espace public via la participation citoyenne. Il faut noter également que ces organisations ont reçu un soutien important de la coopération internationale dans le cadre des processus d'accompagnement à la démocratisation. Cette professionnalisation est parfois liée à l'incapacité des institutions publiques à satisfaire les besoins des populations.

Cette « professionnalisation citoyenne » pose alors une question de fond : quelle est la capacité réelle de ces organisations citoyennes professionnalisées à représenter l'ensemble des citoyens ? Les études ne répondent pas en tant que tel mais donnent des éléments. D'abord, ces organisations sont, sans doute, des relais des demandes citoyennes et ont un devoir de retour d'information de leur travail auprès des citoyens. Ensuite, elles peuvent stimuler la motivation des citoyens à s'engager avec ou auprès d'elles. Enfin, les nouvelles

(19) Frank Waserman, « Le citoyen et la prise de décision financière publique », dans *RFFP*, n° 135, septembre 2016, p. 83.

(20) *Idem*, p. 84.

(21) François Bonnaz, « Rapport sur les politiques publiques de la participation citoyenne », Rapport de Recherche, Laboratoire PACTE, Université Grenoble Alpes, 2017, p. 12.

(22) M.F. Delhoste, « Démocratie participative : de l'échec de l'organisation étatique à l'avenir du projet citoyen », *RFDA*, 2007, p. 1067.

technologies peuvent aussi permettre une interaction plus directe entre les citoyens et les décideurs sans leur intermédiaire.

Incontestablement les citoyens et leurs collectifs ou organisations engagés dans les processus de participation ont gagné en compétences. Ils ont renforcé leur savoir-faire et leurs expertises techniques, professionnels et politiques (23). Les organisations de la société civile (OSC) ont alors une meilleure lecture de la complexité des politiques publiques et des contraintes des décideurs et anticipent mieux les réactions des autorités publiques et leurs ambitions politiques: les OSC apprennent donc à s'adapter et à se mouvoir dans un paysage politique donné. Elles se construisent comme un interlocuteur de qualité. Aussi, si le sérieux et la capacité de convaincre des citoyens sont des éléments clés, la décision finale revient à l'acteur public: le pouvoir de l'acteur public reste donc incontestablement supérieur à celui des organisations citoyennes.

Les effets de l'évaluation participative sur la gouvernance des politiques publiques

Les processus d'évaluation citoyenne n'obtiennent pas toujours les effets attendus et les changements sur l'action publique peuvent prendre plusieurs années. Ils demeurent néanmoins utiles dans la mesure où d'une part, ils imposent un regard du bas vers le haut c'est-à-dire un contrôle vertical sur les institutions publiques. D'autre part, ils créent du lien entre acteurs. En cela, ils participent à la création de nouveaux modes de gouvernance (24).

En matière de l'action publique, Il faut néanmoins nuancer le degré d'impact. En effet, les modifications effectuées sur le secteur ou la politique seront minimes et ne remettront pas nécessairement en question le projet initial. De plus, les acteurs publics sont encore réticents à dialoguer avec les citoyens. Par ailleurs, les propres difficultés du contrôle citoyen sont aussi des facteurs à prendre en compte. En effet, le mécanisme de contrôle citoyen se met en place sur un sujet donné à un moment de la vie publique. Il n'est donc pas continu. Ensuite, il reste plutôt informel, c'est-à-dire que les organisations n'ont pas nécessairement développé de réelles stratégies de contrôle de l'action publique: études approfondies sur une politique donnée, accès aux données publiques et officielles, implication permanente des élus dans le processus. Cependant, malgré toutes ces limites, il est intéressant d'observer dans les faits la multiplication des dispositifs de participation citoyenne, réglementaires comme volontaires, institutionnels comme *bottom up*. Ces dispositifs peuvent répondre

(23) Ainsi, sur le plan politique, ils parviennent davantage à éviter l'instrumentalisation politique des pouvoirs publics. L'exercice exige un niveau de participation et de dialogue élevé. Il contribue donc à la création « d'un leadership », non seulement organisationnel mais également politique.

(24) Voir le Rapport de L'IRES, « L'opérationnalisation de la Constitution: quels impacts sur la gouvernance des politiques publiques? », juin 2014, p. 64.

à une volonté réelle des décideurs d'associer les citoyens pour améliorer l'efficacité des politiques publiques afin de renforcer leur légitimité. De même, ils peuvent répondre à une préoccupation chez les citoyens, ou à un désir d'implication dans la vie publique, de partage des responsabilités, de participer à l'amélioration des politiques publiques.

Le contrôle citoyen nécessite un dialogue (25) actif entre citoyens et pouvoirs publics. D'une part, les acteurs du contrôle ont besoin de l'information dont disposent les acteurs contrôlés ; d'autre part, ils doivent leur communiquer les résultats en fin d'exercice. En ce qui concerne les autorités publiques, elles devront désormais compter sur la présence de ces groupes citoyens dans leur action. L'existence de ces espaces de concertation contribue ainsi à la construction d'une culture de responsabilisation entre les acteurs de la société civile et les institutions publiques. Le contrôle citoyen débouche donc sur un aller-retour entre la « pétition » (26) des comptes de la part des citoyens et « la reddition » (27) des comptes par les autorités. Cette double caractéristique installe, en effet, cette réciprocité et finalement ce que devrait être une double responsabilité : celle, citoyenne, de prendre part à l'élaboration des politiques publiques et celle des élus et agents publics d'engager des politiques en adéquation avec les besoins de la population.

Il ne faut pas oublier l'importance des enjeux liés aux modes de gestion publique qui motivent l'option en faveur des actions participatives. La période est marquée par un seul mot d'ordre : lier l'exercice des responsabilités à l'obligation de rendre des comptes. Dans cet ordre, la démocratie participative est un moyen pour une meilleure gouvernance. Elle part de l'idée qu'il faut ouvrir l'espace public à l'ensemble des citoyens afin de lui garantir la transparence nécessaire au rétablissement de la confiance (28). On comprend dès lors que la question de la démocratie participative doit être entendue dans un sens large impliquant en fin de compte une pression conséquente en faveur de la modernisation de l'administration

(25) Au Maroc, le dialogue national sur la société civile et ses nouvelles prérogatives constitutionnelles, lancé en mars 2013, s'inscrit dans cette perspective : comment insérer les nouvelles exigences constitutionnelles en matière de participation citoyenne dans les dispositifs de la gestion publique. Supervisé par une Commission nationale composée d'acteurs associatifs, de parlementaires, de représentants de l'administration et d'experts universitaires, ce dialogue s'est assigné une triple visée :
- Recueillir, via des auditions et des consultations territorialisées, la force de proposition de la société civile et des autres parties prenantes en matière de participation.
- Explorer les voix à même d'articuler la participation citoyenne aux différents processus de gouvernance publique.
- Rédiger de façon concertée des avant-projets de lois relatifs à l'organisation des associations, à l'exercice du droit de pétition et de la motion législative, aux instances de concertation ainsi qu'une charte nationale de la démocratie participative.

(26) Art. 15 de la Constitution de 2011 dispose que « Les citoyennes et les citoyens disposent du droit de présenter des pétitions aux pouvoirs publics… ».

(27) Art. 1 de la Constitution dispose que « Le régime constitutionnel du Royaume est fondé sur la démocratie citoyenne et participative, et les principes de bonne gouvernance et de la corrélation entre la responsabilité et la reddition des comptes ».

(28) Kamel Jendoubi, « La confiance, un préalable au partage de la responsabilité : retour sur le processus de transition en Tunisie », *in Tous responsables ? Chroniques de la gouvernance,* 2015, Editions Charles Léopold Mayer, p. 123-128.

en favorisant sa réactivité et sa responsabilisation (29). La réussite de ce mouvement est, toutefois, conditionnée par la réforme de l'Etat.

Néanmoins, on doit se demander si le degré de responsabilité d'une organisation citoyenne est similaire à celui d'une institution publique. Théoriquement, non. La responsabilité de l'autorité publique serait supérieure à celle d'un groupe citoyen puisqu'elle a en charge la satisfaction de l'intérêt général et qu'elle dispose des ressources pour assumer cette fonction. La responsabilité d'une organisation citoyenne, quant à elle, serait restreinte au suivi et au contrôle d'une action menée. Dans l'exercice de contrôle, la notion de coresponsabilité doit être alors nuancée (30). En effet, elle pourrait traduire un niveau de responsabilité égal en plaçant ces deux acteurs sur un même plan et avec le même niveau de décision. Or, ce n'est pas le cas. Pourtant, il existe bien une responsabilité partagée d'engager un dialogue sur l'action publique et d'obtenir des résultats. Mais chaque acteur intervient à son niveau. Dans ce contexte, la participation des citoyens va-t-elle peser sur la responsabilisation des autorités publiques?

Conclusion

Souvent le déséquilibre des pouvoirs entre acteurs citoyens et autorités publiques restreint la portée de l'exercice de contrôle citoyen. Néanmoins, il représente un outil d'appropriation de l'action publique par les citoyens. Il oblige également les autorités publiques à se responsabiliser dans la prise de décision. Aussi, le jeu d'acteurs et d'influences qu'il implique stimule le débat démocratique et participe indéniablement au changement.

Dans un processus de prise de décision progressivement participatif et consensuel, l'évaluation devient pour les pouvoirs publics un outil pertinent facilitant la communication et le dialogue avec le citoyen en assurant une compréhension commune des problèmes et des solutions possibles à travers des preuves et des données probantes. L'institutionnalisation de l'évaluation devient ainsi une garantie pour une gouvernance équitable, inclusive et durable de la chose publique et un préalable à la réussite de la transition politique, économique et sociale.

(29) M.H. Bacque, H. REY et Y. Sintomer, « La démocratie participative urbaine face au néo-libéralisme », *Mouvements* n° 39/40, mai/septembre 2005, p. 124.

(30) Claire Launay-Gama, « Le contrôle citoyen : coresponsabilité ou enjeu de pouvoir ? », *in Tous responsables ? Chroniques de la gouvernance,* 2015, Editions Charles Léopold Mayer, p. 89-98.

Casablanca, ville pensée ou pansée !?

Mostafa Nachoui*

Résumé

A partir d'une revue de littérature des villes globales, on a donné un bref aperçu sur l'évolution de l'internationalisation des villes globales, leurs indices et leurs déterminants. Selon ces indicateurs, on s'est demandé, est-ce que la ville de Casablanca est une ville globale ou non ? et par extension, une ville pensée ou pansée !?

Pour y répondre, on a parcouru très brièvement les différentes stratégies métropolitaines adoptées par les pouvoirs publics en vue d'intégrer la ville au système monde et la classer dans la catégorie des villes globales. Ils voulaient affirmer son image de première ville entrepreneuriale nationale, en s'attaquant à ses problèmes internes, et le développement de son attractivité créatrice d'emplois, avec pour finalité, l'émergence d'une ville compétitive, moteur de croissance régionale et nationale, qui favorise la cohésion et l'ascension sociale et l'économie des ressources, qualité de vie, développement urbain durable, en développant une gouvernance urbaine efficace, intelligente et d'excellence, tout cela à fin de la décrocher du territoire local et l'ancrer à l'espace global. Mais d'après les indicateurs des villes globales, Casablanca n'est pas classée dans la rubrique de la hiérarchie supérieure des villes globales internationales. Pour cause, elle est un territoire en mal de gestion et gouvernance de la chose publique, ne satisfait pas les aspirations de ses citoyens, sa qualité de vie se déprécie continuellement, n'attire pas suffisamment les investisseurs, touristes et autres, ne les retient pas comme il faut et n'a pu rayonner à l'international. Ce constat est partagé par ses habitants, ses visiteurs (hommes d'affaires, expatriés, touristes...) et par tous les observateurs, opérateurs, citoyens et chercheurs... Les différentes stratégies urbaines adoptées depuis le début de ce siècle jusqu'à maintenant, n'ont pas pu émerger Casablanca en une ville globale et ne peut l'être si on continue à suivre les mêmes politiques urbaines et les mêmes démarches et procédures administratives... Finalement, entre le local et le global, on a qualifié Casablanca de ville intermédiaire, en lui attribuant le vocable de ville glocale, du fait qu'elle est plus pansée que pensée.

Mots-clés : Villes globale, Casablanca, Gouvernance territoriale, marque et marketing territorial, planification stratégique territoriale.

Abstract

From a literature review of global cities, a brief overview was given of the evolution of internationalization of global cities, their indices and determinants.

(*) Enseignant chercheur, Université Hassan II, Casablanca

According to these indicators, we asked ourselves, is the city of Casablanca a global city or not? and by extension thought or dressed city .

To answer this question, we have looked very briefly at the various metropolitan strategies adopted by the public authorities with a view to integrating the city into the world system and classifying it as a global city. They wanted to assert its image as the first national entrepreneurial city, by tackling its internal problems, and the development of its job-creating attractiveness, with the ultimate goal of creating a competitive city, a driving force for regional and national growth, which promotes social cohesion and upward mobility and the economy of resources, quality of life, sustainable urban development, by developing an effective, intelligent and excellent urban governance, all in order to get it off the local territory and anchor it in the global space. But according to the indicators of global cities, Casablanca is not classified in the heading of the higher hierarchy of international global cities. For good reason, it is a territory in need of management and governance of public affairs, does not meet the aspirations of its citizens, its quality of life is continuously depreciating, does not attract enough investors, tourists and others, does not hold them back not as it should be and could not radiate internationally. This observation is shared by its inhabitants, its visitors (businessmen, expatriates, tourists...) and by all the observers, operators, citizens and researchers...

The different urban strategies adopted since the beginning of this century until now have not been able to emerge Casablanca as a global city and can not be if we continue to follow the same urban policies and the same administrative procedures and procedures... Finally, between the local and the global, Casablanca was described as an intermediate city, attributing to it the term "glocal city", because she is more dressed than thought.

Keywords: *Global Cities, Casablanca, Territorial governance, Brand and Territorial Marketing, territorial strategic planning.*

Introduction

Cet article fait suite au discours de SM le Roi du 11 octobre 2013, qui pointe du doigt la mauvaise gouvernance de la ville de Casablanca, et à mes articles, l'un intitulé « Casablanca et son port, deux évolutions contrastées dans le sillage de la mondialisation: vision prospective », publié *in Villes au Maghreb, acteurs du développement durable*, p. 121/138, Presses des Mines 2014 et l'autre paru dans la Revue *Organisation et Territoire* n° 1, 2015, sous titre : « Casablanca dans la nouvelle architecture territoriale marocaine ».

En fait, Casablanca est un modèle typique des villes champignons des pays en développement. D'une petite ville typiquement locale, elle est passée rapidement à une grande ville globale.

Historiquement, elle ne s'est jamais distinguée dans l'histoire du pays. Elle n'a jamais joué un rôle important dans l'histoire et nationale et régionale. De ce fait, elle n'a jamais été capitale, ni nationale, régionale ou locale.

En 1900, la petite bourgade de Casablanca *intra muros* (Anfa) comprenait quelques 20 000 habitants sur une superficie de près de 50 hectares. En 1912, elle sera choisit capitale économique du Maroc et après un siècle, elle est devenue la première ville marocaine, d'une population de 4 270 750 habitants (2014), sur une superficie de 386,14 km^2.

Géographiquement, elle est au centre de la mégalopole Kénitra – Jorf Lasfar, (Près de 300 Km), qui tend vers la constitution du gigapôle urbain marocain.

Elle seule concentre 55 % des unités productives, près de 60 % de la main-d'œuvre industrielle, réalise 50 % de la valeur ajoutée, 39 % de la population active, 30 % du réseau bancaire national, attire 48 % des investissements, et concentre la quasi-totalité des sièges des banques et assurances du Maroc. Avec son projet de hub financier, Casablanca finance city, elle prévoit la naissance d'un quartier d'affaires international. Ses infrastructures en port, aéroport, voie ferrée, réseau routier et autoroutier constituent le nœud de la logistique marocaine. Selon le classement établi par Fortune 500s, à Casablanca, 17% des 500 meilleures entreprises mondiales avaient une antenne régionale à Casablanca à fin 2016.

Par ces indicateurs, Casablanca se veut, ou plutôt, on veut qu'elle soit globale, par l'amélioration de son attractivité, lui donner une marque, la promouvoir par un marketing à l'image des villes globales a dimension internationale, personnalisant dans son skylines la vitrine de la mondialisation selon des critères bien établis et en constante évolution et changement.

Les déterminants d'une ville globale

D'après la littérature mondiale des villes globales, une telle ville doit présenter une offre territoriale, en se basant sur un diagnostic qui met en exergue ses points forts et faibles, dégager les opportunités et les contraintes, bref un SWOT qui aide à la bonne décision, à la mise au point d'une politique urbaine efficace, à réussir l'attractivité et la compétitivité souhaitées, à créer une marque...

De l'offre à plus d'efforts

L'offre territoriale peut être « constituée par un ensemble de caractéristiques socio-économiques d'un territoire ayant un impact plus ou moins direct sur l'accueil et le maintien des activités économiques. Il peut s'agir d'éléments très hétérogènes : caractéristiques physiques d'un territoire, infrastructures (au sens le plus large), caractéristiques démographiques, structure du tissu économique, compétences en matière grise et en recherche, politiques fiscales et d'incitations financières, qualité des interdépendances locales et intensité de l'animation locale» (Ernst & Young 2002).

Un exemple parmi d'autres qui peut nous éclairer sur les indicateurs à prendre en considération dans l'établissement d'une offre territoriale susceptible de développer une attractivité croissante.

A partir des écrits, recherches et propositions internationales dans ce domaine, nous proposons notre propre canevas théorique simplifié qui prend en compte la spécificité des caractéristiques de notre territoire tout en l'ancrant au modèle international.

Pour nous, l'offre territoriale est une donne, une fabrique et une image. La donne comprend aussi bien l'histoire que le milieu naturel et humain.

La fabrique comprend aussi bien le construit matériel qu'immatériel.

L'image comprend aussi bien le perçu que le vécu.

Ainsi donc, l'offre territoriale est un contenant et contenu qui influence directement sur l'attractivité territoriale, d'où la nécessité de faire plus d'efforts dans l'offre territoriale.

De l'attrait à l'attractivité territoriale

On peut modéliser le système d'attractivité territoriale comme étant le fait d'attirer les différents acteurs et intervenants, les retenir et promouvoir les attraits de ce territoire pour séduire et rayonner.

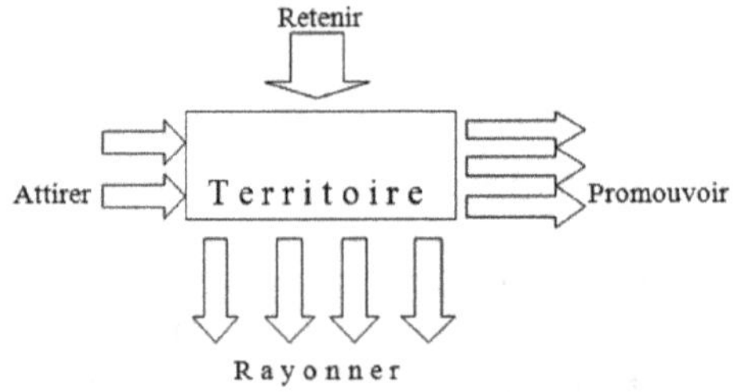

A partir de ce modèle de représentativité territoriale, on peut définir une politique d'attractivité territoriale, qui prend en considération verticalement les composantes exogènes et endogènes de l'attractivité territoriale et horizontalement le contenant et le contenu, ou autrement dit, la ville produit et les produits de la ville. Les quatre dimensions des politiques d'attractivité territoriale se résument comme ci-dessous :

Politiques portant sur : / Cibles	Les produits de la ville	La ville comme produit
Externes	Attirer et fidéliser les consommateurs Attirer de nouveaux habitants	Produire de la visibilité à l'extérieur
Internes	Satisfaire les habitants et les électeurs	*Pride building*: produire de la fierté localement

De l'attractivité à la compétitivité territoriale

L'attractivité est une notion géographique, alors que la compétitivité est plutôt une notion économique. Projetons l'attractivité et la compétitivité sur le territoire, on obtient un produit géo-économique territorialisé marketé. Cette réflexion, si elle parait nouvelle, on la trouve d'une façon ou d'une autre, dans toutes les théories de la localisation des activités développées tout au long du vingtième siècle, qui cherchaient les meilleures conditions de localisation, de production et de vie des entreprises et des populations.

A l'ère de l'actuelle globalisation, les concepts d'attractivité et compétitivité territoriale se sont développés encore plus et sont devenus au cœur du débat sur les politiques de développement.

En effet, l'ère des nouvelles technologies impose de nouveaux outils de développement, en particulier dans le domaine de la formation professionnelle, de la recherche fondamentale ou appliquée, de l'inventivité, de la création, de la culture, du savoir-faire artistique ou artisanale, de l'offre scolaire ou universitaire etc. Cela a engendré ce que Richard Florida (2012) a appelé « creative class », basée sur la règle des trois T : « Talent, technologie, tolérance ». Cette classe créative donne de l'importance à la qualité de son cadre de vie, à l'image de marque de son environnement ou à la renommée de sa ville, aux opportunités personnelles ou professionnelles qu'offre le territoire vécu et perçu... Ainsi, pour plus d'attractivité, les villes doivent s'attacher à soigner leur image de marque.

Pour la durabilité du développement d'un territoire, il ne faut pas seulement attirer, il faut en parallèle retenir ce qui a été attirer, d'où la notion de compétitivité.

En parcourant la littérature traitant le concept de compétitivité, on révèle l'absence d'une définition unique du terme. Pour certains, la compétitivité représente la capacité de pénétrer et de s'imposer sur de nouveaux marchés. Pour d'autres, la compétitivité reflète plutôt la capacité de maintenir une balance commerciale positive. Si pour Landau (1992), « la compétitivité est la capacité de maintenir, dans une économie globale, un taux de croissance acceptable du niveau de vie de la population avec une distribution équitable, tout en offrant un emploi à tous ceux désirant travailler sans pour autant réduire le potentiel de croissance du niveau de vie des générations futures ».

Pour nous, la compétitivité d'un territoire reposerait sur l'existence d'avantages spécifiques du contenant (Ville produit) et son contenu (Produits de la ville), un construit social vécu et perçu par les acteurs socio-économiques internes et externes. Ainsi, tout l'enjeu pour les acteurs territoriaux souhaitant promouvoir la compétitivité de leur territoire sera de veiller au maintien et durabilité des ressources existantes et à l'émergence de nouvelles, de faciliter la coordination et la coopération entre les acteurs et intervenants, et de pérenniser la relation acteur / territoire afin que l'acteur ne s'émancipe pas du territoire en devenant mobile vers d'autres territoires qui offriraient des ressources équivalentes ou plus rares (avantage spécifique).

De la gouvernance à la gouvernabilité

Le concept de gouvernabilité répond à la question de la difficulté croissante à gouverner les villes, alors que les oppositions entre les intérêts se renforcent, que les responsabilités se diluent, que les légitimités déclinent et que l'individualisme prévaut sur la coopération. Sommés de répondre aux demandes les plus diverses et les plus contradictoires, les élus locaux sont confrontés au défi de l'exclusion et des replis identitaires. Comment gouverner les villes alors que le tissu social urbain se déchire et que les solidarités s'affaiblissent. La « gouvernabilité » est un terme qui traduit la difficulté qu'éprouvent les élus à « produire des décisions cohérentes, à développer des politiques effectives et à mettre en œuvre des programmes » dans une société urbaine divisée et peu encline à coopérer avec ses représentants. Offre, attractivité, compétitivité, image de marque... ne peuvent réussir et évoluer positivement que si on passe de la gouvernance à la gouvernabilité qui favorise le développement durable du territoire de la ville.

On entend par gouvernabilité, la capacité à gouverner non plus du point de vu du pouvoir de la force et/ou de la persuasion, mais quant au savoir gouverner, savoir faire et faire savoir, à la fois de mettre en œuvre les bonnes politiques, les justes pratiques..., et de les faire accepter par la population.

La bonne gouvernabilité pour une durabilité du développement territorial doit mettre en œuvre tous les moyens disponibles et à pourvoir pour améliorer les indicateurs de la ville globale, recommandés par les divers rapports et études qu'on a vu, pour consolider l'identité de la ville, lui donner une bonne image de marque, améliorer les déplacements urbains respectueux de l'environnement, organiser l'occupation du sol par une architecture multidimensionnelle, agréabilité de la vie urbaine par le maintien et l'entretien de la biodiversité respectueuse de la culture urbaine, la bonne gestion de la chose publique par la transparence et la démocratie participative, selon des comportements socialement responsables...

Du marketing à la marque territoriale

Toute ville cherche à se donner une image, à se différencier, à créer une identité et de signifier sa valeur. Pour ce faire, elle doit créer une marque, représentée par un logo.

La marque peut être un nom, un terme, un signe, un symbole, un dessin ou toute combinaison de ces éléments servant à identifier les caractéristiques qui différencient telle ville d'une autre, face à ses concurrentes.

C'est dans cette logique concurrentielle et d'attractivité, qu'on a vu la ville de New York développer sa marque territoriale « I love NY » lancé en 1977, suivie par la suite des villes qui se veulent globales. Depuis : Lond-On ; Madrid about you ; Costa Rica Pura Vida ; Malaysia Truly Asia ; South Africa alive with possibilities ; I amsterdam ; Be Berlin ; Only

Lyon ; Imagin Alsace ; ... We Casa en 2016... Autant de noms et slogans derrière lesquels se cachent des stratégies cherchant à attirer l'attention et à donner envie d'expérimenter le territoire. En jouant sur les symboles et les émotions, on tente même de faire rêver, en promettant une qualité de vie inouïe ou un lieu d'innovation inégalé.

Ces marques territoriales sont créées à des fins de marketing territorial, pour renforcer l'identité de la collectivité à promouvoir. Elles peuvent reprendre le nom géographique d'une collectivité en l'enrichissant d'éléments visuels pour la transformer en marque logo, ou même ajouter un élément textuel au nom de la localité ou de la collectivité pour la transformer en marque signature. De la conception à la réalisation d'une marque territoriale, il faut du temps et la mise en place d'un ensemble coordonné d'actions, si on veut que la marque créée représente vraiment une réputation perçue positive portée sur un territoire, à long terme. De ce fait, le branding territorial est un élément du marketing territorial qui consiste à influencer les idées des gens en créant dans leur esprit des associations émotionnelles et psychologiques bien définies avec l'endroit (Eshuis J., Klijn E.H. and Braun E. 2014).

Une fois la marque créée, il faut la commercialiser. C'est le rôle du marketing territorial qui désigne « l'utilisation coordonnée d'outils de marketing en s'appuyant sur une philosophie commune axée sur le client dans le but de créer, communiquer, offrir et échanger des offres urbaines présentant un intérêt pour les clients de la ville et la communauté urbaine au sens large » (Eshuis J., Klij E.H., and Braun E. 2014). Ainsi donc, le marketing territorial est avant tout une méthode, employant un ensemble de techniques qui permettent de construire et de développer l'attractivité d'un territoire par l'utilisation d'une boîte à outils performante qui va agir à travers différentes dimensions pour atteindre les objectifs fixés. C'est à dire « sa capacité à rayonner, dans et au delà de ses frontières, et à attirer sur place, d'une manière ponctuelle ou permanente, des personnes et des capitaux » (Chamard C. 2014, p. 107 et Vuignier R. 2016).

Une fois la marque créé, il faut créer un organisme spécialisé pour la mise en œuvre d'une stratégie de marketing territorial. Cette stratégie ne peut être la résultante de la décision d'un seul décideur (le chef d'entreprise), mais d'un effort collectif d'acteurs animé souvent par les autorités et les représentants des citoyens, aux quels il faut associer les organisations professionnelles, les administrations décentralisées (chambres de commerce d'industrie et services, les délégations, les représentants de la société civile, l'université...). La stratégie du marketing territorial doit fixer un objectif qui consiste à valoriser et adapter le territoire concerné, à des marchés concurrentiels pour « influencer, en sa faveur, le comportement des publics visés par une offre dont la valeur perçue est durablement supérieure à celles des concurrents » (Vincent Gollain, décembre 2016).

Une bonne stratégie marketing permet :

a. d'influencer favorablement l'image / la réputation d'un territoire par une politique de branding ou politique de marque ;

b. d'agir positivement sur les valeurs perçues des cibles retenues pour provoquer plus de décisions favorables ;

c. de mobiliser les acteurs qui peuvent jouer un rôle dans la valorisation du territoire (ambassadeurs ou prescripteurs).

A l'heure de l'actuelle quatrième révolution technologique, les solutions digitales et notamment les réseaux sociaux, deviennent un élément clé de réussite ou d'échec des stratégies marketing territorial. Une stratégie d'écoute (social listening) devient indispensable. Aujourd'hui, les publics attendent d'un territoire et encore plus d'une marque territoriale, une écoute et une attention complète. Peu importe le canal, il faut se montrer réactif aux feeddbacks des réseaux sociaux et mettre en place rapidement les actions nécessaires. En d'autres termes, un territoire attractif ne peut plus rester sourd à ce qui se dit de lui à l'extérieur de son écosystème numérique. La puissance d'un territoire se mesure aujourd'hui à sa capacité à créer des liens durables avec les offres et les talents de son territoire et avec toutes ses clientèles, d'où la nécessité de s'armer par des ambassadeurs du territoire.

Des représentants aux ambassadeurs du territoire

En parallèle avec les représentants officiels, on peut nommer des soit- disant ambassadeurs officieux qui connaissent la genèse et les évolutions du territoire et qui ont de la notoriété intellectuelle et communicationnelle et sont impliqués dans des réseaux de partenariats, d'échanges et de rapports..., qui peuvent aider au marketing territorial et la promotion de la marque.

Ces ambassadeurs, au sein d'une stratégie de marketing territorial doivent être impliqués dans toutes les étapes de la construction de la stratégie, de l'amont à l'aval. Ils doivent jouer sur la fierté territoriale d'appartenance, source de réussite de toute stratégie d'attractivité.

En se référant à Maynadier Boris (2010), on peut distinguer quatre grandes stratégies de *city branding* :

- l'approche substantielle repose sur la réalité physique du territoire ;
- l'approche institutionnelle : « La ville est pensée de A à Z comme une marque marchande, que l'on dote d'un logo, d'une signature, d'une imagerie. L'écueil : une marque ainsi imposée ne rend pas forcément justice à la complexité de la ville. » ;
- l'approche communicationnelle repose uniquement sur les campagnes de publicité. Autrement dit, sur le mix marketing territorial traditionnel ;
- l'approche relationnelle, se nourrit de la relation qu'entretiennent les individus avec leur ville : « Elle se construit autour d'une communauté d'acteurs réunis pour être les ambassadeurs de leur territoire. ». Il s'agit dans ce cas du marketing intelligent, qui

combine différentes approches complémentaires qui ont pour objectif de proposer des leviers d'actions et de communication efficaces pour développer des offres au regard d'une approche marketing traditionnelle. Pour ce faire, la combinaison de données transactionnelles, de processus métier et de technologies avancées est un pré-requis incontournable.

Casablanca, ville pensée ou pansée !?

Pour intégrer et s'intégrer à la mondialisation, les décideurs publics de l'agglomération casablancaise ont adopté depuis le début du 21e siècle, une stratégie métropolitaine, en vue de la classer dans la catégorie des villes globales. Ils voulaient affirmer son image de première ville entrepreneuriale nationale, en s'attaquant à ses problèmes internes, et le développement de son attractivité créatrice d'emplois, avec pour finalité, l'émergence d'une ville compétitive, moteur de croissance régionale et nationale, qui favorise la cohésion et l'ascension sociale et l'économie des ressources, qualité de vie, développement urbain durable, en développant une gouvernance urbaine efficace, intelligente et d'excellence, tout cela à fin de la décrocher du territoire local et l'ancrer à l'espace global. Dans cette stratégie, on entend parler de la ville globale dans les discours des représentants de l'agglomération de Casablanca. Ils voulaient qu'elle réponde aux indicateurs et déterminants de la ville globale reconnus au niveau international, mais voilà, on a vu d'après les indicateurs qu'on a cités ci-dessus, que Casablanca n'est pas classée dans la rubrique de la hiérarchie supérieure des villes globales internationales.

Dans ce qui suit, on va justifier, pourquoi Casablanca n'a pas pu être une ville globale et ne peut l'être si on continue à suivre les mêmes politiques urbaines et les mêmes démarches et procédures administratives... Je ne cite pas les mauvais indicateurs démographiques, sociaux, économiques, environnementaux..., je me limite aux stratégies urbaines adoptées depuis le début de ce siècle, jusqu'à maintenant.

De la déviance à la défaillance urbaine

L'agglomération de Casablanca est un territoire en mal de gestion et gouvernance territoriales, ne satisfait pas les aspirations de ses citoyens, sa qualité de vie se déprécie continuellement, n'attire pas suffisamment les investisseurs, touristes et autres, ne les retient pas comme il faut et n'a pu rayonner à l'international. Ce constat est partagé par ses habitants, ses visiteurs (hommes d'affaires, expatriés, touristes...) et par tous les observateurs, opérateurs, citoyens et chercheurs...

De l'ambition à la déception

Le Roi Mohamed VI dans son discours du 12 décembre 2006, avait une ambition que les villes marocaines deviennent de véritables partenaires dans le processus de développement global du Maroc. « Notre ambition est grande de faire en sorte que les villes et les collectivités locales, au même titre que l'Etat, le secteur privé et la société civile, deviennent de véritables partenaires dans le processus de développement global de notre pays, ainsi qu'une force de proposition pour la mise en œuvre des différentes stratégies nationales. La bonne gouvernance est devenue un outil majeur pour la gestion des grandes villes. Nos cités doivent donc, s'orienter vers un système permettant d'ouvrir la voie à des initiatives fondées sur une approche contractuelle et participative associant l'Etat et les villes, et favorisant l'adhésion des divers acteurs politiques, économiques et sociaux, ainsi que la participation des citoyens aux différentes phases d'exécution des programmes locaux. » Extrait du Discours Royal du 12 décembre 2006 (Rencontre des Collectivités locales d'Agadir).

En 2013, il a exprimé sa déception à l'égard de Casablanca quand-il disait : « Mais pourquoi cette ville, qui compte parmi les plus riches du Maroc, ne connaît-elle pas concrètement l'essor auquel aspirent les casablancaises et les casablancais, à l'instar de beaucoup d'autres villes ? Est-il raisonnable qu'elle reste à ce point un espace des grandes contradictions, jusqu'à devenir l'un des modèles les plus faibles en matière de gestion territoriale ?... La transformation de Casablanca exige la consolidation des règles de bonne gouvernance, la mise en place d'un cadre juridique approprié, la formation de ressources humaines hautement qualifiées et l'adoption de techniques et de méthodes de gestion modernes. » Extrait du discours Royal à l'ouverture de la première session de la troisième année législative de la 9e législature du 11 octobre 2013.

En un mot, le problème dont souffre la capitale économique tient essentiellement à un déficit de gouvernance. Cette situation complexe nécessite d'urgence un diagnostic qui permette d'identifier les origines du mal et les moyens d'y remédier.

De l'aménagement stratégique territorial urbain à la Stratégie nationale de développement urbain (SNDU)

Au début de ce siècle, le Wali Ben Hima, proposait un projet d'aménagement stratégique territorial urbain (ASTU) pour Casablanca, qui s'inspirait des modèles des grandes métropoles américaines et occidentales. Par ce projet, il souhaitait planifier l'aménagement de la ville en se basant sur des indicateurs d'intelligence et d'excellence urbaine. Il voulait par une stratégie pensante et non pansée, rendre Casablanca une ville globale, suivant en cela la réussite de Barcelone, tout en évitant la dérive de Calcutta.

Pour la mise en œuvre de cette stratégie, au niveau de la gouvernance urbaine, on a changé le statut de la Ville en 2003, en passant de Communauté Urbaine à la Commune Urbaine, et on a créé un certain nombre d'instances, dont le centre régional d'investissement... On a voulu de cette nouvelle gouvernance quelle permette de définir une vision stratégique métropolitaine à moyen et long termes, à travers un processus de concertation entre institutions publiques, société civile et acteurs économiques...

Résultat, en une décennie, la plupart de ce qui a été programmé n'a pas été réalisé. Le « pansé » domina plus le « pensé » et la ville s'éloigna plus de la réussite et s'approcha plus vers la dérive aux niveaux de la dégradation urbanistique, environnementale, gestion urbaine, climat des affaires, transport, sécurité et bien d'autres.

Pour remédier à cette situation de dégradation généralisée, une nouvelle politique urbaine, dite Stratégie Nationale de Développement Urbain (SNDU) initiée par la première rencontre des collectivités locales tenue en décembre 2006 à Agadir, s'imposa à Casablanca.

Pour concrétiser les recommandations de cette rencontre, deux villes-pilotes étaient choisies pour faire l'objet d'expériences et d'expertise dans le cadre de la SNDU : il s'agit de la conurbation du Grand El Jadida et la ville de Settat, qui avaient en effet produit leurs stratégies de développement urbain en 2009, donnant lieu à des plans d'action contractualisés.

Pour l'autorité nationale, cette nouvelle stratégie nationale de développement urbain doit passer par trois phases essentielles.

1. Lancement d'une réflexion en partenariat avec la Direction Générale des Collectivités Locales pour l'élaboration d'un guide visant à développer l'outillage mis à la disposition des villes pour se doter d'une stratégie de développement urbain.

2. Ce guide sera présenté en 2010, soumis à discussion et publié en 2013.

3. Appel national à projets de villes.

En 2013, le Roi prononça un Discours, annonçant sa déception à l'égard des problèmes de Casablanca, demanda un plan de sauvetage et nomma à cet effet un nouveau Wali, qui, avec son équipe et à la hâte, se sont attelés à l'élaboration d'une nouvelle stratégie de développement de la ville pour 2015-2020, selon les orientations du Guide méthodologique pour l'élaboration des Stratégies de Développement Urbain.

Rapidement, il met en place, en partenariat avec l'Université Hassan II un soit disant think tank composé « d'experts, de professeurs universitaires » et de représentants des milieux économiques. Ce think tank s'est fixé comme objectif stratégique de doter la ville d'une stratégie de développement pour en faire un pôle de rayonnement à l'échelle nationale, continentale et internationale. Autrement dit, une ville globale, avec son propre marque, à l'instar des grandes métropoles mondiales.

Par une démarche participative et consensuelle !, procédant à un Benchmark international comparant Casablanca aux villes d'Istambul ; Barcelone ; Marseille et Stuttgart, ce think tank présenta en mars 2014, le Plan de développement urbain du Grand Casablanca pour 2015-2020, axé sur les problèmes de mobilité, de transport et de schéma routier de circulation. Il recommanda que « La ville de Casablanca peut s'inspirer des initiatives prises dans des villes comme Lyon, Singapour ou Londres afin de réguler le flux de véhicule et introduire des moyens de transport plus écologiques », souligne l'étude.

Pour l'évaluation et le suivi, on annonce la mise en place d'un observatoire régional, sorte d'instance chargée de l'accompagnement et du suivi de ce plan de développement, évaluer le degré de concrétisation des objectifs tracés dans le cadre du Plan de développement et suivre le classement de la métropole par rapport à d'autres villes internationales, qui prendra en compte des indices d'évaluation internationaux, (mode de vie, infrastructures, prospérité économique, les loisirs…).

Le 24 octobre 2016 on annonce la création de la société de développement local Casablanca Events & Animation, qui s'occupera de la promotion et le marketing de la marque casablancaise. Autrement dit, elle devra construire l'identité visuelle de la marque territoriale de Casablanca, accompagner son plan de développement à l'horizon 2020 et promouvoir la vente ou la commercialisation de la marque casablancaise…

Du Plan de Déplacements Urbains (PDU) au Plan de Mobilité Urbaine Durable (PMUD)

La question des déplacements urbains à Casablanca s'est posée depuis les années quatre vingt du 20e siècle, quand on a pensé doter la ville d'un métro. (Colloque international de l'Association internationale des Maires et responsables des capitales et métropoles, tenu à Casablanca en 1988 pour thème : Les transports urbains). Depuis, rien n'a été fait et au début du 21e siècle, pour faire face au désordre du transport urbain, les autorités de Casablanca ont placé la question des déplacements comme une des priorités pour l'agglomération. En effet, à partir de 2004 on commence à préparer un PDU qui sera présenté par la municipalité en 2008 dans le cadre d'une stratégie de planification urbaine pour les deux prochaines décennies, ainsi qu'un plan d'action à l'horizon 2013 qui donnait aux transports une place structurante dans le projet métropolitain. Il faut noter que le PDU avait coûté 23 millions de Dh en 2004, sans compter le coût supplémentaire de son actualisation en 2010 (10 millions de Dh), sans résultats sur le terrain, à part la réorganisation de certains rond points et croisements, en système giratoire et l'inauguration de la première ligne du Tramway 12/12/2012.L'année 2008 voit naître l'Autorité d'organisation des déplacements urbains (AODU), pour mission, veillé à la régulation des différents modes de transport. A partir de 2013, on commence à parler de l'échec du PDU et la mise en œuvre de ses recommandations.

Le Discours du Roi d'octobre 2013 confirme la mauvaise gouvernance de Casablanca, nomma un nouveau Wali qui limogea en décembre 2014 le directeur de l'AODU et dissout l'AODU. Enfin, la lettre du Maire de Casablanca en date de 24/10/2016 qui déclare obsolète le PDU, face aux mutations qu'a connues le Grand Casablanca.

Ainsi, avant que le PDU n'arrive à son terme en 2019, on conclu que les objectifs et les missions du PDU ne peuvent être atteints, et on propose rapidement un nouveau Plan dit de Mobilité Urbaine Durable, qui s'appuiera sur les pratiques de planification existantes et intègre les principes d'intégration, de participation et d'évaluation. Et on dit une autre fois que « C'est un plan stratégique conçu pour satisfaire les besoins de mobilité des personnes et des activités économiques dans l'agglomération de Casablanca, pour une meilleure qualité de vie de ses habitants, ses usagers et ses visiteurs et c'est Casa-Transport qui héritera des prérogatives de l'AODU.

On justifie cet échec, entre autres par :

- le caractère non obligatoire du PDU ;
- le cadre conventionnel non adapté, du fait que l'AODU n'avait ni les moyens ni les prérogatives pour veiller à la régulation des différents modes de transport ;
- manque d'articulation entre les projets transports issus du PDU et les autres documents de planification (SDAU et Plan e Développement de la Région du Grand Casa) ;
- les acteurs institutionnels n'étaient pas impliqués dans le PDU et ne sont pas tenu de traduire les recommandations du PDU (Commune, Agence Urbaine, etc.) ;
- non sensibilisation des acteurs opérationnels sur les mesures du PDU (Etudes et travaux réalisés par la ville ou autres acteurs);
- en fait, ce plan n'est autre qu'un concept formalisé et promu par la Communauté Européenne dans son projet Mobilité 2013, pour une longue durée. Alors qu'à Casablanca, on l'a conçu dans l'urgence et on voulait le réaliser en urgence.

Domaines d'action du projet Mobilité 2013 de la communauté européenne

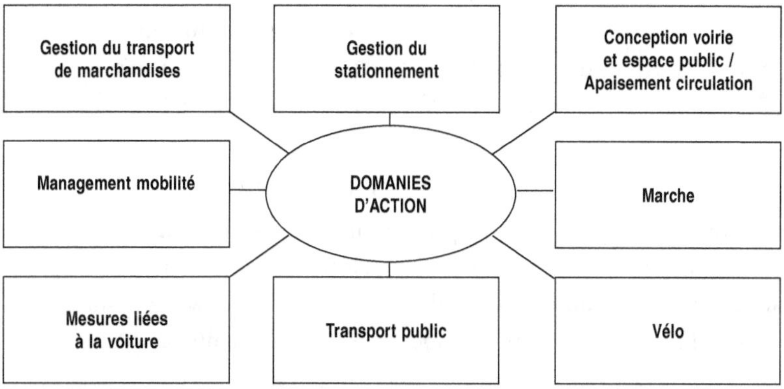

Ainsi, les plans se succèdent et se ressemblent dans l'urgence, avec des termes et des autorités qui changent à court terme, et on suit aveuglément les modèles occidentaux qui ne peuvent réussir dans un environnement marocain spécifique.

Casablanca entre réaménagement interne et/ou repositionnement externe

Casablanca ne cesse de réaménager son contenu et contenant interne, en vu de se repositionner comme ville globale en externe. Malheureusement, les différents plans, projets et initiatives trouvent des difficultés à se réaliser, ou ne se réalisent pas comme il faut, ou prennent trop de temps pour se réaliser, mais autrement. Ce sont ces problèmes qui l'empêchent d'accéder à la hiérarchie supérieure des villes globales à l'international. Nous donnons des exemples :

De la ville autocentrée à l'agglomération éclatée

Après le schéma directeur de 1982 qui voulait orienter la direction de l'extension urbaine de Casablanca vers le Nord Est, pour intégrer Mohamédia, le contraire s'est passé. Vient le schéma directeur approuvé par décret n° 2.09.669 du 14 Moharrem 1411 (31 décembre 2009) et publié dans le *Bulletin officiel* sous le n° 5806 du 21 janvier 2010, qui voulait orienter la croissance de la mégapole pour 20 ans vers une cohérence de son tissu urbain, et l'hisser au rang d'une grande métropole mondiale. Sur le terrain, on constate que l'extension urbaine en cours dans le grand Casablanca et ses environs, se déroule en dehors de toute limite spatiale, au détriment de l'environnement naturel ou encore du domaine rural, suivant le principe de la faible densité.

Dans ce cas, on peut la qualifier de croissance éclatée, tentaculaire, cancéreuse, ou géographie de nulle part « geography of nowhere » décrite par le géographe-journaliste américain James Howard Kunstler, dans la mesure où il est complètement hétéroclite. Il parle d'evil empire (empire du diable) pour qualifier l'urbanisation américaine, placée sous la simple logique du profit et de la rentabilité. Il reprend ainsi quelques thèmes de l'historien Sam Bass Warner, qui le premier a porté un regard critique à l'égard de l'urbanisation sauvage en qualifiant le contexte américain d'urban wilderness.

Le grand Casablanca, dans son étalement urbain (urban sprawl), suit cet exemple de géographie de nulle part, du fait qu'il prend plusieurs formes dont, des pôles suburbains (edge city), formes urbains peu denses (edgeless city) ou lotissements fermés (gated communities), banlieues (suurbia), périphéries (exurbia), qui se poursuivent au gré de la construction des infrastructures de transport, des équipements, des zones de production et services....

Du métro au tramway

Toutes les villes globales possèdent des lignes de métro, qui participent grandement à la résolution des problèmes de mobilité urbaine. A l'instar de ces villes, les autorités de la ville de Casablanca, depuis les années 1970, voulaient doter la métropole d'un métro, comme solution qui permettra de résoudre les problèmes de circulation de la ville. Depuis les années 1980 des études de faisabilité se sont succédées, impliquant de nombreuses entreprises étrangères, aboutissant en 2009 au choix définitif d'une ligne de 21 kilomètres, comprenant 20 stations, desservant les quartiers denses du sud et le centre ville. Après l'inauguration de la première ligne du tramway le 12/12/212, la municipalité, en septembre 2013, confirme le maintien du projet de métro et parle d'une première ligne aérienne longue de 15 kilomètres. Son coût est estimé à environ huit milliards de dirhams et sa mise en service était prévue à l'horizon 2018. En février 2014, le président du conseil de la ville Mohamed Sajid annonce que les études techniques ont été finalisées et que les travaux devraient commencer en 2014. Surprise, les autorités de la ville ont décidé, lundi 30 juillet 2014, d'abandonner définitivement le projet pourtant annoncé depuis 2007, au profit de quatre lignes de tramway. Au mois de janvier 2018, Sa Majesté inaugura la deuxième ligne du tramway, d'une longueur de 22,5 km.

Le tracé des 2 lignes de tramway de Casablanca

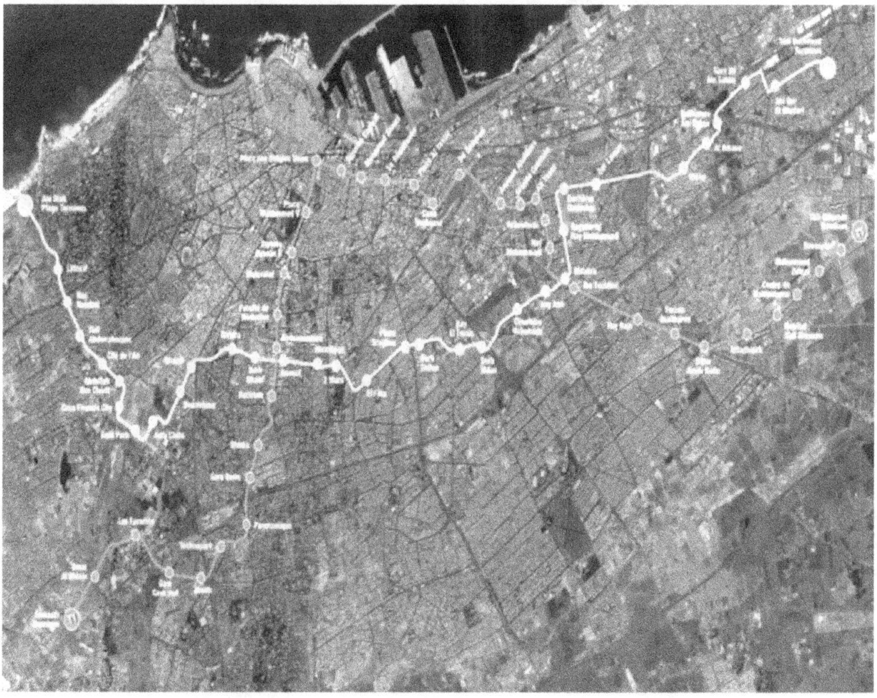

Le projet de métro avorté, c'est au tour du projet des bus à haut niveau de service (BHNS), circulants sur des voies spécialement réservées, présenté comme une solution de transport moins onéreuse que le métro et le tramway, qui sera enterré lui aussi. Concernant le tracé du tramway, au-delà de sa stricte fonction de transport urbain collectif, facilitant l'intégration de quartiers d'habitat social, modifiant un peu le paysage urbain, il parait qu'il traverse certaines routes de la ville en aveugle, tuant des activités, encombrants des trajets, et n'a pas d'impact sur l'urbanisme et la restructuration urbaine.

De la théorie importée aux pratiques localisées

Théoriquement, on veut une ville globale, en réalité, on produit une ville locale. C'est dans ce cadre de la détérioration de la situation de Casablanca qu'on place le Discours du Roi du 11 octobre 2013, et la SDU de la ville s'inscrit dans ce contexte. L'exemple le plus concret du déphasage entre le théorique et la pratique, est la vision du think tank, qui annonça par une démarche participative et consensuelle, la proposition de son Benchmark international comparant Casablanca aux villes d'Istambul, Barcelone, Marseille et Stuttgart et sa recommandation pour la ville de Casablanca qui peut s'inspirer des initiatives prises dans des villes comme Lyon, Singapour ou Londres, afin de réguler le flux de véhicule et introduire des moyens de transport plus écologiques.

On se pose la question : Qu'elles sont les ressemblances entre Casablanca et ces villes sur les plans, historique, géographique, démographique, économique et bien d'autres ?

Autre exemple de déphasage cette fois-ci, concerne la mise en place de la stratégie de développement urbain, qui doit se conformer aux orientations du guide méthodologique pour l'élaboration des Stratégies de Développement Urbain.

Ce guide préconise que :

1) La SDU n'est pas obligatoire et n'a pas un caractère réglementaire ; Alors on se pose la question. Pourquoi une SDU pour Casablanca qui n'est pas obligatoire et n'a pas un caractère réglementaire ? A l'inverse, pourquoi on ne veille pas au respect des orientations du schéma directeur adopté en 2008 et les plans d'aménagement par arrondissements et communes adoptés entre 2012 et 2016, qui sont obligatoires et réglementaires et diverses études d'orientations, qui organisent et structurent le développement et l'étalement de l'agglomération de Casablanca ?

2) L'élaboration de la SDU nécessite un travail relativement court dans le temps et ne demande pas d'enquêtes longues et complexes. Autrement dit, c'est une stratégie d'urgence. Dès lors, on se pose la question. Une ville globale nécessite un travail de longue haleine, une réflexion profonde, une vision à long terme, des réalisations d'envergure etc. Autrement dit une stratégie structurelle. Ainsi donc, la SDU de Casablanca en pratique n'est pas une stratégie de ville globale.

3) La SDU doit poser parmi les questions fondamentales la question suivante: Quelle est la situation actuelle de la ville en tant que territoire et son intégration dans la province ou région ?

Une fois encore, on constate le déphasage entre théorie d'une ville qu'on veut globale et la pratique d'une ville locale.

4) L'élaboration de la SDU se base sur une approche de planification stratégique participative et pose les questions : Que choisir comme axes stratégiques pour promouvoir le développement de la ville et la rendre plus compétitive dans la région, voire au niveau national ou international ?

Pour y répondre, les axes stratégiques d'une ville globale sont en général 6 axes comprenant 70 indicateurs (voir Global power city index). Dans ce cas, est-ce que la SDU de Casablanca prend en compte les indices de la ville globale ? La réponse, absolument pas.

Par quels moyens, objectifs et réalités, peut-on concrétiser ces axes stratégiques de développement urbain ?

Pour y répondre, pour concrétiser ces axes, il faut se référer aux déterminants d'une ville globale (Voir les déterminants cités ci-dessus) et une bonne pratique de la gouvernance, ce qui manque à Casablanca.

Comment mener la mise en œuvre des actions prioritaires de la SDU et suivre la réalisation de son programme général ?

Pour y répondre, il faut créer des instances ad hoc qui veillent sur le bon déroulement de la mise en œuvre des actions prioritaires et le suivi des réalisations. Dans ce cas, les orientations du Plan de Mobilité Urbaine Durable de Casablanca, s'appuiera sur les pratiques de planification existantes. C'est-à-dire, au lieu de faire rupture avec les pratiques du passé, on préfère rester dans la continuité.

Marque et marketing territorial Casablancais

Le 24 octobre 2016, l'autorité annonce la création de la société de développement local Casablanca Events&Animation, qui s'occupera de la promotion et le marketing de la marque casablancaise. Autrement dit, elle devra construire l'identité visuelle de la marque territoriale de Casablanca, et accompagner son plan de développement à l'horizon 2020…

En 2016, Casablanca créa sa marque « *We Casablanca* », à l'instar des grandes métropoles mondiales, comme I love NY ; Lond-On ; I amsterdam ; Be Berlin…

Avec cette marque, on lança un marketing territorial dit intégré, centré sur le digital, présent sur les réseaux sociaux (Facebook, Twitter, Instagram, Pinterest, Google + et Youtube). Sa stratégie s'appuie sur un site internet interactif, un site mobile, un blog, des applications mobiles et un CRM (système de gestion de la relation client)…, qui constituent les outils utilisés pour attirer des habitants, des touristes, des entreprises ou encore des investisseurs.

Enfin de compte, la marque et le marketing territorial se veulent une méthode permettant d'améliorer l'attractivité de Casablanca, par l'utilisation d'une boîte à outils performante qui va agir à travers différentes dimensions pour atteindre les objectifs fixés. Autrement dit, le marketing territorial n'est autre que la vente d'une marque territoriale.

Première marque territoriale du genre au Maroc, *We Casablanca* doit véhiculer une image puissante et cohérente de Casablanca, au profit de son rayonnement et de sa compétitivité; doit fédérer les forces vives de la métropole et permettre à la ville d'affirmer son identité, de renforcer la fierté d'appartenance des casablancais, et d'accélérer l'essor économique et social de la métropole.

Cette opération de city branding entre dans le cadre de la stratégie marketing de la ville à l'horizon 2020, pour laquelle une enveloppe de 300 millions de dirhams est budgétisée.

Par ces bonnes intentions et pratiques, on se pose la question. Qu'advient-il des autres organisations professionnelles qui participent à la promotion et le fonctionnement des différents secteurs de la ville ? On donne des exemples parmi d'autres, La chambre de commerce, industrie et services, le syndicat d'initiative touristique, le centre régional d'investissement… Par les différents niveaux administratifs, communaux, services décentralisés, organisations professionnelles et autres instances, n'y a-t-il pas chevauchement et superposition des compétences et niveaux d'interventions entre ces différents organismes et la société Events & Animation ? Au pléthore déjà existant d'organisations qui se disputent les rôles, on a rajouté la nouvelle société Events&Animation, pour grossir encore le « mille feuilles » qui prévaut et qui complique la prise de décision de la métropole de Casablanca, entravent le bon fonctionnement des différents départements, la gestion et la bonne gouvernance, tant critiqués par différents observateurs et intéressés par le sort de l'agglomération casablancaise.

Suite à la révélation du logo *We Casa* par la société Events & Animation, les réseaux sociaux locaux étaient sans pitié, et n'ont cessé de porter de sévères critiques à la marque elle-même.

Ces réseaux sociaux reprochent entre autres à la société de n'avoir pas impliqué les citoyens dans la stratégie de leur ville. Ils l'ont traité d'incompétence technique, informationnelle, relationnelle et à coté des réalités de Casablanca…

C'est bien de créer sa marque, c'est encore mieux de marketer son territoire, mais d'après les indicateurs qu'on a vu, on se pose la question : Est-ce qu'on veut vendre une marque défectueuse ?

Certes le digital constitue un outil de taille pour le marketing des territoires, mais il n'est pas exempt de risques, d'où la nécessité de maitriser ces réseaux sociaux.

Pour les maitriser, il faut les intégrer. Ainsi, plusieurs villes globales au niveau international ont propulsé des internautes au rang d'ambassadeurs.

La marque *We Casa* dispose t-elle d'ambassadeurs à compétences douces, ou plutôt humaines (soft skills) motivés ? S'appuie, développe telle en partenariat les Challenge Projets d'entreprendre en commun ? Organise telle des « *Talent Days* » Journées des talents, pour répondre en groupe aux défis de l'agglomération casablancaise et présenter ses idées publiquement sur scène ?

Dans tous les discours, on annonce les grands principes de bonne gouvernance, à travers un processus de concertation, coordination, participation, en toute transparence, démocratie participative, ouverte sur toutes les forces vives de la ville... La réalité prouve telle ces bonnes intentions et bonnes pratiques ?

De la rétrospective à la prospective

L'élément crucial pour toute politique de développement, endogène ou exogène, réside dans la construction d'une vision partagée du futur, bien ancrée dans les spécificités et les vocations du territoire, avec un plan d'action collective et de coopération entre public et privé, une démarche stratégique qui puisse maximiser les synergies locales et valoriser le rôle de chaque acteur.

C'est dans cet esprit de vision partagée du futur, qu'on essaie d'évaluer qualitativement certains indicateurs de l'agglomération casablancaise, qui se rapportent à la ville globale telle quelle est connue à l'international, et on constate : pratiquement toutes les nouveautés conceptuelles et néologiques apparaissant au niveau de la communauté internationale sont annoncées à Casablanca. Les études et projets conçus sont nombreux, alors que l'évolution des faits et réalisations prennent des retards, parfois considérables, ce qui défavorise le dynamisme de développement socio-économique de l'agglomération et son accès au rang des villes globales. Nous donnons trois exemples parmi d'autres, qui justifient notre propos.

Premier exemple concerne une étude réalisée en 2007, commanditée par les autorités de Casablanca, relative à la stratégie de développement des zones d'activités économiques dans la région du grand Casablanca, qui voulait réglementer les zones d'activités économiques ? Depuis, les zones à urbanisation non réglementaires se sont développées encore plus et les activités informelles, ont pris plus d'ampleur dans les différents quartiers de la ville.

Deuxième exemple concerne la politique nationale de villes sans bidonvilles. Si elle a éradiqué des bidonvilles à Casablanca, elle n'a pas empêché l'éclosion de nouveaux noyaux et le gonflement d'autres dans les périphéries de l'agglomération. D'ailleurs, la ville s'apprête à célébrer le centenaire de certains de ses bidonvilles, notamment à Ain Sebaa et Sidi Moumen

(Douars Hsibou, Riki, Sidi Abdellah ben Haj, Zaraba, Louasti...), et même dans les interstices des quartiers les plus aisés de Casablanca, comme Anfa, Ain Diab ou Californie.

Troisième exemple concerne le schéma directeur de l'agglomération de Casablanca adopté en 2008 et les plans d'aménagement des arrondissements et communes adoptés de 2012 à 2016. Sur le terrain, on constate l'étalement urbain de la ville qui dépasse les orientations du schéma directeur, et les plans d'occupation du sol ne sont pas respectés, surtout avec les autorisations d'exception et le mélange des constructions abritant habitat/ activités réglementaires et non réglementaires.

Si on applique les indices des villes globales à Casablanca, on constate :

– Casablanca est beaucoup plus une concentration démographique à critères non fameux (Chômage, habitat insalubre, enseignement et qualification professionnelle, transport et déplacements, santé, qualité de vie...).

– Casablanca n'est pas un lieu majeur de déconcentration et délocalisation à l'échelle mondiale.

– La métropolisation urbaine de Casablanca est faible au niveau international.

– Une centralité urbaine faible.

– Retard de développement de la nouvelle révolution numérique (révolution 4.0 dans l'industrie, la logistique et le marketing...).

– Son attractivité tertiaire supérieure mondiale faible.

– Son accessibilité noeutique mondiale très faible.

– Absence de sièges sociaux des firmes multinationales.

– Absence de laboratoires de recherche de haut niveau.

– Nombre insuffisant des agences de communication à la pointe des NTIC.

– Nombre insignifiant de cabinets d'avocats d'affaires et experts comptables

– La planète finance est représentée par une bourse très limitée et l'insignifiance des établissements financiers de renommé internationale. (Projet du nouveau Hub financier)

– Insuffisance d'une offre hôtelière d'excellente qualité, avec des palaces, une gamme de restaurants de renom et d'une grande variété.

– Manque de lieux de distraction (Opéra, Théâtres, Cinémas, Musées...).

– Problèmes du foncier ou sa mauvaise gestion.

– Casablanca n'a pas de projets communs avec d'autres villes à l'international.

– Casablanca n'est pas un relais important au niveau mondial, n'appartient pas encore clairement au système monde, n'est pas une ville globale selon les critères de sélection internationale.

– Au niveau international, Casablanca est plutôt un comptoir au système concentré et au niveau national, une métropole nationale certes, qui présente beaucoup de lacunes.

– Selon une vision prospective : on veut que le futur de Casablanca soit voulu et non subi, selon des stratégies bien avisées et conçues, en s'inspirant des expériences des villes du monde développé, Malheureusement, Casablanca subit les contraintes des réalités locales, nationales et internationales. Alors, on panse la ville plus qu'on la pense.

On cherche la ville intelligente et l'excellence urbaine, comme nous l'annonce l'Occident, alors qu'on opère dans un environnement plutôt inintelligent et inéxcellent.

Ce sont des indicateurs parmi d'autres, à l'heure de la mondialisation, qui permettent à une ville de devenir globale et de pouvoir s'insérer convenablement dans le réseautage des autres villes globales. Ce sont ces indicateurs qui empêchent Casablanca de se classer parmi les villes globales mondiales.

Alors, Casablanca, première ville marocaine, est-elle locale, nationale, régionale ou globale? Locale? Sûrement non. Nationale? Sincèrement oui. Globale? Assurément pas. Elle ne fait pas partie des villes qui commandent le monde, elle est intermédiaire entre le local et le global, (Local+ ; global-). Donc, on peut lui attribuer le vocable (glocale).

Discussion

Si on considère une ville comme organisme vivant, elle naît, se développe et meurt. A partir de cette conception, le développement urbain a accompagné l'histoire de l'humanité. De la bourgade à la ville à la métropole au gigapôle, à la ville globale, à l'oeukouménopolis !?

Tout au long de cette étude, on a épousé le scénario positiviste qui soutien la continuité du développement du phénomène urbain. A *contrario*, dans une vision à scénario pessimiste, est-ce que ce gigantisme urbain ne mène pas son propre destruction ?

Dans cet objectif, on ne peut s'empêcher de citer des voix qui se sont élevées tout au long de l'histoire de l'humanité pour décrire les méfaits de la civilisation urbaine, dénonçant les méfaits des villes, diagnostiquant les dérélictions socio-économiques, la recrudescence des insécurités et les dégradations des mœurs..., prédisant leur fin, si on ne s'attaque pas aux dérèglements et excès de l'urbanisation incontrôlée. Ces villes, victimes de leur excessive extension (*over stretching*), précipitent leur chute, minées par leur propre grandeur. En Grèce ancienne, Platon qui enchante la cité idéale ou vertueuse n'a-t-il pas indiqué la taille de la Cité et plus précisément le nombre des citoyens qui doit être égal à 5 040 et rester constant, eu égard au territoire disponible, si la cité veut rester en paix et assurer sa continuité. Une mythologie grecque rapporte que la succession des générations va du mal en mal et un jour viendra ou les gens deviennent méchants au point de vénérer la force. La force devient la loi et les gens s'arrêtent d'apprécier le mérite du bien. Enfin, quand la colère et la fureur de l'homme se focalisent sur le mal et que l'homme n'a plus honte de sa tragédie, Zeus le détruit. Tous les versets coraniques donnent une mauvaise image de la ville. Si nous voulons détruire un village, nous ordonnons à ses richards de semer l'obscénité… et nous la détruirons une grande destruction.

Mumford Lewis (1961) décrit la mort de la ville en affirmant que si la ville moderne poursuit l'exemple de la ville romaine (mégalopole tentaculaire) elle se termine par l'effondrement et rencontrera le même sort. James Howard Kunstler (1993) décrit l'étalement urbain (*Urban sprawl*) d'inhumain, de géographie de nulle part (*The geography of Newhere*). Il parle d'*Evil Empire* (empire du diable) pour qualifier l'urbanisation américaine et conclut « L'avenir nous obligera à construire de meilleurs endroits, si non, il appartiendra à d'autres personnes dans d'autres sociétés ».

Conclusion

Au niveau du discours, les responsables déclarent vouloir rendre l'agglomération de Casablanca une ville globale. Au niveau pratique, plusieurs plans et stratégies ont été mis en œuvre, et on a même créé la marque casablancaise et un marketing territorial. Malheureusement, du fait des mille feuilles administratives et organisationnelles, les conflits d'intérêts, la mauvaise gouvernance urbaine et territoriale, Casablanca, qui doit être blanche comme son nom, elle est plutôt grise. On voulait qu'elle soit pensée, intelligente, durable, agréable à vivre, globale…, malheureusement, ces qualificatifs font défaut, du fait des plans d'interventions hâtives, d'urgences, mal conçus, non réalisés ou réalisés avec beaucoup de retard. Finalement, entre l'agréable et le désagréable, le local et le global, on a qualifié Casablanca de ville intermédiaire, en lui attribuant les vocables de mésagréable et glocale.

Références bibliographiques

Alaux. C., Bozzo. C. et Keramidas. O. (2013), « La stratégie marketing comme outil de développement d'un territoire : étude comparative des capitales européennes de la culture », *In*: Du Boys C., Fouchet R. et Tiberghien B. (eds.) *Management public durable : dialogue autour de la Méditerranée*, Bruxelles, Les Dialogues Euro méditerranéens de management public, Bruylant.

Benabbes Nazha, Taarji-Aschenbrenner (2008), « Un marketing territorial pour promouvoir l'offre de l'Oriental », *Orientale.ma*, n° 2 (mars).

Berneman Corinne et Meyronin Benoît (dir.) (2010), *Culture & attractivité des territoires*, L'Harmattan.

Bouinot J., Bermils B. (1995), *la Gestion stratégique des villes : entre compétition et coopération*, Armand Colin, 208 p.

Bourdeau-Lepage Lise et Gollain Vincent (dir.) (2015), *Attractivité et compétitivité des territoires*, CNER - Institut CDC pour la Recherche.

Bretagnolle A., Le Goix R., Vacchiani-marcuzzo C. (2011), *Métropoles et mondialisation*, Paris, la Documentation française, collection « Documentation photographique » n° 8082, 63 pages.

Bretagnolle Anne (2013), « La ville mondiale : une histoire de représentations » *in* « Les villes mondiales » (dossier de la revue *Questions internationales*, n°60, mars-avril).

Camagni R. (2002), *Innovation networks: spatial perspectives*, Belhaven-Pinter, Londres.

Camagni R. (2002), « Compétitivité territoriale, milieux locaux et apprentissage collectif: une contre-réflexion critique », *Revue d'économie régionale et urbaine*, n° 4, p. 553-578.

Chamard Camille (dir), Gayet Joël, Alaux Christophe, Gollain Vincent et Boisvert Yves (préf. Alain Rousset) (2014), *le Marketing territorial : comment développer l'attractivité et l'hospitalité des territoires ?* Louvain-la-Neuve, De Boeck, 203 p.

Clerc Philippe (2008), « Stratégie d'Intelligence territoriale. Enjeux et pratiques au Royaume-Uni et en Chine », *orientale.ma*, décembre, n°4.

Cynthia Marie-Françoise, Ghorra-Gobin, « Une ville mondiale est-elle forcément une ville globale? Un questionnement de la géographie française », *l'Information géographique*, volume 71, juin, 32-43.

Ernst & Young (2002), *Etude sur la constitution d'une offre territoriale différenciée*, Datar, 110 p.

Eshuis J., Klij E.H. and Braun E. (2014), « Marketing territorial et participation citoyenne: Le branding, un moyen de faire face à la dimension émotionnelle de l'élaboration des politiques? » *Revue internationale des Sciences administratives*, 80(1): p. 153-174.

Florida Richard (2012), *The Rise of the Creative Class*, Revisited, New York, Basic Books, 484 p.

Friedmann John (1987), *Planification dans le domaine public: de la connaissance à l'action*, Princeton, New Jersey: Princeton University Press.

Girard V. (1999), « Le marketing territorial: quels fondements, quelles définitions, quels concepts? », *in Rencontres ville management, Maire, entrepreneurs, emploi*, Dalloz, p. 521-537.

Gollain Vincent (2012), « Identifier et valoriser ses avantages comparatifs territoriaux avec la méthode Cerise Revait® », 5e version (téléchargement sur www.marketing-territorial.org).

Gollain Vincent (2010), *Guide du marketing territorial. Réussir son marketing territorial en 10 étapes*, Territorial Editions.

Gollain Vincent (2014), *Réussir sa démarche de marketing territorial : méthode techniques et bonnes pratiques*, Voiron, Territorial éditions, coll. « Dossier d'experts », mars 2017 (1re éd. 2014), 242 p.

Hall Peter (1966), *The World Cities*, London: Weichfeld.

Hall Peter (1988), *Cities of Tomorrow: An Intellectual History of Urban Planning and Design in the Twentieth Century*, Oxford: Basil Blackwell.

Hall Peter (1998), *Cities in Civilization: Culture, Innovation and Urban Order*, London: Weidenfeld and Nicolson.

Hatem F. (2004a), « Attractivité: de quoi parlons-nous? », *Pouvoirs locaux*, n° 61, juin, p. 34-43.

Hatem F. (2004b), *Investissement international et politiques d'attractivité*, Economica, 350 p.

Hatem Fabrice (2007), *Le Marketing territorial, principes, méthodes et pratiques*, éditions EMS.

Keller Kevin, Fleck Nathalie et Fontaine Isabelle (2009), *Management stratégique de la marque*, 3e édition, Pearson Education.

Krugman P. (1994), « Competitiveness: a dangerous obsession », *Foreign Affairs*, mars-avril.

Kunstler James Howard (1993), *The Geography of Nowhere : The Rise and Decline of America's Man-Made Landscape*, 304 p.

Landau R. (1992), « Technology, capital formation and U.S. competitiveness », dans: *International Productivity and Competitiveness*, Hickman B.G. (éd.). Oxford University Press, New York.

Lendrevie Jacques et Levy Julien (2012), *Mercator 2013*, Dunod.

Les villes mondiales en compétition ? (2014), La Documentation française.

Maynadier Boris (2010), *Branding the city, une étude du marketing des villes*, Éditions Universitaires européennes.

McKinsey Global Institute (2011), *Urban world: Mapping the economic power of cities*, March.

Meyronin Benoît (2015), *Marketing territorial : enjeux et pratiques*, Éditions Vuibert.

Mumford Lewis (1961), *The city in History*, traduit en français *la Cité à travers l'Histoire*.

Mumford Lewis (1956), *le Déclin des villes ou la Recherche d'un nouvel urbanisme*, traduit par Geniève Hurel, Paris, Éditions France-Empire, 1970.

Nachoui Mostafa (1997), *Casablanca, espace et société*, imp Najah El Jadida, Casablanca.

Nachoui Mostafa (2011), « Villes entrepreneuriales, leadership urbain, enjeux, stratégies et acteurs » *in* Revue *Espace géographique et société marocaine,* n° 13, p. 5-40.

Nachoui Mostafa (2011), « Casablanca, pôle d'excellence de la logistique marocaine », *in* Revue *Espace géographique et société marocaine,* n° 13, p. 111-137.

Nachoui Mostafa (2015), « Logistique et territoire à Casablanca, vers une ville mondiale ? », *in 100 ans d'urbanisme à Casablanca 1914-2014*, Ecole d'architecture de Casablanca, p. 175-183.

Nachoui Mostafa (2014), « Casablanca et son port, deux évolutions contrastées dans le sillage de la mondialisation : vision prospective », publié *in Villes au Maghreb, acteurs du développement durable*, Presses des Mines, p. 121/138.

Nachoui Mostafa (2015), « Casablanca dans la nouvelle architecture territoriale marocaine », paru dans la Revue *Organisation et Territoire* n° 1.

Noisette P., Vallerugo F. (1996), *Le Marketing des villes : un défi pour le développement stratégique*, Les éditions de l'Organisation, 423 p.

OECD Regional Outlook (2011), *Building resilient regions for stronger economies*, OECD Publishing.

Rapport d'information, « Villes du futur, futur des villes, Quel avenir pour les villes du monde ? » Jean-Pierre Sueur, Sénateur n° 594 Sénat, session ordinaire de 2010-2011.

Porter M. (1990), *The Competitive Advantage of Nations*, New York, The Free Press.

Porter M. (1999), *La Concurrence selon Porter*, Village Mondial, 475 p.

Rosemberg M. (2000), *le Marketing urbain en question*, Anthropos, Collection villes, 184 p.

Saskia Sassen (2001), *The Global City : New York, London, Tokyo*, Princeton, Princeton University Press, (1ère éd. en 1991).

Sperling Daniel (1991), *Le Marketing territorial*, Ed. Ecomédia.

Texier L. (1999), « Une clarification de l'offre d'implantation en marketing territorial : produit de ville et offre de territoire », *Revue d'économie régionale et urbaine*, n° 5, p. 1021-1036.

Villes mondiales, les nouveaux lieux de pouvoir, les Grands dossiers des sciences humaines, janvier-février 2010.

Vuignier Renaud (2016), *Marketing territorial et branding territorial : Une revue de littérature systématique*, Working Paper de l'IDHEAP, 2/2016.

La théorie de l'acte civil et de l'acte de commerce à l'aune du droit fiscal

Zaki Elyâagoubi*

Résumé

Cette étude se propose de redéfinir les notions de l'acte civil et de l'acte de commerce, par rapport à leurs teneurs respectivement immobilière et mobilière. L'objectif étant de nuancer la délimitation, somme toute, relative de la sphère civile et de la sphère commerciale. Et de démontrer, chemin faisant, que les frontières ne sont pas étanches entre les biens immeubles et les biens meubles. Cette approche permettra de saisir les tenants et aboutissants de l'articulation du système fiscal marocain, aux différents marchés, et de reconsidérer la distinction classique entre les impôts directs et les impôts indirects.

Mots-clés : Acte civil, Acte de commerce, teneur mobilière, teneur immobilière, système fiscal.

Abstract

The main purpose of this work is to explain two basic and rudimentary notions of civil proceedings and commercial acts compared to their movable and real estate contents. The objective of this study is to shed light on the borderline between the civil and the commercial spheres and show that these borders are not secluded between movable and immovable properties. This approach will allow us to have a vision over all the specifities and the repercussions of the Moroccan fiscal system and its adaptation to all kind of markets and reassess the classic distinction between direct and indirect taxes.

Keywords: *Civil act, commercial act, Moroccan fiscal system, markets, direct and indirect taxes, real estate content, tax system.*

Introduction

La théorie de l'acte de commerce et de l'acte civil, a suscité depuis belle lurette un large débat. L'intérêt accordé à cette matière est indéniable, et tire sa justification des niveaux de convergences et de divergences entre la sphère civile et la sphère commerciale. Sur le plan fiscal, les interférences entre les deux sphères sont notoires, et induisent du coup plusieurs

(*) Docteur en sciences économiques, spécialiste en aménagement et urbanisme, Cadre à la Direction général des impôts.

retombées sur le plan pécuniaire. Par ailleurs, ces interférences ne peuvent être cernées que sous l'angle de l'alimentation du droit fiscal qui s'apparente au droit public, par le droit civil, le droit foncier et le droit commercial, qui font partie intégrante du droit privé.

Dans ce contexte, nous nous proposons de redéfinir la notion de l'acte de commerce et de l'acte civil à l'aune du droit fiscal, tout en mettant l'accent sur la teneur mobilière et immobilière des deux actes. L'objectif étant de nuancer et de relativiser, l'acception selon laquelle, les frontières sont étanches entre l'acte de commerce et l'acte civil. Pour cela, la démarche que nous préconisons, consiste de prime abord à développer le contenu de l'acte de commerce par rapport au code de commerce, et par la suite nous tâcherons d'analyser la teneur de l'acte civil sous l'angle du droit foncier et du droit civil. De surcroît, l'analyse des opérations commerciales et civiles, sera l'occasion idoine pour aborder les conséquences fiscales de la délimitation, somme toute relative, du champ commercial et du champ civil.

L'analyse de la nomenclature des actes de commerce sous l'angle du code de commerce

L'article 6 du code de commerce énumère les actes de commerce par nature. Cet article définit dix huit opérations revêtant l'aspect commercial, et on fait allusion aux opérations de mutation et de location de meubles corporels ou incorporels, et les opérations de prestation de services .Force est de constater que les actes portant mutation de fonds de commerce, ne figurent pas dans cette nomenclature. Sachant pertinemment que l'article 79 du même code, définit le fonds de commerce, comme étant un bien meuble incorporel constitué par l'ensemble de biens mobiliers affectés à l'exercice d'une ou de plusieurs activités commerciales. Devant le cas de figure, sommes nous autorisés à intégrer l'acte de cession de fonds de commerce dans le cadre de l'achat de meubles corporels ou incorporels, en vue de les revendre soit en nature, soit après les avoir travaillés et mis en œuvre ou en vue de les louer ? Par ailleurs, cette opération est définie en tant qu'acte de commerce en vertu des dispositions de l'article 6-1 du code de commerce. Or, loin s'en faut, il n'y a aucune analogie à faire entre l'acte de cession de fonds de commerce, et l'achat de meubles corporels ou incorporels en vue de les revendre. De surcroît, l'analogie n'a pas droit de cité en droit fiscal. Et chemin faisant, l'opération de cession de fonds de commerce ne revêt point l'aspect commercial. Ce constat découle du contenu juridique de cette opération, mais qu'en est- il de l'optique comptable ?

Le nouveau plan comptable général marocain, confère bel bien l'aspect immobilisé aux éléments incorporels du fonds de commerce. Autant dire que tous les éléments immatériels composant le fonds de commerce ou le fonds d'industrie, notamment les brevets d'inventions, la clientèle, l'achalandage, le droit au bail et le nom commercial, font partie intégrante des immobilisations incorporelles. Cette acception purement comptable, dénue le fonds commercial de son aspect mobilier, et lui confère une teneur immobilière. Par ailleurs, et en vue de conforter davantage ces propos, nous estimons que les éléments incorporels du fonds de commerce, tirent leur substance et partant leur valeur intrinsèque, de l'immeuble qui les abrite. Cette vision est fondée par les différents niveaux de tangence opérant entre les éléments incorporels et l'immeuble. C'est dire que les immobilisations Incorporelles, ne valent que par rapport à la valeur de l'immeuble qui les recèle. Par ailleurs, le droit au bail qui est censé être le noyau dur du fonds de commerce, tire sa substance de la valeur de l'immeuble, à travers la valeur locative. En ce sens que plus la valeur locative est faible, plus le droit au bail augmente de valeur. Cette fluctuation s'explique par la canalisation d'une fraction de la valeur de l'immeuble, vers le droit au bail. Ce processus dénote de la teneur immobilière du droit au bail. Dans le même sillage, et dans l'optique purement comptable, le matériel et les équipements servant à l'exploitation du fonds de commerce ou du fonds d'industrie, font également partie intégrante des immobilisations corporelles. A ce niveau de réflexion, on peut d'ores et déjà, établir une correspondance ou une équivalence entre la connotation purement comptable des immobilisations corporelles, et la notion de biens immeubles par destination, consacrée par le droit foncier ci-dessous (1). Le croisement est donc avéré et notoire entre la vision comptable et la vision juridique ressortant du droit foncier. Pour étayer davantage ce raisonnement, on peut citer le cas édifiant de l'opération d'achat des biens d'équipement en exonération de la TVA. Cette opération, qualifiée d'immobilisation, dénote d'une transformation d'un bien meuble en un bien immeuble, et nous aurons l'occasion pour développer cet aspect plus tard. Ce processus de transformation de la notion du bien meuble en bien immeuble, nous a permis de cerner, un tant soit peu, la teneur immobilière ou immobilisée du fonds de commerce. Mais il n'en reste pas moins que la marchandise composant le fonds de commerce est de nature meuble, et fait partie intégrante de l'actif circulant, conformément au plan comptable général. En revanche, cette marchandise, renferme une proportion immobilisée, dont la cession, occasionne la perception des droits d'enregistrement.

Dans le cadre de cette lecture des dispositions de l'article 6 du code de commerce; il est temps de faire le point sur la signification et la connotation de l'opération d'achat d'immeubles en vue de les revendre en l'état ou après transformation. A ce propos, la transformation peut embrasser un terrain nu suite aux travaux de viabilisation, en injectant une masse d'investissement dans ce terrain, ou en édifiant des constructions. Dans l'un et l'autre cas, il s'agit d'une opération de lotissement ou de construction, se matérialisant par l'achat d'intrants, donc de biens meubles.. Par ailleurs, ces deux opérations sont de nature commerciales, et pour cause, elles s'inscrivent dans le cadre du bâtiment et travaux publics, prévus par les dispositions de l'article 6-12° du code de commerce. Pour conforter cette vision, tâchons de savoir, que la location de terrains ou de constructions, n'a pas été prévue par le code de commerce dans son article 6. Autant dire, qu'il ne s'agit pas d'un acte de commerce. Dans cette logique, si la location du terrain n'est pas un acte de commerce, sa

(1) Article 7 du code des droits réels, Mohamed Marzougui, première édition, 2017.

cession ne pourra point revêtir l'aspect commercial, et partant, l'achat d'immeubles en vue de les revendre en l'état, n'englobe aucunement le terrain nu. Par voie de conséquence, l'acte de commerce dont il s'agit, porte exclusivement sur les constructions, amputées du terrain, et ou le terrain viabilisé. Il s'avère donc, qu'il s'agit bel et bien d'actes portant cession d'intrants, composant soit la construction, soit le terrain viabilisé. Ce raisonnement, nous autorise à considérer que l'opération d'achat d'immeubles, prévue par les dispositions de l'article 6-3° du code de commerce, revêt une teneur purement et exclusivement mobilière.

Dans le même contexte, et hormis les cas de cession de fonds de commerce et d'achat d'immeubles, qui prêtent à équivoque les autres opérations énumérées par les dispositions de l'article 6 s'inscrivent dans le cadre des cessions de meubles corporels ou incorporels. Il en découle, que dans le cadre d'une vision condensée, les actes de commerce se matérialisent au travers d'actes translatifs de meubles corporels ou incorporels (prestation de service).

Exposé et analyse de la théorie de l'acte civil

De prime abord, il y a lieu de mettre en exergue le contexte historique qui a favorisé l'émergence de l'acte civil. Cette notion remonte à l'ère féodale, soit avant la révolution industrielle. Par ailleurs, la notion de l'acte civil s'est développée autour de la propriété foncière, et découlait dans une large mesure, des interstices des rapports de production féodaux. Dans ce contexte, la notion du bien immeuble constitue le noyau dur de cette approche. Et pour cause, le bien quel qu'il soit, tire son immobilité par rapport à sa stabilité et à sa fixité. Ceci étant, le terrain est considéré de point de vue foncière, comme un immeuble par nature, de par sa stabilité. Cette stabilité lui confère l'aspect de support foncier qui lui permet d'être grevé de constructions. Ce faisant, les constructions ne sont considérées comme stables, que par rapport au terrain qui les supporte. Et par ricochet, leur fixité serait relative, comparativement à celle du terrain. Dans le même sillage, il y a lieu de mettre l'accent sur la relativité de la notion de stabilité. Et pour cause, le bien immeuble subit l'amortissement, qui revêt une portée universelle, hormis le terrain qui ne subit pas de dépréciation.

L'amortissement est fonction du temps, lequel résulte d'un mouvement gravitationnel de la terre autour du soleil. Cet amortissement entraîne l'altération de l'immeuble, et par rapport à cette question, le temps et l'espace sont deux éléments constitutifs de la même substance (2). De surcroît, le non amortissement du terrain explique dans une large mesure l'aspect énigmatique de la rente foncière (3). De fait, la rente s'alimente de l'amortissement

---

(2) Les rapports entre les concepts d'espace, du temps et du mouvement doivent être repensés. Conséquences en physique (relativité), discussion préliminaires, Bernard Guy.

(3) David Ricardo, *Principes de l'économie politique et de l'impôt*, Édition Flammarion, 1971, p. 53.

des constructions, et c'est la raison pour laquelle, on considère que l'amortissement libère le terrain et occasionne chemin faisant, sa dés immobilisation.

Dans le même ordre d'idées, il y a lieu de souligner que le bien immeuble peut faire l'objet d'actes mutatifs, ce qui dénote de sa mobilité inter-temporelle (cette acception est confortée par l'inscription du stock d'unités de logements ou du terrain, dans l'actif circulant produit par les sociétés de promotion immobilière).

La transformation physique du bien immeuble, ne doit pas éclipser une autre transformation et non des moindres, résultant des fluctuations de la valeur. En ce sens que la valeur des immeubles situés à proximité des équipements urbains, accuse une augmentation notoire, tributaire de l'amortissement occasionné par la consommation de ces équipements, et qui s'incorpore dans la valeur de l'immeuble par le canal de la valeur locative.

Dans le même sillage, il y a lieu de signaler que la notion du bien immeuble est une notion par trop extensive, en ce sens qu'elle intègre aussi bien les droits réels immobiliers, que les immeubles par destination. Concernant les droits réels immobiliers, il y a lieu de noter que ces droits résultent d'un démembrement du droit de propriété, lequel, est scindé en nue-propriété et en usufruit. Parmi les autres droits réels immobiliers, on peut citer le droit de houa, l'hypothèque, l'antichrèse et le bail emphytéotique.

Lors de l'analyse du contenu des actes de commerce, nous avons fait allusion à l'opération de cession de fonds de commerce. Par ailleurs, on a défini le fonds de commerce comme une immobilisation incorporelle et corporelle. Cet aspect, démontre dans une large mesure l'aspect civil de cette opération. De surcroît, les marchandises servant à l'exploitation du fonds de commerce, revêtent l'aspect mobilier, mais il n'en reste pas moins, qu'une proportion, si minime soit-elle, de cette marchandise est de nature immobilisée, il s'agit bien du stock outil, ou stock de sécurité, qui est assimilé à une immobilisation sur le plan comptable. Par ailleurs, l'opération de gérance libre qui se traduit par la location du fonds de commerce, est de nature civile, et partant, est passible des droits d'enregistrement. Par opposition à la gérance salariée, qui fait intervenir le lien de subordination, justifiant son assujettissement à l'IR/salaire.

Dans le même sillage, l'acte constitutif de l'hypothèque, génère, le transport d'un droit réel immobilier, du propriétaire débiteur au profit du créancier. Ce transport, vaut mutation d'une fraction de l'immeuble, matérialisée par l'hypothèque. Il en ressort que cette opération revêt l'aspect d'un acte civil. Ce constat, s'explique en profondeur, par le contenu immobilier de l'hypothèque. Et s'applique désormais, à l'antichrèse, qui est un acte de nantissement, induisant la dépossession du débiteur de son propre bien. De fait, Le nantissement des biens immeubles, est un acte obligatoirement assujetti à l'enregistrement, quel que soit l'acte qui le constate. Mais qu'en est-il du nantissement du fonds de commerce ?

Le nantissement du fonds de commerce, ne peut porter que sur des biens meubles, puisque c'est un acte de garantie. Ce contenu mobilier le dénue de son aspect civil, et lui confère d'emblée une connotation commerciale. Cet aspect, soustrait l'acte du genre, de la nomenclature des actes obligatoirement assujettis à l'enregistrement. Par ailleurs, les dispositions de l'article 364 du code de commerce, précisent d'une manière, on ne peut plus claire, que le privilège du créancier nanti subsiste, si le bien qui est grevé devient immeuble par destination. De surcroît, le même article considère que l'article 159 du Dahir du 02-06-1915, fixant la législation applicable aux immeubles immatriculés, n'est pas applicable aux biens nantis. Cette disposition, fonde le non assujettissement de l'acte de nantissement, aux droits d'enregistrement. Et démontre, chemin faisant, que le mécanisme d'immobilisation du fonds de commerce, qui justifie l'imposition de sa cession, s'estompe en matière de nantissement. De surcroît, la notion des actes civils revêt une forme extensive, dans la mesure où elle intègre des actes qui ne sont pas prévus par l'article 6 du code de commerce. Il s'agit notamment des obligations de sommes, des dépôts de sommes, des droits de quittance, des cautionnements, des cessions de créances et des nantissements de fonds de commerce.

Dans cette optique, l'opération portant cession des actions et parts sociales, s'inscrit dans le cadre des actes civils. Cette approche est sous-tendue par la teneur immobilière de l'action, bien qu'elle revête la forme d'une valeur mobilière. Dans le cadre de cette logique, l'action ne vaut que par rapport à sa contrepartie dans l'actif immobilisé. C'est la raison pour laquelle, l'action renferme une teneur purement immobilière, pour les sociétés immobilières transparentes, dont le capital social est représentatif d'unités de logement ou de terrain, et par voie de conséquence, sa cession fait partie intégrante des actes civils.

Les conséquences fiscales de la délimitation du champ commercial et du champ civil

La séparation de la notion des actes de commerce de celle des actes civils, repose sur la teneur immobilière des actes civils et la teneur mobilière des actes de commerce. Cette distinction explique dans une large mesure, l'assujettissement des actes civils aux droits d'enregistrement, et les actes de commerce à la TVA, à l'IS, à l'IR ou aux droits de douanes. Pour illustrer davantage ces propos, on peut citer l'opération de cession des constructions neuves, qui est assimilée à un acte civil, de par sa teneur immobilière, ce qui justifie son assujettissement aux droits d'enregistrement, au tarif réduit, comme si on allait taxer uniquement l'opération de cession du terrain nu. La même opération revêt la forme de l'acte de commerce, après amputation du terrain. Devant le cas de figure, on est devant un acte de cession de biens meubles, passible de la TVA.

A ce niveau de réflexion, il est patent de remarquer que les opérations civiles sont fortement articulées au marché foncier et immobilier et au marché du travail. Cette articulation se traduit par la perception de l'IR/PI, des droits d'enregistrement et de l'IR / salaires. Cet impôt frappe les contrats du travail, qui revêtent un aspect civil par extension, fondé par le lien de subordination, reliant le salarié à l'employeur, et par l'absence de la teneur immobilière.

Dans le même contexte, il y a lieu de mettre en exergue l'assujettissement des opérations commerciales, à l'IS, à la TVA, aux taxes intérieures de consommation et aux droits de douanes, dans le cadre du marché des biens et services. Par rapport à cette vision, l'impôt se définit comme étant un droit d'accès au marché, qui se traduit par l'imposition des actes marchands, et résulte de la transformation du coût d'achat ou coût de production, en prix du marché.

Conclusion

L'analye du contenu des actes de commerce et des actes civils, a été l'occasion idoine pour tracer des frontières étanches entre les deux sphères. Force est de constater, que la ligne de démarcation réside dans la teneur de chaque acte. L'acte civil est passible des droits d'enregistrement, de par sa teneur immobilière, par opposition à l'acte de commerce qui recèle un contenu mobilier, justifiant son assujettissement à la TVA, à l'IS, aux taxes intérieures de consommation et aux droits de douanes. Par ailleurs, le système fiscal marocain paraît être fondé par son articulation au marché dans ses formes plurielles. Par rapport à cette plateforme, les vendeurs supportent les impôts assis sur le revenu non encore consommé, alors que les acquéreurs acquittent les impôts frappant les revenus consommés. Ce raisonnement s'applique aussi bien à l'échelle micro-économique, qu'à l'échelle macro-économique. De fait les marchés sont intégrés quoiqu'ils soient segmentés. L'unicité du marché, laisse présager l'unicité de la base imposable, qui n'est autre que le prix de vente de meubles ou d'immeubles, qui s'exprime par le PIB au prix du marché (prix TTC). Cette manière de voir, est confortée par la porosité, si ce n'est l'abolition des frontières entre la sphère civile et la sphère commerciale. Ce faisant, l'unicité de la base imposable fonde l'unicité du taux d'imposition (taux de la pression fiscale). Dans le même sillage, l'accent a été mis sur la relativité de la notion d'immobilité, compte tenu de l'amortissement du bien immeuble résultant du processus gravitationnel, assorti des fluctuations affectant sa valeur, et conforté par son déplacement suite à sa cession.

Références bibliographiques

Davis Ricardo (1971), *les Principes de l'économie politique et de l'impôt*, Flammarion.

Guy Bernard, Les rapports entre les concepts d'espace, du temps et du mouvement doivent être repensés. Conséquences en physique (relativité), discussion préliminaires.

Le Code général des Impôts.

Le Code de Commerce.

Le Code des droits réels immobiliers.

La loi n° 9-88 relative aux obligations comptables des commerçants.

Le plan comptable général marocain.

Structures éditoriales du groupe L'Harmattan

L'Harmattan Italie
Via degli Artisti, 15
10124 Torino
harmattan.italia@gmail.com

L'Harmattan Hongrie
Kossuth l. u. 14-16.
1053 Budapest
harmattan@harmattan.hu

L'Harmattan Sénégal
10 VDN en face Mermoz
BP 45034 Dakar-Fann
senharmattan@gmail.com

L'Harmattan Cameroun
TSINGA/FECAFOOT
BP 11486 Yaoundé
inkoukam@gmail.com

L'Harmattan Burkina Faso
Achille Somé – tengnule@hotmail.fr

L'Harmattan Guinée
Almamya, rue KA 028 OKB Agency
BP 3470 Conakry
harmattanguinee@yahoo.fr

L'Harmattan RDC
185, avenue Nyangwe
Commune de Lingwala – Kinshasa
matangilamusadila@yahoo.fr

L'Harmattan Congo
67, boulevard Denis-Sassou-N'Guesso
BP 2874 Brazzaville
harmattan.congo@yahoo.fr

L'Harmattan Mali
Sirakoro-Meguetana V31
Bamako
syllaka@yahoo.fr

L'Harmattan Togo
Djidjole – Lomé
Maison Amela
face EPP BATOME
ddamela@aol.com

L'Harmattan Côte d'Ivoire
Résidence Karl – Cité des Arts
Abidjan-Cocody
03 BP 1588 Abidjan
espace_harmattan.ci@hotmail.fr

L'Harmattan Algérie
22, rue Moulay-Mohamed
31000 Oran
info2@harmattan-algerie.com

L'Harmattan Maroc
5, rue Ferrane-Kouicha, Talaâ-Elkbira
Chrableyine, Fès-Médine
30000 Fès
harmattan.maroc@gmail.com

Nos librairies en France

Librairie internationale
16, rue des Écoles – 75005 Paris
librairie.internationale@harmattan.fr
01 40 46 79 11
www.librairieharmattan.com

Lib. sciences humaines & histoire
21, rue des Écoles – 75005 Paris
librairie.sh@harmattan.fr
01 46 34 13 71
www.librairieharmattansh.com

Librairie l'Espace Harmattan
21 bis, rue des Écoles – 75005 Paris
librairie.espace@harmattan.fr
01 43 29 49 42

Lib. Méditerranée & Moyen-Orient
7, rue des Carmes – 75005 Paris
librairie.mediterranee@harmattan.fr
01 43 29 71 15

Librairie Le Lucernaire
53, rue Notre-Dame-des-Champs – 75006 Paris
librairie@lucernaire.fr
01 42 22 67 13